GOLDMANN
RATGEBER

Buch

Die Kunst, ein Leben zu meistern, wird an keiner Schule gelehrt. Die sogenannte »Lebensweisheit« der meisten Menschen besteht verhängnisvollerweise darin, ihr Leben so zu führen, wie es ihnen andere vorschreiben.

Dieses Buch will Ihnen helfen, sich auf ein Abenteuer einzulassen: auf das Abenteuer Ihres eigenen Lebens. Es zeigt Ihnen, wie Sie aus Ihrem Leben ein Optimum herausholen können. Es will Sie dazu bringen, aus Ihrem hoffnungsvollen Leben möglichst viel Freiheit, Freude und Erfolg für sich zu gewinnen. Denn nur wer sich selbst entfalten und die eigenen Kräfte voll entwickeln kann, nimmt am Leben wirklich teil.

Autor

Prof. Dr. Heinz Ryborz, geboren 1935 in Berlin, studierte Naturwissenschaften, Psychologie und Philosophie. Der bekannte Psychologe lebt in Gummersbach, wo er im Institut für Angewandte Psychologie Seminare durchführt.

Vom selben Autor erschien in der Reihe Goldmann Ratgeber bereits »Die universellen Kräfte Ihrer Psyche« (10929).

Heinz Ryborz

Die ›Kunst‹, Ihr Leben zu meistern

Es gibt eine Lösung für jedes Problem

GOLDMANN VERLAG

1. Auflage September 1984 · 1.– 8. Tsd.
2. Auflage Januar 1985 · 9.–14. Tsd.

Made in Germany
Genehmigte Taschenbuchausgabe
Die ungekürzte, gebundene Originalausgabe ist unter dem Titel »Die Kunst, Ihr Leben zu meistern« im Ariston Verlag, Genf,

Umschlaggestaltung: Design Team München
Druck: Elsnerdruck GmbH, Berlin
Verlagsnummer: 10941
G.M. · Herstellung: Sebastian Strohmaier/He
ISBN 3-442-10941-8

Inhaltsverzeichnis

Für Alexander

Warum Ihnen dieses Buch helfen kann

Die Kunst, das Leben zu meistern, wird an keiner Schule gelehrt. Der Grund ist der: Niemand hat ein besonderes Interesse daran, Sie zu einem unabhängigen und lebensfrohen Menschen zu machen. Menschen, die sich von Ängsten, Sorgen und Problemen erdrücken lassen, können im übrigen leichter beeinflußt und leichter ausgenutzt werden.

Dieses Buch zeigt Ihnen, wie Sie aus Ihrem Leben ein Optimum herausholen können. Sicherlich sind auch Sie sich der herben Erkenntnis bewußt: Nur zu schnell ist ein Menschenleben zu Ende. Die bitterste Bilanz aber wäre, wenn Sie sich an Ihrem Lebensabend sagen müßten: Ich habe zwar gelebt, doch es war ein unerfülltes, leeres Leben, ein Leben ohne Höhepunkte.

Dieses Buch will Sie dazu bringen, aus Ihrem hoffnungsvollen Leben möglichst viel Freiheit, Freude und Erfolg für sich zu gewinnen. Es werden auch Techniken beschrieben, wie Sie mit weniger Arbeit mehr erreichen können. Wer allerdings glaubt, bloßes Nichtstun reiche aus, um sein Leben meistern zu können, der irrt.

Die sogenannte »Lebensweisheit« der meisten Menschen besteht verhängnisvollerweise darin, ihr Leben so zu führen, wie es ihnen andere vorschreiben. Wer sich jedoch nur an der Meinung der Mehrheit orientiert, braucht sich nicht zu wundern, wenn er aus dem Teufelskreis seiner Sorgen und Ängste, seiner Nöte und Probleme nie herauskommt.

Dieses Buch will Ihnen helfen, sich auf ein Abenteuer einzulassen: auf das Abenteuer Ihres eigenen Lebens. Es ist Ihr Recht und Ihre Pflicht, Ihr Leben so zu gestalten, daß es sich jeden Tag neu erfüllt. Nur wenn Sie sich selbst entfalten und die eigenen Kräfte voll entwickeln, nehmen Sie am Leben wirklich teil.

Da jeder Mensch auf irgendeine Weise »lebt«, bezeichnet sich mancher schon als »Lebenskünstler«. Wer jedoch den großen Mangel an echter Freude und wahrem Glück, an dem die meisten Menschen kranken, zu entdecken vermag, der erkennt, wie schwer es doch im Grunde sein muß, die Probleme des Lebens zu meistern und ein wirklicher Lebenskünstler zu werden. Gesellschaftliche Zwänge und Anpassungsprozesse haben den Menschen dazu gebracht, sich so zu verhalten, als sei nicht sein Glück der Sinn seines Lebens, sondern die ihm von anderen vorgegebenen Pflichten. Die meisten leben dabei auch noch in der Illusion, ihr unfreies Handeln liege in ihrem eigenen Interesse. Tatsächlich dienen aber die wenigsten Tätigkeiten einem selbstgewählten Ziel. Für alles scheint sich der Mensch zu interessieren, nur nicht für seine eigenen wahren Bedürfnisse und für die Kunst, richtig zu leben.

Das vorliegende Buch will Ihnen helfen, wahrhaft »lebendig« zu sein, sich zu entwickeln und Ihre Individualität zu verwirklichen. Es lehrt Sie keine theoretischen Erkenntnisse. Es baut vielmehr auf Erfahrungen auf, die jeder Mensch in seinem Leben machen kann. Wenden Sie die Methoden und Techniken auf Ihre persönliche Situation an! Es geht bei der Lektüre nicht allein darum, Ihr Wissen zu bereichern. Sie müssen vielmehr die erlernten Techniken und Methoden sofort anwenden, um Gewinn daraus zu ziehen. Schon sehr bald wird sich Ihr Leben in Ihrem Sinne verändern, und Sie werden bemerken, daß Sie mit den vielen Sorgen und Problemen Ihres Lebens besser fertig werden.

Ich darf dies behaupten, weil dieses Buch nicht in einem Elfenbeinturm geschrieben wurde. Ich habe dafür vielmehr die Bücher der großen Weisen und Lehrer der Menschheit und die Lebensbeschreibungen von Lebenskünstlern durchgearbeitet. Die dargelegten Techniken sind darüber hinaus von tausenden Menschen erprobt worden, die an meinen Seminaren teilgenommen haben. Der große Zustrom von Seminarteilnehmern beweist mir ständig neu, wie bewährt die von mir zusammengestellten Erfolgsmethoden sind. Zweck dieses Buches ist es, daß auch Sie diese Methoden anwenden und für Ihr Leben positiv nutzen.

Das vorliegende Buch zielt darauf ab, Sie zum Handeln anzuregen. Es will Sie dazu bringen, sich wieder mit den Interessen Ihres wahren Ich zu beschäftigen. Sterben ist in jedem Fall bitter. Aber der Gedanke, sterben zu müssen, ohne jemals richtig gelebt zu haben, ist geradezu unerträglich. Richtig Leben aber bedeutet, sein Leben zu meistern. Wenn Ihnen das gelingt, verlieren Sie nicht nur die so belastende Furcht vor dem Alter und dem Tode; Sie erfahren vielmehr auch Freude, Harmonie und Glück und führen ein Leben, nach dem Sie sich in der Tiefe Ihres Wesens sehnen. Sie brauchen nur anzufangen – es liegt an Ihnen!

Kapitel 1

Das Leben meistern, heißt, es gestalten

1. Nur wenige Menschen beherrschen die Kunst, das Leben zu meistern

Sie sind jetzt vielleicht Zwanzig, Dreißig, Vierzig, Fünfzig oder älter. Hat sich Ihr Leben zu jenem faszinierenden Abenteuer entwickelt, das Sie sich in Ihrer Jugend erträumten? Oder bekommen Sie schon Kopfschmerzen, wenn Sie nur an den morgigen Tag und an die Zukunft denken? Fehlt es Ihnen an Mut und Unternehmungsgeist, Ihr eigenes Leben zu steuern, zu meistern? Haben Sie Freude am Leben oder bedrückt Sie die Last Ihrer Sorgen, Ängste und Nöte? Wissen Sie nicht, wie Sie mit Ihren Problemen und Krisen fertig werden? Quält Sie Ärger, und haben Ihnen Ihre großen und kleinen Ängste und Sorgen schon längst die Freude am Leben genommen? Erwarten Sie mehr vom Dasein, als immer nur das zu tun, was andere von Ihnen wollen? Möchten Sie die Last Ihrer Sorgen und Nöte verringern und endlich mehr vom Leben haben? Wissen Sie, was Sie von Ihrem Leben erwarten und wie Sie es gestalten wollen?

Nach jedem meiner vielen Seminare und Vorträge treten immer wieder Menschen an mich heran und schildern mir, welche Sorgen und Probleme sie haben. Dabei ist mir eines ganz deutlich geworden: Nicht nur Medizin, Musik, Architektur oder Malerei sind Künste. Auch zu leben ist eine Kunst. Die meisten Menschen möchten zwar diese Kunst beherrschen; doch nur wenige schaffen es. Nahezu jeder Mensch hat Sehnsüchte, die er nicht zu verwirklichen weiß:

- Er möchte Angst und Ärger in seinem Leben verringern und über seinen Sorgen stehen.
- Er will mehr und tiefere Beziehungen zu anderen Menschen eingehen, sich aber auch gegenüber der Umwelt behaupten.
- Er möchte ein eigenständiges und freies Leben führen.
- Er will nicht nur Erfolg haben, sondern sich auch selbst finden und seine Persönlichkeit entfalten.
- Er möchte sein Leben ändern, um nicht am Lebensabend feststellen zu müssen, er habe an allen positiven Möglichkeiten seines Lebens vorbeigelebt.

In uns allen schlummert also eine tiefe Sehnsucht, unser Leben zu meistern, um nicht von anderen Menschen und von äußeren Schwierigkeiten beherrscht zu werden. Jeder möchte das Leben nach seinen Vorstellungen und Wünschen leben und nicht aufgrund fremder Einflüsse leben.

Möchten Sie lernen, ein »Lebenskünstler« zu werden? Dann versuchen Sie, mit mir gemeinsam sich in der Kunst zu leben zu üben. Dazu werden Ihnen in den folgenden Kapiteln einfache Techniken und Methoden dargelegt. Wenn Sie sich ernsthaft bemühen, so vermögen auch Sie ein Lebenskünstler zu werden. Schließlich ist es Ihr Leben, um das es geht. Sie selbst tragen die Verantwortung dafür. Hören Sie also auf, die Schuld für Ihre bisherige Unzufriedenheit anderen zuzuschieben. Erwarten Sie nicht von Politikern, Richtern, dem Staat oder von irgend einer anderen »höheren Instanz« Hilfestellung bei der Lösung Ihrer Probleme. Nur Sie selbst vermögen Ihre Probleme zu lösen. Sie müssen es nur ernsthaft wollen.

Da der Erfolg im Beruf ganz wesentlich davon abhängt, wie man seine eigene Persönlichkeit zur Geltung bringen und darstellen kann, erleben sich viele Menschen nur noch als Verkäufer Ihrer Person. Solche Menschen sind oft mehr an ihrer Verkäuflichkeit als an ihrem Glück interessiert. Nur wenn sie Erfolg haben, halten sie sich für wertvoll. Die Kunst zu leben kann aber mit Sicherheit nicht nur darin bestehen, sich ständig an die oft wechselnden Marktbedingungen anzupassen und nur von der Bestätigung der anderen zu leben, die uns als Ware schätzen. Der Mensch muß auch seine eigene Weisheit erfahren und seine Identität erleben. Sonst lebt er nie sein eigenes Leben, sondern spielt nur jene Rolle, die andere von ihm erwarten. Erfolg, Ansehen und Stellung allein sind aber nur ein schwacher Ersatz für ein ausgeprägtes Identitätsgefühl und für echte Verbundenheit mit dem Leben.

Viele Menschen werden von ständiger Hektik getrieben. Jeden Augenblick müssen sie betriebsam sein. Zu Freude und Entspannung sind sie schon gar nicht mehr fähig. Diese Unglücklichen denken und fühlen bereits wie Automaten. Auch sie verstehen sich nur als das, was sie nach der Meinung anderer sein sollen. Eigene Antriebe lassen sie verkümmern oder folgen ihnen nicht. Das Leben zu meistern bedeutet aber vor allem:

- O Aus dem Gefängnis der eigenen Ängste, Sorgen, Hemmungen und Zwänge rigoros auszubrechen;

- O in sich aufmerksam hineinzuhorchen und ganz bewußt den eigenen Antrieben zu folgen;
- O Probleme und Schwierigkeiten des Lebens konsequent zu meistern;
- O verborgene Kräfte und Fähigkeiten zu entfalten und voll zu aktivieren;
- O in sich selbst zu Hause zu sein und zum eigenen Selbst zu finden;
- O sich für das eigene Glück zielstrebig einzusetzen;
- O das Leben voll zu leben.

Auch Sie können die in Ihnen vorhandenen Möglichkeiten wahrnehmen und zur Entfaltung bringen. Bejahen Sie Ihr Leben. Dann entwickeln auch Sie sich zum Lebenskünstler.

2. Wer das Leben meistert, ist vielseitig

Zum Lebenskünstler werden Sie gewiß nicht, wenn Sie sich nur einem einzigen Bereich des menschlichen Lebens widmen. Sie müssen sich schon bemühen, vielseitig zu werden.

Ich kenne einen fünfundsechzigjährigen, sehr netten und sympathischen Arzt. Er hat sich sein ganzes Leben lang abgerackert und sein Geld in zwei Häusern angelegt. Meinen Sie nur nicht, er sei jetzt glücklich. Seine fünfundfünfzigjährige Frau hat sich einen fünfundsiebzigjährigen Freund genommen. Die Raffinesse seiner Frau und das neue Scheidungsrecht in Deutschland lassen meinem Bekannten existenziell kaum mehr als das Lebensminimum.

Zum Lebenskünstler gehört es also zum Beispiel, die Beziehungen zum Ehepartner nicht einfach zu vernachlässigen, um mehr Erfolg im Beruf zu haben.

Ich habe einen weiteren Bekannten in Süddeutschland, der seinen Jugendwunsch verwirklichte und ein erfolgreicher Unternehmer wurde. Als er während eines Urlaubs die Wüsten Nordafrikas bereiste, wurde er von Arabern gefangen genommen und ins Gefängnis geworfen, da man ihn für einen Spion hielt. Trotz seiner Beteuerungen vermochte er die Soldaten nicht von seiner Unschuld zu überzeugen. Man drohte meinem Bekannten sogar mit der Hinrichtung. Da er nicht schreiben durfte, wußten seine Angehörigen nicht, welches Schicksal ihm bevorstand. So manches, was er in seinem Leben getan hatte, kam ihm nun aus der Perspektive seines baldigen Lebensendes völlig unwichtig vor. Ihm wurde bewußt, daß er dem materiellen Gewinnstreben immer zuviel Bedeutung beigemessen hatte. So bedauerte er zutiefst, seiner Frau und seinen Kindern nicht genug Liebe gegeben zu haben. Vieles fiel ihm nun ein, was er in seinem Leben gern getan hätte, aber bisher unterlassen hatte. Ihm wurde bewußt, daß er in den letzten Jahren nur noch wie eine Maschine für immer noch mehr Wohlstand gearbeitet hatte, sich daran erfreuen aber konnte er nie. All die Sorgen, die ihn früher beschäftigt hatten, erschienen ihm völlig bedeutungslos.

Als mein Bekannter wider Erwarten nach drei Monaten aus dem Gefängnis entlassen wurde und nach Hause fliegen konnte, hatte er sich völlig verändert. »Wissen Sie«, sagte er zu mir, »angesichts des Todes fallen all die Ängste und Sorgen ab, mit denen man sonst seine Zeit verbringt. Man begreift, wie kostbar das Leben ist, das man sich jahrelang durch ständige Sorgen vergällte. Für mich war nicht der Gedanke an mein Lebensende der betrüblichste; vielmehr bedrückte mich die gewaltige Last, nicht all das getan zu haben, wozu es mich besonders drängte. Das Quälendste für mich aber war die Vorstellung, meinen inneren Impulsen nie folgen zu können, die ich erst in der Stille des Gefängnisses wahrnehmen konnte. Ich meine daher, wer die Kunst zu leben versteht und praktiziert, wird auch weniger Angst vor dem Sterben haben.«

Die Erfahrung meines Bekannten war so tiefgreifend, daß er sein ganzes Leben änderte. Nicht jeder aber hat das »Glück«, auf solche Weise zum Lebenskünstler gemacht zu werden.

Ich hatte einen Onkel, der bei der Eisenbahn in der Verwaltung beschäftigt war. Er war gutmütig, und Kollegen und Vorgesetzte wußten, wie sehr er sich für seinen Job abrackerte. Daher schob man ihm auch immer mehr Arbeit zu. Vergeblich mußte er auf die entscheidende Beförderung warten. Mein Onkel fraß den ganzen Ärger in sich hinein und arbeitete nur noch besessener. Auch noch am Sonnabend machte er unbezahlte Überstunden, da die Dienststelle nicht die notwendige Personalbesetzung hatte. Als ich ihn zu jener Zeit besuchte, machte er oft einen bedrückten Eindruck. »Weißt du«, sagte er einmal zu mir, »wenn ich Sechzig bin, höre ich auf zu arbeiten, dann fängt für mich ein neues Leben an. Ich warte nur noch, bis ich befördert bin. Länger als ein Jahr wird es gewiß nicht mehr dauern.«

Da mein Onkel – anscheinend nicht nur meiner Meinung nach – der fleißigste Angestellte in seiner Abteilung war und man auch wußte, daß sein Fleiß nicht erlahmen würde, überging man ihn bei der nächsten Beförderung prompt wieder. Wenige Tage vor seinem sechzigsten Geburtstag starb er im Urlaub in Österreich an einem Herzinfarkt und zwar genau einen Tag vor der nun doch endlich bewilligten Beförderung. So erhielt seine Frau nicht einmal die höhere Witwenrente. Als mein Onkel zu Grabe getragen wurde, sagte sein Chef bei der Beerdigung: »Unser Kollege wird uns immer ein mahnendes Beispiel dafür sein, daß wir uns nicht bei der Arbeit überanstrengen.«

Beenden wir hier die Geschichte meines Onkels, mit dem mich viele angenehme Erinnerungen verbinden. Wer ein Lebenskünstler werden will, muß nicht nur Sorgen und Ängste überwinden; er muß auch lernen, sich gegenüber seinen Mitmenschen zu behaupten. Wer immer nur Rücksicht auf andere nimmt, ohne je an sich selbst zu denken, wird sehr bald ausgenutzt. Nachgiebigkeit wird sehr schnell als Schwäche empfunden und veranlaßt andere – genau wie bei falsch eingesetztem »Fleiß« – Sie immer weiter auszunutzen.

Als ich noch in Berlin studierte, lernte ich dort den Assistenten eines Professors kennen. In einem Gespräch erzählte er einmal meinem Freund und mir, was seiner Ansicht nach das Rezept für einen Lebenskünstler sei. »Es ist völlig falsch«, sagte er, »sich ständig abzurackern. Man muß nur lernen, sich der richtigen Menschen zu bedienen und diese für sich arbeiten lassen.« Man könnte diese Weisheit auch als moderne Variante des alten chinesischen Sprichwortes auffassen:

»Wer gut verdient, strengt sich nicht an.
Wer sich anstrengt, verdient nicht gut.«

Der angehende Lebenskünstler, der uns seine Erkenntnisse mitteilte, hatte damals allerdings noch nicht die Möglichkeit, seine Lebensphilosophie in die Praxis umzusetzen. Schließlich war er Assistent des Professors und mußte für ihn arbeiten, nicht umgekehrt. Immerhin gelang es ihm zu jener Zeit bereits, als Mitarbeiter eines Buches des Professors genannt zu werden, obwohl er an der Abfassung eigentlich nur einen geringen Anteil hatte. Später im Berufsleben blieb er seinem Grundsatz treu und handelte danach, sooft es möglich war. Wie erfolgreich dieses Lebensrezept ist, beweist die Tatsache, daß er nach wenigen Jahren Direktor eines großen Unternehmens wurde und sich so auch heute vom Streß im Berufsleben distanzieren kann.

Ganz anders verlief dagegen das Leben eines mir bekannten studierten Kaufmanns. Er verstand es überhaupt nicht, wichtige Arbeiten an seine

Untergebenen abzugeben. Da er ständig von einer tiefen Angst getrieben wurde, seine Mitarbeiter könnten etwas falsch machen, nahm er ihnen wichtige Arbeiten ab – und auch all die Sorgen und Ängste, die damit verbunden waren. Wen wundert es, daß jener Mann mit fünfundfünfzig Jahren an einer Herzkrankheit starb?

Bismarck sagte einmal: »Ein braves Pferd stirbt in den Sielen.« Da mit »Sielen« das Riemenwerkzeug der Zugtiere gemeint ist, könnte man den Spruch auch so abwandeln: »Das brave Pferd stirbt bei der Arbeit.«

Lebensaufgabe eines Lebenskünstlers kann es nun aber gewiß nicht sein, sein ganzes Leben wie ein Arbeitstier oder wie ein Sklave zu schuften. Die Kunst zu leben besteht vielmehr darin zu »leben« und nicht darin, seine Tage ständig mit Arbeit für andere auszufüllen. Meinen Sie nur nicht, es handle sich bei den genannten Beispielen um Verhaltensweisen, die ausschließlich in der Wirtschaft üblich sind. Auch im familiären Bereich spielen sich solche Prozesse ab. So manche Mutter wird von ihrem Mann und ihren Kindern zum regelrechten »Arbeitstier« gemacht. In ergebener Dienstbarkeit rackert sie sich für die Familie ab und tut alles, damit die anderen ein möglichst bequemes Leben haben. Doch indem sie nicht auch an sich selbst denkt, vernachlässigt sie ihre eigene Persönlichkeitsentwicklung – ein Versagen, das sich einmal bitter rächen kann.

Ein echter Lebenskünstler muß also vielseitig sein. Mit der Kunst zu leben versucht er folgende Ziele anzustreben:

- Der Lebenskünstler weiß, daß es keinen Erfolg ohne Arbeit gibt; er hütet sich jedoch vor schädlicher Überaktivität. Er strebt nach äußerem Erfolg, macht diesen aber nicht zum Hauptzweck seines Lebens.
- Er bekämpft und verringert seine Sorgen, Ängste und Ärgernisse und packt seine Probleme mutig an.
- Durch seine Selbstentfaltung »verwirklicht« er sich zu einer bewußt lebenden Persönlichkeit und macht sich so von der Umwelt unabhängiger.
- Der Lebenskünstler ist nicht nachgiebig und schon gar nicht autoritätsgläubig. Er paßt sich seiner Umwelt nicht mehr an als gerade notwendig.
- Der Lebenskünstler entfaltet Mut, Optimismus und Selbstsicherheit.

- O Er setzt sich durch, zeigt aber auch Verständnis für seine Mitmenschen und öffnet sich ihnen.
- O Er ist nicht abgestumpft, sondern empfindet Freude am Leben.
- O Er hütet sich vor dem Fehler, immer verbissener und gedankenloser für Dinge zu arbeiten, die er gar nicht braucht.
- O Er vergeudet nicht seine Zeit.
- O Der Lebenskünstler aktiviert viel mehr seine eigenen Wünsche als die Wünsche anderer und ist bereit, für sein Glück zu kämpfen.

Zugegeben, zum Lebenskünstler wird man nicht von heute auf morgen. Wenn Sie jedoch – möglichst ab sofort – damit beginnen, sich in der Kunst zu leben zu üben, und zäh Ihr Ziel verfolgen, wird sich auch Ihr Leben erfüllen.

3. Das Leben, nach dem wir uns sehnen

Das Buch *Die Möwe Jonathan* erzählt die Geschichte einer Möwe, die an das herrliche Erlebnis des Fliegens glaubt und es auch selbst ausprobiert. »Aber wie ist es möglich«, fragt sich die Möwe Jonathan, »daß es zu den schwierigsten Dingen der Welt gehört, einen anderen Vogel davon zu überzeugen, daß er frei ist und daß auch er es selbst versuchen kann?« Die Möwe Jonathan begnügt sich nämlich nicht damit, nur das Leben zu führen, das die anderen Möwen ihr vorschreiben. Sie versucht sich vielmehr in der Kunst zu vervollkommnen, noch besser zu fliegen als die anderen Möwen und ihr Leben voll zur Entfaltung zu bringen.

Warum interessiert uns die seltsame Geschichte der Möwe Jonathan? In dieser Parabel wird die Kunst des Fliegens der Möwe Jonathan als Parallele zur Kunst des Menschen zu leben in ergreifenden Gleichnissen dargestellt.

Jonathan begnügt sich nicht damit, nur von der Küste zum Futterplatz zu fliegen. Ihm geht es auch weniger um das Futter, sondern vielmehr darum, sich im Fliegen zu vervollkommnen. Er will sich von der eintönigen Alltagsplage des ewigen Hin- und Herfliegens zwischen Küste und Fischkuttern erheben und mehr von seinem Leben haben. Jonathan erlernt den Höhenflug, um neue Horizonte zu entdecken. Er begnügt sich nicht damit, nur hinter Fischabfällen her zu sein; er will seinem Leben einen neuen Inhalt geben und endlich frei sein.

Jonathan übt und übt, und bald erlernt er die Kunst des Fliegens in einer Weise, von der die anderen Möwen nur träumen. Jetzt ist er nicht mehr auf die Abfälle der Fischkutter oder auf verhärtete Brotreste angewiesen. Jetzt gelingt es ihm, weit ins Land hineinzufliegen und dort die köstlichsten Insekten zu verzehren. Er erhebt sich über dichte Seenebel in blendende Höhen, während die anderen Möwen traurig auf dem Boden hocken und nur Regen und Nebel sehen.

Jonathan erfährt in einer für ihn geradezu überwältigenden Weise, was die Kunst des Fliegens bedeutet. Nie bereut er den Preis der Mühe und Anstrengungen, die er dafür bezahlen mußte. Er stellt fest, daß Angst, Unruhe und Langeweile das Leben der anderen Möwen verkürzen, und nur wenn man sich von diesen hemmenden Gefühlen befreit, lebt man ein wahrhaft lebenswertes Leben.

Täglich verbringt die Möwe viele Stunden damit, sich in der Kunst des Fliegens immer weiter zu vervollkommnen. Sie übt und übt; und zuletzt erstrahlt ihr Gefieder in einem herrlichen Glanz. Jonathan erkennt: Man wird frei, wenn man sein wahres Selbst entfaltet. Die anderen Möwen halten Jonathan für eine »göttliche« Möwe, doch er entgegnet ihnen: »Der Unterschied zwischen euch und mir besteht nur darin, daß ich die wahre Möwennatur erkannt habe. Vor allem habe ich damit begonnen zu handeln. Die Kunst des Fliegens ist für jedermann erlernbar. Man muß es nur wollen. Wir müssen ständig versuchen, unsere Grenzen zu überwinden.«

Diese Tiergeschichte soll uns allen Mut machen für das Abenteuer unserer eigenen Persönlichkeitsentfaltung. Der Geist der Möwe Jonathan, die es so sehr nach Selbstverwirklichung drängt, lebt in jedem von uns, also auch in Ihnen. Hören Sie darum auf die geheime Sehnsucht in Ihrem Inneren. Beginnen Sie wie die Möwe Jonathan mit dem »wirklichen« Leben. Finden Sie sich täglich immer ein wenig mehr. Entfalten Sie wie die Möwe das, was schon in Ihnen angelegt ist. So führen Sie schon bald das Leben, nach dem Sie sich heute sehnen. Sie müssen nur damit anfangen, wie die Möwe Jonathan auch einmal damit angefangen hat. Die Freude am Leben wird dann auch Sie für alle Mühen entschädigen. Sie werden sich in Höhen erleben, die Ihre kühnsten Träume noch weit übertreffen.

4. Das Leben, das wir tatsächlich führen

Anstatt ihre eigenen Sehnsüchte zu verwirklichen und das Leben bis zur Neige auszukosten, ersticken die meisten Menschen in ihren Ängsten, Sorgen und Problemen. Ein altes chinesisches Sprichwort sagt: »Die Menschen leben nur höchstens hundert Jahre, sie machen sich aber Sorgen, als hätten sie mehr als tausend Jahre zu leben.« Die Notwendigkeit, das Leben zu meistern, war also vermutlich vor Jahrtausenden für die Menschheit genauso aktuell wie heute.

Mit seinen Sorgen, Ängsten und Problemen fertig zu werden ist eine unerläßliche Notwendigkeit, die ein Lebenskünstler beherrschen muß. Doch das allein reicht nicht aus. Ebenso ist es dringend notwendig, sich Ziele zu setzen, mit denen man sich voll identifizieren kann. Aber die meisten Menschen haben schon längst aufgegeben, ein Leben zu führen, das sie führen möchten. Sie passen sich statt dessen der Gemeinschaft an, tun alles, was andere wünschen, und hoffen so, Sicherheit im Leben zu finden. Solche Menschen glauben anderen mehr als sich selbst. Stets halten sie andere für klüger.

Hören Sie also auf, Ihre sehnlichsten Wünsche zu unterdrücken, und beginnen Sie damit, sich von anderen unabhängig zu machen. Nur Sie kennen Ihr Ziel. Nur Sie wissen, was für Sie wichtig ist. Beginnen Sie, über sich nachzudenken, und finden Sie heraus, was für Sie wichtig ist. Suchen Sie Ihren Weg bei sich selbst und orientieren Sie sich nicht wieder ängstlich an anderen.

Die alte Weisheit, daß man eine Sache dort suchen muß, wo sie zu finden ist, nicht dort, wo es bequem erscheint, kommt in einer hübschen Geschichte von Nasreddin Hodscha zum Ausdruck. Nasreddin, Held einer Schwanksammlung gleich unserem Eulenspiegel, ist ein sagenumwobener Schelm, der im vierzehnten Jahrhundert in der Türkei gelebt haben soll.

Hier nun die Geschichte: Ein Nachbar erblickt Nasreddin, der auf seinen Knien herumrutscht und nach etwas sucht. »Was habt Ihr verloren, Meister?« »Meinen Schlüssel«, antwortet Nasreddin. Eine Weile suchen sie vergeblich zusammen. Dann fragt der Nachbar: »Wo ist er Euch eigentlich abhanden gekommen?« »Zu Hause.« »Ja, um Himmels willen, warum sucht Ihr dann hier?« »Na hier ist doch Licht!«

Den Schlüssel zu Ihrem Leben vermögen auch Sie nur bei sich selbst zu finden, denn nur dort liegt er. Es hat keinen Sinn, bei Autoritäten zu suchen, nur weil Sie dort Licht vermuten. Leider verfahren aber die meisten Menschen so. Sie führen ein Leben, dessen Rahmen allein von anderen abgesteckt wird. Lob und Anerkennung der Mitmenschen bedeuten ihnen alles. Sie lassen ihren Fleiß und ihre Leistung bestaunen und kaufen sich vom erworbenen Geld Dinge, die sie in Wirklichkeit überhaupt nicht brauchen. Trotz aller Anstrengungen bleiben sie aber unzufrieden, angsterfüllt und ruhelos. Von einem derartigen Leben kann man sich nur dann trennen, wenn man lernt, Verantwortung für sich selbst zu übernehmen. Befriedigung im Leben wird nur der finden, der seine eigenen Kräfte entfaltet.

In seinem Schauspiel *Peer Gynt* stellt Henrik Ibsen einen Menschen dar, der sich nur dafür einsetzt, mehr Geld zu verdienen und mehr Erfolg zu haben. Am Ende seines Lebens erkennt er aber, daß ihn diese Tätigkeiten daran gehindert haben, zu sich selbst zu finden. Alle Möglichkeiten seines Ich, die er nicht realisiert hat, treten vor ihm auf und klagen ihn der Sünde an. Peer Gynt packt das Entsetzen vor dem Nichts, das von ihm übrigbleibt, nachdem ihm Erfolg und Besitz genommen wurden.

Ein Lebenskünstler zu werden bedeutet, sich mehr mit sich selbst als mit anderen zu beschäftigen und dann auch nach seinen Einsichten zu handeln. Dazu ist es notwendig, in sich selbst hineinzuhorchen, mit sich selbst allein zu sein. Nur wer sich selbst versteht, wird auch seinen Nächsten begreifen. Lernen Sie also wieder, Ihrer »inneren Stimme« zu folgen.

Menschen, die immer nur nach fremden Wünschen leben, lieben ihr eigenes Leben genauso wenig wie das der anderen. Liebe zum Nächsten und Liebe zu sich selbst schließen sich nämlich gegenseitig nicht aus, sondern bedingen vielmehr einander. Daher sagt schon die Bibel: »Liebe deinen Nächsten wie dich selbst.« Nur wer sich selbst zu lieben vermag, kann auch andere lieben.

Weil für die meisten Menschen das Leben unbefriedigend ist und sie mit ihren Sorgen nicht fertig werden, flüchten sie aus der eigenen Wirklichkeit in Kino- und Fernsehscheinwelten. Sie identifizieren sich mit irgendeinem Leinwand- oder Telehelden und träumen sich in eine Heldenrolle hinein, die sie im täglichen Leben niemals spielen. Solche Menschen versuchen womöglich, sich auch im Alltag wie Filmschauspieler zu verhalten und »im kleinen« deren Lebensstil nachzuahmen.

Unbewußt sind sie aber davon überzeugt, daß ihnen im Grunde nichts anderes übrigbleibe, als nur ein mittelmäßiges Leben zu führen. Statt sich jedoch aus Abhängigkeiten freizumachen, verhindern sie ihre Entwicklung und Reifung, indem sie sich ständig beruhigen: »Das ist nun mal im Leben so, den andern geht es ebenso.« Sie trösten sich auch noch damit, daß es anderen ebenfalls schlecht geht. Ständig unterdrükken sie die Sehnsucht nach einem erfüllten Leben und nehmen das innere Unbehagen oft schon gar nicht mehr wahr, mit dem sich ihr Ich gegen die ständige Unterdrückung eigener Wünsche zur Wehr setzt.

Nicht wenige von uns versuchen, grundsätzlich anderen – seien es ihr Arbeitgeber, ihre Frau, ihre Eltern oder welche Bezugspersonen auch immer – die Schuld daran zu geben, daß diese das Leben der Betroffenen nicht ändern. Machen Sie es nicht wie so viele, die sofort ein Dutzend Gründe dafür anführen, warum sie ihr Leben nicht besser einrichten können. Lenken Sie Ihre Aktivitäten vielmehr ganz gezielt darauf, Ihr Leben zu einem Abenteuer zu gestalten. Bleiben Sie nicht bei der Lektüre dieses Buches stehen; handeln Sie danach! Erst wenn Sie Ihrem Wissen entsprechend handeln, wird sich Ihr Leben verändern. Gehen Sie Problemen nicht aus dem Weg und suchen Sie nicht allein Anerkennung bei anderen. Jede Schwierigkeit, die Sie bewältigen, stärkt Ihr Selbstvertrauen. Fangen Sie also an, sich in der Kunst zu leben zu üben.

5. Ändern Sie Ihre Vorstellung von Ihren Möglichkeiten

Vielleicht sind Sie der Ansicht, daß Sie immer genügend Möglichkeiten für Ihre Entfaltung besitzen. Sie sind daher ständig aktiv und geschäftig. Sie können es schon nicht mehr ertragen, gar nichts zu tun. Sogar in Ihrer Freizeit zeigen Sie hektische Aktivität. Sie fahren vielleicht in der Gegend herum, spielen Golf oder Tennis oder versuchen sich in »Pöstchen« und Ehrenämtern zu profilieren. Sie fürchten nichts so sehr wie den Moment, in dem Sie nichts zu tun haben.

Vielen von uns wird zumeist nicht bewußt, wie passiv wir bei unseren »Aktivitäten« im Grunde sind. Wir brauchen ständig Anreize von außen, sei es Fernsehen, Kino, eine Reise oder seien es irgend welche andere Arten von Vergnügen, die uns angeboten oder angepriesen werden. Vielleicht ist es sogar ein neuer Mann oder eine andere Frau, weil man des gewohnten Partners schon überdrüssig geworden ist. Viele von uns stürzen sich also ständig in irgend etwas Neues. Sie brauchen immer jemanden, der ihnen einen Anstoß gibt. Sie werden gleichsam von außen »eingeschaltet« und »funktionieren« dann, ohne je stillzustehen.

Seien Sie ehrlich zu sich selbst: Haben Sie jemals versucht, sich vom Zwang solcher völlig unkontrollierten Überaktivitäten zu befreien? Oder ist Ihnen das Erlebnis des Nichtstuns und der Passivität so ungewohnt, daß Sie jedesmal Angst überfällt, wenn Sie ganz allein über Ihre Wünsche entscheiden müssen? Werden Sie also nur von außen gelenkt, ohne je aus sich selbst heraus zu leben? Rennen Sie in Ihrer Hektik Ihren Sorgen und Ängsten davon, ohne zu bemerken, daß Ihre Probleme nur noch größer werden?

Die meisten Menschen verhalten sich so hektisch aus Unwissenheit. Sie haben keine Vorstellung von den großen Möglichkeiten, die in ihnen nur darauf warten, endlich geweckt zu werden. Gehorsam und Unterwürfigkeit jedoch sind zumeist Produkte unserer Erziehung. Von klein auf lernen wir unter Belohnung und Strafe, daß »mächtigere« Personen und Kräfte irgendwie über uns stehen. Zumeist sind die Erziehenden bereits selbst Opfer eines allumfassenden Gehorsamdenkens. Hierin verankert finden sich insbesondere auch religiöse Inhalte und Wertvorstellungen, deren ausbalancierte Vermittlung immer besonders problematisch ist.

Heute ist es – in Ergänzung oder im Gegensatz zu diesem sozusagen »konservativen« Glaubensproblem – vielen Menschen zur modischen Gewohnheit geworden, ihr unharmonisch verlaufendes Leben durch ihr »Karma« zu erklären. Die Karmalehre östlicher Religionen behauptet, ein Mensch ernte im jetzigen Leben die Früchte seiner guten oder bösen Taten, die er in einem früheren Leben begangen hat. Nicht wenige Menschen geben sich jetzt auch im Westen aus einem falschverstandenen Karmaglauben der völligen Resignation hin, weil sie meinen, im Leid die Folge schlechter Taten aus diversen Vorleben abzutragen. So wird das Leid auch noch unnötigerweise idealisiert. Völlig vergessen wird hierbei jedoch die andere Seite des Karmaglaubens, die der Buddhismus deutlich betont: Indem sich nämlich der Mensch nach Kräften bemüht, die Gegenwart zu meistern, wird neues, positives »Karma« geschaffen, das den Menschen noch in diesem Leben zu mehr Erfolg und Glück verhilft.

Falschverstandener Karmaglaube hilft Ihnen aber nicht weiter. Sie können erst dann ein Leben führen, nach dem Sie sich sehnen, wenn Sie aufhören, sich weiterhin als Opfer von – zumeist falschen – Meinungen über Gott und das Leben zu fühlen.

Was sagen die großen Religionen nun aber tatsächlich über die Möglichkeiten des Menschen aus? Was ist in der Bibel darüber zu finden? Paulus sagt (Kol. 1, 27): »Christus ist in euch, der da ist die Hoffnung der Herrlichkeit.« Das bedeutet, daß der Mensch nicht von außen erlöst werden kann. Das Wort »Christus« ist nicht nur ein Name; es ist ein griechisches Wort und bedeutet »geweiht« oder »gesalbt«. Ähnliche Bedeutung haben auch die Worte »Buddha« und das hebräische Wort »Messias«. Die Worte des heiligen Paulus »Christus ist in euch« haben also die gleiche Bedeutung wie »Die Herrlichkeit Gottes ist in euch«. Auch der Buddhismus spricht davon, daß in jedem Menschen Buddha – Natur – ist. Christus, Buddha oder Gott, alles sind symbolische Begriffe für die göttliche Gegenwart in uns. Jeder Mensch kann so zu seinem eigenen »Erlöser« werden, denn das göttliche Prinzip wohnt in uns allen.

Sie kommen mit dieser göttlichen Kraft dann in Kontakt, wenn Sie in der Meditation zur Stille gelangen. In meinem Buch *Die universellen Kräfte Ihrer Psyche* (Ariston Verlag, Genf) habe ich jene Kraft auch »Überbewußtsein« genannt. Wollen Sie ein wirklicher Lebenskünstler werden, so müssen Sie lernen, mit diesem Überbewußtsein in Berührung zu treten. Nur dann können Sie ein Leben führen, nach dem Sie sich sehnen. Werfen Sie also all die selbstverstümmelnden Vorstellungen *falscher* Religiosität über Bord. Schaffen Sie eine neue Vorstellung von sich selbst, von Ihrem göttlichen Ich. Sie werden nicht zum Lebenskünstler, wenn Sie allein an die Allmacht organisierter Religionen glauben. Das Praktizieren von Riten oder Ritualen, von Liturgien und Zeremonien, das Glauben an Dogmen und das Ablegen von Lippenbekenntnissen werden Ihr Leben nicht ändern. Außerhalb der vielen theologischen Konflikte und außerhalb der verwirrenden Vielfalt an Lehrmeinungen und Glaubensvorstellungen, die es im Christentum und in anderen Weltreligionen gibt, existiert eine unteilbare Wahrheit jenseits von Raum und Zeit und jenseits aller Argumentationen. Setzen Sie also Vertrauen in die göttliche Macht in Ihnen, die Sie sehr bald erleben und erfahren können, wenn Sie bereit sind, in sich hineinzuhorchen.

Schon Buddha sagte:
»Seid euer eigenes Licht.
Seid eure eigene Zuversicht.
Haltet euch an die Wahrheit in euch selbst als das einzige Licht.«

Und über die Natur des Menschen sagt der christliche Mystiker Meister Eckart:

»Daß ich bin, ist nur mir eigen
und gehört nur mir
und niemandem sonst;
keinem anderen Menschen,
keinem Engel und auch nicht Gott –
außer insofern
als ich eins bin mit ihm.«

Nur wenn Sie zu jener göttlichen Kraft in Ihrem Inneren vorstoßen, können Sie Ihr eigenes Leben leben. Das bedeutet nun aber keineswegs, daß Sie sich aus der Welt zurückziehen und ein mönchisches Leben führen sollen. Es ist zur Zeit zwar in gewissen Kreisen modern geworden, sich (zumindest für eine bestimmte Zeit) in einem indischen Ashram (Meditationszentrum) aufzuhalten, um innere Einkehr zu halten. Aber glauben Sie mir: Das ist zwar äußerst schick, aber keineswegs nötig. Da Gott oder das universell gültige Prinzip in Ihnen ist, können Sie jene Kraft in sich erleben, ganz gleich, wo auch immer Sie sind, sei es auf der Straße oder in Ihrer Wohnung, sei es in Europa oder in Asien. Am Leben nehmen Sie nicht teil, indem Sie ihm fortlaufen.

Tausende von Menschen reisen heute ständig in der Welt umher. Sie kennen sich aus in den entlegensten Ländern. Eine Reise in die eigenen Tiefenbereiche aber haben sie noch nie gemacht. Wer jedoch die Tür nach innen aufmacht, der wird sich über seine Ängste und Sorgen erheben, wird verborgene Talente entfalten und sein Leben leben. Indem Sie selbst zu einer starken Persönlichkeit heranreifen, lassen Sie die universellen Kräfte Gottes, die in Ihnen wirksam sind, zur Entfaltung kommen. Ihre verborgensten Wünsche entsprechen jenem verborgenen Lebensprinzip, das in Ihnen zum Ausdruck drängt. Nur wenn Sie jene Impulse wahrnehmen und danach handeln, nehmen Sie am Leben teil. Öffnen Sie sich also diesem universellen Leben in Ihnen. Alle Eigenschaften Gottes befinden sich in den Tiefen Ihres Unter- und Überbewußtseins. Das Universelle in Ihnen kann aber nur dann zum

Ausdruck kommen, wenn es durch Ihr eigenes Denken und Handeln wirksam wird.

Nehmen Sie also Ihre Möglichkeiten wahr. Lassen Sie sich nicht von den Meinungen anderer beherrschen. Verlieren Sie nicht den Kontakt zum Unendlichen, Ewigen in Ihnen. Sie besitzen schon jetzt einen Anteil an der Ewigkeit. Nur so erfahren Sie eine tiefe Geborgenheit und auch eine Gelassenheit dem Leben gegenüber, die Ihnen nichts anderes und sonst niemand auf der Welt geben kann.

Zusammenfassung

1. Das Leben zu meistern bedeutet, sich von Ängsten, Sorgen, Pessimismus und Ärger befreien zu können.
2. Wer das Leben meistert, versteht es, Mut und Optimismus zu entfalten. Er ist sich seiner Möglichkeiten bewußt und hat Selbstvertrauen.
3. Um das Leben zu meistern, muß sich der Mensch aus eigener Erfahrung der göttlichen Kraft in seinem Inneren bewußt sein. Er wird weder durch blinden Glauben, durch Dogmen und Rituale noch durch Autoritätsgläubigkeit gesteuert.
4. Die Kunst richtig zu leben, besteht unter anderem darin, gesund zu bleiben beziehungsweise ein Höchstmaß an Gesundheit zu erreichen.
5. Wer sein Leben gestalten will, muß in sich hineinhorchen und seine Kräfte und Fähigkeiten zur Entfaltung bringen. Indem er seine Kräfte aktiviert, verliert er jede Lebensangst und wird unabhängiger gegenüber den Meinungen anderer.
6. Er ist auch mit Freude bestrebt, seine Wünsche zu verwirklichen.
7. Er ist bemüht, seine Geldsorgen zu verringern und zu Erfolg und Wohlstand zu gelangen. Er hütet sich zugleich aber davor, nach immer mehr Geld zu streben, um es dann für Dinge auszugeben, die er im Grunde nicht braucht und die ihn nicht glücklich machen. Wer die Kunst zu leben beherrscht, arbeitet, um zu leben, und nicht umgekehrt.
8. Ein Lebenskünstler weiß, daß alles im Leben seinen Preis hat. Er hütet sich aber vor schädlicher Überaktivität. Er versteht es, sich die natürliche Entwicklung der Dinge zunutze zu machen und arbeitet nicht dagegen an. So erzielt er mit weniger Aufwand größeren Erfolg. Er beherrscht die Kunst, Zeit für das Wichtige zu haben.
9. Er versteht es, sich in seiner Umwelt zu behaupten. Er vermag aber auch seinen Nächsten Liebe zu schenken.
10. Er traut sich zu, seine Probleme selbst lösen zu können.
11. Durch die Entfaltung seiner Fähigkeiten erschließt er sich immer neue Kräfte und nimmt so voll am Leben teil.
12. Er vermag sich von Streß zu befreien und gewinnt innere Ruhe und Gelassenheit.
13. Wenn Sie die Kunst, das Leben zu meistern, beherrschen, leben Sie nicht nur intensiver, Sie empfinden auch mehr und tiefere Freude an allem Schönen, das Ihnen begegnet.

Kapitel 2

Ihre Ängste sind zumeist unbegründet

1. Sie haben Ihre Ängste »gelernt«

Der amerikanische Psychologe und Begründer der Verhaltenstherapie John B. Watson führte ein berühmt gewordenes Experiment mit einem kleinen Jungen namens Albert durch. Albert hatte keine Angst vor einer weißen Ratte. Es machte ihm sogar Freude, mit ihr zu spielen. Erklang unerwartet ein lauter Gongschlag, so erschrak das Kind, weil es das Geräusch fürchtete. Watson ließ den Gong nun immer gerade dann ertönen, wenn die Ratte auf Albert zulief. Durch den Klang des Gongs wurde Albert jedesmal in Angst versetzt. Nachdem dieser Versuch mehrere Male durchgeführt worden war, bewirkte schon allein der Anblick der Ratte Furcht, ohne daß der Gong ertönte. Albert hatte die Angst vor der Ratte durch das für ihn unangenehme Erlebnis des Gongschlags »gelernt«. Die Angst Alberts dehnte sich später sogar auf Kaninchen und weiße Pelze aus, allein weil sie ihn an die gefürchtete Ratte erinnerten.

Jede Art von Angst entsteht durch unangenehme Einflüsse von außen. Wenn zum Beispiel jemand mit bestimmten Menschen immer negative Erlebnisse hat und Enttäuschungen kennenlernt, entsteht Angst vor der betreffenden Menschengruppe. Das gilt in gleichem Maße auch für Tiere, Dinge, für alles ... Eine mir bekannte Ärztin wurde zum Beispiel einmal als Kind von einer großen Katze angesprungen und verletzt. Die Ärztin führt heute die schwierigsten Operationen durch und vermag sich besser als mancher Mann zu behaupten. Ist sie jedoch bei Freunden eingeladen, die eine Katze haben, muß das Tier in der Küche eingesperrt werden. Gelangt die Katze versehentlich doch einmal ins Zimmer, dann flüchtet die sonst so furchtlose Frau in eine Ecke – von panischer Angst geplagt.

Begnügen wir uns mit diesen Beispielen. Man weiß heute: Jede Verhaltens- oder Denkweise, jede Erfahrung hinterläßt Spuren im Unterbewußtsein. Ob Sie wollen oder nicht, Sie können nicht vermeiden, daß jene im Unterbewußtsein gespeicherten Erlebnisse in bestimmten Situationen wieder wirksam werden und gleichsam über den hilflosen Menschen herfallen. Solche Gefühle sind dann sehr stark und können nicht mehr mit dem Verstand bewältigt werden. Der Mensch wird zum willenlosen Opfer seines Unterbewußtseins und der nicht bewußt vollzogenen früheren Lernvorgänge.

Auch Ihre Angstgefühle sind auf unangenehme, in Ihrem Unterbewußtsein gespeicherte Erfahrungen zurückzuführen und bedrängen Sie bei den unterschiedlichsten Gelegenheiten. Angst ist ein schwer zu beschreibendes, unangenehmes Gefühl von Erregung, Verzweiflung und Bedrängnis. Durch Angst wird der Wille des Menschen beeinträchtigt und die Freiheit seiner Verhaltensweise aufgehoben. Ängste sind wie Sargdeckel, die sich über Ihrem Leben schließen. Erst wenn Sie den Deckel aufheben und aus dem Weg schaffen, werden Sie unbeschwert leben.

Viele Menschen haben schon Angst, wenn sie nur zum läutenden Telefon greifen oder zum Briefkasten gehen sollen. »Was wird wohl diesmal wieder Unangenehmes kommen?« ist die bange Frage, die solche Menschen unaufhörlich befällt. Das Spektrum der möglichen Ängste ist überraschend groß. Anbei nur eine ganz geringe Auswahl. Menschen haben zum Beispiel

- O Angst vor dem Chef;
- O Angst vor dem Verlust des Arbeitsplatzes;
- O Angst vor Mißerfolg oder Kritik;
- O Angst, sich nicht behaupten und durchsetzen zu können;
- O Angst vor dem anderen Geschlecht;
- O Angst vor dem Verlust des Vermögens;
- O Angst um Frau und Kinder;
- O Angst davor, eine Rede zu halten;
- O Angst vor dem Alleinsein;
- O Angst vor der Wirklichkeit;
- O Angst davor, Probleme nicht bewältigen zu können, usw.

Beenden wir die Liste. Halten wir aber fest: Das Sprichwort »Die Zeit heilt Wunden« gilt nicht für Ängste, die uns quälen. Selbst noch nach vielen Jahren brechen sie wieder hervor. Es ist darum sehr wichtig, sie ein für allemal zu bewältigen. Tun Sie das nicht, kann sich aus Ihrer Angst eine echte Angstneurose entwickeln. Der Neurotiker fürchtet sich nicht nur vor bestimmten Dingen; er hat bald vor allem und jedem Angst, er ängstigt sich ohne Anlaß. Es ist jedoch keineswegs Ihr Schicksal, ein von Ängsten getriebener Mensch zu bleiben oder zu werden. Sie brauchen sich nur der in diesem Kapitel beschriebenen

Techniken zur Angstbewältigung zu bedienen. Dann wird auch Ihr Leben angstfreier werden, und auch für Sie kann Leben Freude sein.

2. Negative Vorstellungen und Gedanken lösen Ängste aus

Vor Jahren machten meine Frau und ich eine Reise nach Ceylon, das heute Sri Lanka genannt wird. Es wird meiner Ansicht nach völlig zu Recht als eines der letzten Paradiese auf Erden gepriesen. Der ganz besondere Reiz liegt darin, daß die Insel nicht besonders groß ist; man braucht nur wenige Stunden mit der Eisenbahn oder mit dem Auto zu fahren, um die unterschiedlichsten Landschaften genießen zu können. Auf unserer Rundreise besuchten wir auch den Ruhuna-Nationalpark, der an der Südspitze Ceylons gelegen ist. Die Nacht verbrachten wir als einzige Gäste in einem Rasthaus, das am Rande der Wildnis liegt. Um zweiundzwanzig Uhr Ortszeit wurde der Motor ausgeschaltet, der das Hotel mit Strom versorgte. Wir lagen unter den Moskitonetzen, die uns vor den lästigen Insekten schützen sollten. Die Dunkelheit machte unsere Sinne nun besonders empfänglich für das ungewohnte Gewirr von Lauten, Tönen und den verschiedensten Tierstimmen.

Plötzlich war in diesem faszinierenden Konzert der Wildnis laut und deutlich ein regelmäßiges Zischen und Klappern zu vernehmen. »Hörst du die Klapperschlange?« sagte meine Frau. Wir hatten zwar noch nie die Geräusche einer Klapperschlange in der freien Natur gehört, aber meine Frau war sich ziemlich sicher. Die Schlange jedoch schien meines Erachtens nicht im Zimmer zu sein, und so beunruhigte mich der Gedanke nicht weiter. Doch plötzlich wurde das Klappern lauter. »Die Schlange muß im Zimmer sein«, erklärte meine Frau entsetzt.

Ich muß gestehen, mir jagte kalter Schauer über den Rücken, als ich an diese Möglichkeit dachte. Schließlich ist der Biß dieses Reptils fast immer tödlich. Plötzlich spürte ich, wie sich etwas an meinem Moskitonetz bewegte. »Sollte die Schlange etwa schon in meinem Bett sein?« durchfuhr es mich jetzt, und ich merkte, wie sich meine Angst bei dieser Vorstellung steigerte.

Zum Glück hatte ich mich geirrt. Meine Frau hatte sich lediglich auf die andere Seite gedreht und mein Moskitonetz berührt. Da war das Geräusch der Klapperschlange schon wieder zu vernehmen, diesmal noch lauter. Ich versuchte krampfhaft, mir die Angst auszureden, doch sie wurde nur größer, je mehr ich dagegen ankämpfte.

Nach einigem Zögern faßte ich mir ein Herz. Ich kroch unter dem Moskitonetz hervor und zündete eine Kerze an. Dann spähte ich aus dem Bett. Nirgends war ein Reptil zu entdecken. Mutig geworden, verließ ich mein Lager und schaute überall im Zimmer nach. Nichts war zu sehen. Die Klapperschlange gab es nicht...

Eine Last wich von uns. Die rasselnden Töne beunruhigten uns nun nicht mehr. Wir wußten jetzt: Es hatte sich keine Schlange ins Zimmer geschlichen. Ich legte mich wieder ins Bett. Hätte ich den Mut gefunden, sofort aufzustehen, wären wir unsere Ängste schneller losgeworden.

Als wir einen Tag später auf der Terrasse eines anderen Rasthauses standen, hörten wir wieder die gleichen klappernden Geräusche. Als meine Frau ängstlich zusammenschreckte, erklärte uns ein anwesender Zoologe, der dies beobachtet hatte: »Das Klappern kommt von einem harmlosen Insekt.«

Halten wir fest: Nicht die Geräusche hatten unsere Furcht ausgelöst. Entscheidend war vielmehr, daß wir dachten, sie würden von einer Schlange verursacht. Die Angst war also eine Folge unseres Denkens, das auf keiner Realität aufbaute, sondern im Stadium des Verdachts steckengeblieben war.

Gedankliche Vorstellungen sind die Ursache so mancher Ängste:

- Jemand denkt (stellt sich vor!), er könne arbeitslos werden.
- Jemand stellt sich vor, seine Frau werde ihm davonlaufen.
- Ein gerade Genesener stellt sich vor, seine Krankheit könne wiederkehren.
- Jemand denkt bei einem Vergnügen schon daran, was sein wird, wenn es erst vorbei ist.

Wie immer die unangenehmen Dinge auch beschaffen sein mögen, die die Vorstellungen eines Menschen beherrschen: stets stellt sich als Ergebnis solcher negativen Vorstellungen und Gedanken Angst ein. Wenn jemand durch ein Erlebnis unmittelbar erschüttert wird, so daß kein emotional beladener Gedanke die Möglichkeit hat, sich in das reine Gefühlserlebnis einzumischen, kommt auch keine Furcht in ihm auf. Wer zum Beispiel tatsächlich einer Schlange begegnet und besonnen handelt, wird auch keine Angst haben. Natürlich kann man sich auch vor der Schlange fürchten, wenn man ihr begegnet. Furcht und Angst werden immer dann entstehen, wenn zwischen dem Ereignis und der eigenen Reaktion ein Zeitintervall besteht. Erst dann kann sich nämlich das Denken »dazwischenschieben«.

Worum geht es bei diesem Denken? Es ist nichts anderes als die Reaktion des Gedächtnisses auf die vielen Erfahrungen, die in den Gehirnzellen gespeichert sind. In seiner Phantasie kann sich der Mensch negative Dinge genau vorstellen, obwohl sie in Wirklichkeit gar nicht existieren. Negative Vorstellungen sind also auch die Auslöser für Angstgefühle.

Ich kenne einen älteren Mann, der sich das ganze Leben vor einer bestimmten Krankheit fürchtete. Als er sie schließlich bekam, sagte er nur: »Nun habe ich keine Angst mehr.«

Negative Vorstellungen verursachen also Furcht. Ist es nun auch möglich, nicht nur Angst zu haben, sondern sich grundsätzlich davon zu befreien? Die folgenden Abschnitte dieses Kapitels sollen Ihnen die Beantwortung und Lösung dieser Frage aufzeigen.

3. Angst ist ansteckend und hilft manipulieren

Wie sehr Ängste anstecken können, ist schon innerhalb der Familie zu beobachten. Nur zu oft übertragen Eltern ihre eigenen Ängste auf ihre Kinder, die sich dann ebenfalls ihr ganzes Leben damit herumplagen. Außerdem zeigt jede Krisensituation in der Politik oder Panikmacherei von Zeitungen stets aufs neue, wie leicht verborgene Angstgefühle des Menschen zu aktivieren und zu verstärken sind.

Angst ist deshalb auch ein vorzügliches Mittel der Manipulation. Stets spielt sich der gleiche Prozeß ab: Erst macht der Manipulator seinem Opfer Angst, dann bietet er ihm eine Möglichkeit an, die Angst wieder zu überwinden. Dabei versteht sich von selbst: Nur der Manipulator zieht einen Nutzen daraus. Es gibt eine Reihe sehr wirkungsvoller Methoden, aus den Ängsten seiner Mitmenschen Kapital zu schlagen. Im Folgenden soll eine dieser Taktiken als Beispiel genannt werden.

Schon die alten Römer kannten das Führungsprinzip »Teile und herrsche«. Am Arbeitsplatz wird es so praktiziert, daß Ihr Chef einmal Sie, das andere Mal Ihren Kollegen bevorzugt. So muß sich stets ein Untergebener Sorge machen, in Ungnade gefallen zu sein. Jedesmal wird sich der gerade Benachteiligte besonders anstrengen, das alte vertrauliche Verhältnis zum Chef wieder herzustellen. So baut der Vorgesetzte nach und nach eine Fülle von Abhängigkeiten auf, mit denen jeder gegen jeden ausgespielt werden kann. Am Ende kämpft schließlich jeder Mitarbeiter gegen jeden. Nun hat der Chef sein Ziel erreicht. Niemand wird ihm gefährlich werden und an seinem Stuhl sägen – der Kampf untereinander blockiert alle Kräfte der solcherart Manipulierten.

4. Laufen Sie Ihren Ängsten nicht davon, sondern stellen Sie sich ihnen

Haben Sie sich schon einmal bemüht, Ihre Ängste aufzudecken und mit ihnen in direkten Kontakt zu kommen? Ich meine hierbei natürlich nicht, daß Sie eine Situation durch Ihr Denken und Ihre Vorstellungskraft noch beängstigender aufbauschen sollen. Ich frage Sie vielmehr danach, ob Sie Ihrer Angst schon einmal »Aug in Aug« gegenübergetreten sind.

Können Sie sich über Ihre Ängste klarwerden, über die vielen Befürchtungen, die Sie hegen? Wahrscheinlich vermögen Sie diese am Anfang nicht gleich alle zu enthüllen. Zu dicht und zu diffus ist das Netz der Ängste, das die meisten von uns umspannt. Sie können aber zumindest einige davon aufdecken. Haben Sie sich schon einmal dabei beobachtet, wenn Sie sich Ihrer Angst stellen? Oder können Sie nicht einmal daran denken, und bemühen Sie sich stets, ihr auszuweichen?

Der Verstand bietet uns leider viele Hilfen an, die es uns erleichtern, der Angst aus dem Wege zu gehen. Er wird sogar die Furcht rechtfertigen, indem er meint: Es ist unmöglich zu leben, ohne sich auch zu fürchten. Oder wir wenden uns einfach von der Furcht ab und versuchen, vor ihr zu fliehen. Vielleicht befällt Sie plötzlich ein Gefühl der Einsamkeit, wenn Sie allein zu Hause sind. Als Folge stellt sich ein Angstgefühl ein, das Ihnen unangenehm ist. Um diesem zu entgehen, schalten Sie vielleicht schnell den Fernseher oder das Radio an. Mancher greift nach einer Zeitung oder sucht nach einer anderen Ablenkung. So laufen Sie aber nur Ihrer Situation davon, und das Davonlaufen verstärkt Ihre Furcht noch. Versuchen Sie es doch einmal umgekehrt: Laufen Sie nicht davon, sondern lassen Sie die Furcht sich ruhig voll »entfalten«, damit sie ans Licht gelangen kann und Sie sie genau betrachten können. Geben Sie der Furcht Raum, sich zu enthüllen.

Wer seine Ängste und die Fluchthandlungen erkennt, mit denen er sich etwas vormacht, dem wird jetzt bewußt, daß er sich zum Beispiel vor dem Alleinsein fürchtet. Wer seine Fluchtwege aufgibt und sich seiner Angst stellt, ohne sie zu verdammen oder zu rechtfertigen, der stellt folgendes fest: Die Angst wird schwächer, wenn man sie wahrnimmt und ihr ins Auge schaut. Genau das aber wagen die meisten von uns nicht. Statt dessen versuchen sie die

- Flucht in die finanzielle Sicherheit, um vor ihren Existenzängsten davonzulaufen;
- Flucht in ständige Arbeit, um den Gedanken an den Tod zu verdrängen;
- Flucht in den Besitz, um an seiner scheinbaren Unvergänglichkeit teilzuhaben;
- Flucht in alle Arten von Versicherungen mit der Hoffnung, so vor der materiellen Vergänglichkeit bewahrt zu werden;
- Flucht in das Lesen und Betrachten von Sensationsberichten, um vom eigenen Elend abgelenkt zu sein. Das Scheitern und die Not anderer hilft – anscheinend – die eigene Misere leichter zu ertragen.

Neben vielen anderen Ängsten ist besonders die Angst vor der Wirklichkeit weit verbreitet. Zahlreiche Menschen sind geradezu von der Angst besessen, daß sie mit der Wirklichkeit nicht mehr fertig werden. Auch sie versuchen, vor der Realität zu flüchten, um so mit ihren Befürchtungen leichter fertig zu werden. Doch damit entfernen sie sich nur noch mehr von der Wirklichkeit. Solche Realitätsangst vermag mancherlei Ausdrucksformen anzunehmen:

- Berufswünsche, die das Konkurrenzdenken weitgehend vermeiden (z. B. Bademeister);
- Unkontrolliertes Tagträumen;
- Alkoholismus, Eßsucht, Drogen und andere Suchtkrankheiten;
- Angst vor Kritik oder Mißerfolg;
- Angst vor Prüfungen und anderen Bewährungssituationen.

Wer jedoch seine Ängste verdrängt und vor ihnen davonläuft, verstärkt sie nur. Würden Sie statt dessen Ihre Kräfte darauf verwenden, sich ihnen zu stellen und sie zu bewältigen, so würden diese sehr bald ihren Schrecken verlieren. Um sich Ihren Ängsten zu stellen und um sich möglichst ein für allemal von diesen zu trennen, verfahren Sie am besten nach folgendem Programm:

1. Stellen Sie sich die Frage: Wovor habe ich eigentlich Angst? Geben Sie Ihrer Angst Raum, sich zu entfalten, ohne sie zu beschönigen oder zu verurteilen.
2. Sehr hilfreich ist es, eine Liste jener Probleme und Entscheidungen aufzustellen, die Sie verzögert haben.
3. Fassen Sie Ihre Angst in Worte und bringen Sie diese zu Papier.
4. Negative Vorstellungen und Gedanken lösen Ängste aus. Hüten Sie sich also davor, sich in Ihrer Phantasie stets das Schlimmste auszumalen.
5. Wer genau erkannt hat, wovor er Angst hat, kann ein geeignetes Programm zu ihrer Bewältigung aufstellen.

5. Eine Technik, wie man den Geist gegen Angst abriegeln kann

Einst sprach ein grausamer König zu dem bereits zitierten Schelm Nasreddin Hodscha: »Ich werde dich aufhängen lassen, wenn du mir nicht beweist, daß du wirklich die außergewöhnliche Wahrnehmungsfähigkeit besitzt, deren man dich rühmt.« Nasreddin entgegnete sofort, er sähe einen goldenen Vogel am Himmel und Dämonen in der Erde. »Erstaunlich«, sagte der König, »wie machst du das bloß?« »Furcht, Furcht«, sagte der Schelm, »ist alles, was man dazu braucht.«

Es ist nun aber keineswegs so, daß allein die Angst vor dem eigenen Tod solche Phantasievorstellungen schafft. Ich kenne einen Mann, der seit längerem in einen Gerichtsprozeß verwickelt ist. Ständig malt er sich aus, welche unangenehmen Fragen der Richter stellen und was alles Schlimmes passieren könnte, wenn er den Prozeß verlieren sollte. Mein Bekannter ist nicht mehr in der Lage, seine vielen verantwortungsvollen Arbeiten konzentriert zu erledigen. Indem er unaufhörlich an diesen Prozeß denkt und sich schlimme Folgen ausmalt, ruiniert er nach und nach seine Nervenkraft. Seine Furcht hat ihn schließlich wie Nasreddin dazu gebracht, Dinge zu sehen, die überhaupt nicht realistisch sind. Als Folge davon ist seine Angst immer größer geworden. Er befindet sich auf dem besten Wege, durch die lähmenden Zwangsvorstellungen alle seine Kräfte aufzureiben, die er für viel wichtigere Dinge in seinem Leben brauchte.

Beenden wir hier die Beispiele. Schon in Abschnitt 2 dieses Kapitels wurde darauf hingewiesen, daß reines Denken Angst und Furcht auslösen kann. Wie kann man nun aber den Geist von quälenden Gedanken befreien und so die Ängste loswerden? Es handelt sich hierbei, wohlgemerkt, um eine Angst, die erst durch das Denken erzeugt wird. So liegt es also auf der Hand: Sie müssen verhindern, daß Ihr Geist sich negativen Gedanken öffnet. Den meisten Leuten ist es zwar selbstverständlich, ihre Wohnung abzuschließen, damit ihnen kein Dieb Schaden zufügen kann. In ihren Geist jedoch lassen sie unkontrolliert alle Eindrücke und fremde Beeinflussungen eindringen und Wurzeln schlagen. Sie sind sich dessen nicht einmal bewußt, daß ihr eigenes Denken für Angst und Furcht in ihrem Leben verantwortlich ist. Die meisten Menschen schleppen ihre quälenden Gedanken nicht nur wie ein schweres Gepäck mit sich herum, es ist ihnen vielmehr schon zur Gewohnheit geworden, solche Gedanken noch zu pflegen und zu verstärken.

Sie aber werden erst dann das Leben führen, nach dem Sie sich sehnen, wenn Sie Ihren Geist daran hindern, weiterhin aus Gewohnheit solche quälenden Vorstellungen aufzubauen. Verfahren Sie dazu nach folgendem Programm:

1. Bauen sich in Ihnen negative Vorstellungen auf, so treffen Sie stets ganz gezielt die gedankliche Feststellung: Negativer Gedanke – Vorsicht! Negativer Gedanke – Vorsicht! Sie können sich dazu auch noch an den Kopf tippen, um sich Ihre Geisteshaltung nachdrücklich bewußtzumachen. Mit Achtsamkeit und vor allem mit ständigem Training werden Sie so die gewohnheitsmäßige Kette negativer Gedanken und Befürchtungen aufbrechen.
2. Arbeiten Sie konzentriert an der Verwirklichung Ihrer Ziele. Je intensiver Sie sich mit Ihrer Arbeit beschäftigen, um so weniger können Angst- und Furchtgedanken von Ihnen Besitz ergreifen.
3. Überfallen Sie negative Vorstellungen unvorbereitet, dann bauen Sie dagegen positive in Ihrem Geist auf. Denken Sie an ein angenehmes Erlebnis oder geben Sie sich ganz dem Gefühl hin, wie schön es sein wird, wenn Sie Ihr Ziel erreicht haben. Befreien Sie also Ihren Geist plan- und regelmäßig von negativen Gedanken und Vorstellungen und vergessen Sie nicht: Ihre Ängste sind nur zu oft die Folgen falscher Denkgewohnheiten.

6. Entspannung baut die Ängste ab

Jede ungelöste Spannung des Körpers bedeutet eine Anstrengung ohne Ergebnis, einen inneren Kräfteverzehr, der vorzeitig müde und alt im Aussehen macht. Entspannung dagegen führt zu innerer Lockerung, zu Krafterneuerung, ja sogar zu Verjüngung. Der sich ängstigende und sich sorgende Mensch befindet sich in ständiger Anspannung. Doch dabei bleibt es nicht. Als Folgen solcher Verkrampfungen treten nicht selten Magengeschwüre, Schlafstörungen, Bluthochdruck, Herz- und Kreislauferkrankungen und Zuckerkrankheit auf. Man weiß heute: Mehr als siebzig Prozent aller Leiden der Menschen, die einen Arzt aufsuchen, haben ihre Ursache im seelischen Bereich. Selbst der gesündeste Mensch kann erkranken, wenn er sich ständig ängstigt und sorgt. Schon heute fordern Herz- und Kreislaufleiden die meisten Todesopfer.

Ist Ihnen Ihr Leben lieb? Möchten Sie gern lange leben und sich bester Gesundheit erfreuen? Wollen Sie verhindern, frühzeitig einem Herztod zum Opfer zu fallen? Dann müssen Sie lernen, sich von Ihren Ängsten und Sorgen zu befreien, und sich bemühen, Ihren Seelenfrieden zu erhalten.

Wenn Sie sich entspannen können, werden Sie feststellen: Mit der Muskelentspannung weichen auch gleichzeitig Ihre Ängste. Aber wie ist eine Körperentspannung möglichst leicht zu erreichen? Ich habe eine ganz einfache und von jedermann schnell erlernbare Technik in meinem Buch *Die universellen Kräfte Ihrer Psyche* beschrieben. Wenn Sie diese Übung beherrschen, so vermögen Sie sich innerhalb von drei Minuten sehr gut zu entspannen. Betreiben Sie diese Entspannungstechnik regelmäßig und Ihre Ängste und die Anfälligkeit gegen Sorgen werden zurückgehen. Die simple Technik beruht darauf, bewußt das Gefühl wahrzunehmen, das mit willkürlicher An- und Entspannung einzelner Muskeln und Muskelgruppen des Körpers verbunden ist. Entspannung stellt sich dabei gleichsam wie von selbst ein. Ich habe diese Entspannungsmethode schon mit mehreren tausend Menschen eingeübt. Jeder von ihnen erzielte damit gute Resultate, ohne daß es je Probleme gab.

Der Nutzen der Entspannung ist keineswegs nur auf das Abklingen von Angst und Furcht beschränkt. Vielmehr wird dabei auch die Blockierung des Gedächtnisses beseitigt, und es stellt sich ein erhöhtes Leistungsvermögen ein. In der Entspannung wird auch der Kontakt zwischen Bewußtsein und Unterbewußtsein verbessert, und diejenigen, die meine Methode anwenden, fühlen sich für Inspirationen und die Lösung ihrer Probleme viel aufgeschlossener – alles geht ihnen leichter von der Hand; der Weg zu einem selbstbestimmten Leben steht ihnen offen.

7. Meditation schafft echte Geborgenheit

Wenn durch das Praktizieren der genannten Methode eine erste Entspannung erreicht ist, wird durch eine anschließende Meditationsübung eine noch weiterführende Tiefenentspannung bewirkt. Das ist aber nur ein Aspekt der Meditationsübung. Bevor ich jedoch auf den noch viel weiter reichenden Nutzen der Meditation eingehe, zunächst noch einige Worte zu ihrer Technik.

Beginnen Sie mit der Atmung. Lassen Sie Ihren Atem frei strömen, ohne ihn in irgendeiner Weise zu beeinflussen. Sie werden feststellen: Mit der Zeit atmen Sie tiefer, ohne daß Sie diesen Zustand gezielt herbeizuführen brauchen. Atmen Sie aus, dann haben Sie vielleicht das Gefühl, der Atem »falle« aus Ihrem Körper heraus. Es ist so ähnlich, als ob Sie es sich auf einem Sessel oder Sofa bequemmachen, als ob Sie »in sich hineinsinken« und ganz schwer werden. Wenn Sie ausgeatmet haben, wenn der Atem draußen ist, dann ziehen Sie ihn nicht wieder sofort ein. Warten Sie, bis er nun gleichsam zurück in Sie »hineinfällt«. Lassen Sie »sich atmen«, und regulieren Sie den Atem nicht willentlich; mit anderen Worten: Stören Sie nicht seinen natürlichen Fluß. Sie werden feststellen, daß Ihr Atmen wie von selbst immer langsamer und leichter wird.

Bemühen Sie sich nun, den Atem durch jene geringe Druckempfindung wahrzunehmen, die Sie registrieren, wenn der Luftstrom an der Innenseite der Nase vorbeistreicht. Versuchen Sie, die Druckempfindung dort wahrzunehmen, wo sie entsteht. Was die Feinheiten dieser Übung betrifft, so verweise ich auf die Anleitungen, die ich in meinem Buch *Die universellen Kräfte Ihrer Psyche* gegeben habe. Beginnen Sie stets erst dann die jeweils nächste Phase zu üben, wenn Sie die vorangehende wirklich beherrschen. Für den Meditationserfolg ist es unbedingt notwendig, die erste Phase, das richtige Atmen zu meistern und sich erst dann den fortgeschrittenen Stadien der Übung zu widmen. Wer in seiner Ungeduld Anfangsphasen überspringt und ihnen nicht genügend Übung widmet, schließt auf Dauer den Erfolg aus.

Auf Ihrem Weg nach innen werden wahrscheinlich vielerlei Gedanken und Bilder in Ihrem Bewußtsein auftauchen. Dieser Gedankentrubel rührt daher, daß in der Phase der Entspannung zahlreiche Vorstellungsbilder aus dem Unterbewußtsein hervordrängen. Es ist sinnlos, sich dagegen zu wehren, indem man sie zu unterdrücken sucht. Sie würden bei einer Abwehr gleichsam so verfahren, als ob Sie mit einer Walze eine unruhige Wasseroberfläche glätten wollten. Die Flut der Gedanken und der Bilder würde nur um so größer werden. Achten Sie vielmehr auf die Vorstellungen und Ideen, ohne sie willentlich weiter fortzusetzen. Erst wenn diese Bilder von selbst verschwunden sind, widmen Sie Ihre Aufmerksamkeit wieder dem Luftstrom in Ihrer Nase. Machen Sie sich keine Gedanken darüber, ob Sie auch wirklich Fortschritte machen. Beobachten Sie ganz einfach alles, was in Ihnen vorgeht, ohne es mit dem Willen zu verstärken oder zu abzuschwächen.

Wenn die Gedanken einmal zur Ruhe gekommen sind, werden Sie eine bisher nie erlebte innere Kraft und ein Gefühl seliger Geborgenheit erfahren, das sich nicht beschreiben läßt. Sie spüren Ihr innerstes Selbst, das Einssein mit dem Allgeist, dem Geist des Lebens oder dem Geist Gottes. Selbst wenn Sie nicht an Gott glauben, haben Sie das Erlebnis einer Sie bergenden, alles umfassenden Kraft. Sie empfinden Ihre grundlegende Untrennbarkeit mit dem Universum. In dieser Stille spüren Sie den Atem des Ewigen, der Ihnen Sicherheit und Geborgenheit gibt. Ein großer innerer Frieden erfüllt Sie. Ralph Waldo Emerson sagte dazu: »Laßt uns schweigen und stille sein, damit wir das Flüstern der Götter hören können.«

Der christliche Mystiker Meister Eckart beschreibt seine innere Erfahrung mit folgenden Worten: »Wir hören viel, aber wir hören erst eigentlich, wenn wir die wirren Stimmen haben sterben lassen und nur noch eine spricht. Wir sehen viel, doch sehen wir erst eigentlich, wenn wir die wirren Lichter alle ausgeblasen haben und nur das eine klare, große in der Seele leuchtet, das fern ist aller Geschaffenheit, aller Gespaltenheit.«

Nur wer aus solcher Kraftquelle und aus der höheren Wirklichkeit in sich selber zu schöpfen vermag, wird unabhängig von der Meinung anderer. Selbst tiefste Ängste lösen sich mit der Zeit dabei auf. Die Kräfte des Geistes, der Seele und des Körpers werden gestärkt. Jene

Stille ist es auch, aus der alle genialen Erkenntnisse der Menschheit in Kunst, Religion und Wissenschaft geboren wurden.

»Unter all meinen Patienten jenseits der Lebensmitte ist nicht ein einziger«, schreibt der Psychologe Carl Gustav Jung, »dessen endgültiges Problem nicht das der religiösen Einstellung wäre; und keiner ist wirklich geheilt, der seine religiöse Einstellung nicht wieder erreicht hat, was mit Konfession oder Zugehörigkeit zu einer Kirche natürlich nichts zu tun hat.« Auch ich habe bei meinen vielen Seminaren bei Menschen jenseits der Lebensmitte immer dieses ahnende Wissen um jene verborgene Kraftquelle und die Sehnsucht nach einer Möglichkeit tiefen Geborgenseins gespürt, obwohl sich diese Menschen oft von Äußerlichkeiten und Oberflächlichkeiten der eigenen Konfession gelöst hatten.

In dem Schweigen der Gedanken stoßen Sie zu Ihrem tiefsten Wesensgrund vor. Er liegt noch »unter« dem Unterbewußtsein und wird manchmal auch Überbewußtsein oder Überselbst genannt. Meister Eckart spricht von der Gottesgeburt in der Seele, die dann möglich wird, wenn die Seele frei von allen Namen, Formen und Bildern ist. Und der Buddhismus sagt: »Im Schauen des Ungeschaffenen wird man von allem Geschaffenen erlöst.« Wer in der Stille der Gedanken zu dieser Wirklichkeit vorstößt, gelangt dabei sogar zu einer wesentlich größeren inneren Erfahrung und Wandlung als jemand, der sich nur im Gebet dem Sprechen der Worte hingibt.

Halten wir fest: In der Meditation werden Sie sich schrittweise Ihrer Erinnerungen, Eindrücke und verborgenen Gedanken bewußt. In der Stille der Gedanken erfahren Sie die Gegenwart Gottes in sich selbst oder die Sicherheit der auch Sie bergenden unendlichen Kraft des Universums. Machen Sie die besprochene Übung! Vergessen Sie dabei aber nicht: Meditation ist etwas Erfreuliches und nicht eine Pflicht oder Fron, der man sich unterwerfen muß. Selbst wenn Sie keine Beziehung mehr zu irgendeiner organisierten Religion haben, erfahren Sie hier die Realität einer bergenden und alles übergreifenden Wirklichkeit. Treten Sie also mit jener verborgenen Welt in Ihrem Inneren in Berührung. Angst und Furcht weichen von Ihnen. Sie erfahren innere Geborgenheit und Seelenfrieden. Mit Hilfe jener Kraft aber vermögen Sie sich zuverlässig das Leben zu schaffen, nach dem Sie sich sehnen.

Zusammenfassung

1. Angst und Furcht sind wie ein Sargdeckel, der sich über Ihrem Leben schließt. Erst wenn Sie diese überwinden, werden Sie mehr Freude am Leben haben.
2. Viele Ängste entstehen dadurch, daß im Unterbewußtsein gespeicherte unangenehme Erinnerungen geweckt werden und hervorbrechen.
3. Unangenehme Gedanken und Vorstellungen willkürlicher Art lösen Angst aus.
4. Ängste machen Sie unfrei und bringen Sie in Abhängigkeit von anderen Menschen.
5. Wer vor seiner Furcht und den Schwierigkeiten des Lebens davonläuft, verstärkt die Angst.
6. Es kostet Sie auf die Dauer weniger Energien, die eigenen Ängste zu besiegen, als aus Angst immer vor allen Schwierigkeiten davonzulaufen.
7. Indem Sie sich Ihrer Furcht stellen und in direkte Beziehung zu ihr treten, wird Ihnen bewußt, wovor Sie sich fürchten. Sie können sich dann ein Programm zur Bewältigung dieser ganz besonderen Furcht aufstellen.
8. Denken Sie darüber nach, ob Sie Probleme nicht hätten eher lösen können und wichtige Entscheidungen unnötig verzögert haben. Oft war die Angst ein schlechter Ratgeber.
9. Sind Sie sich bewußt, auf welche Art Sie vor Ihrer Angst davonlaufen?
10. Unterbrechen Sie die Kette negativer Gedanken und Vorstellungen mit dem geistigen Alarmsignal: Negativer Gedanke, Vorsicht! Negativer Gedanke, Vorsicht! bis diese Vorstellungen zu Ende kommen. Sie können sich auch jedesmal an den Kopf tippen, wenn Sie das besser vor solchen Gedanken schützt.
11. Vertreiben Sie negative Gedanken dadurch, daß Sie an erfreuliche Dinge denken.
12. Arbeiten Sie konzentriert an der Verwirklichung Ihrer Ziele. Dann ist in Ihrem Geist kein Platz mehr für negative Vorstellungen.
13. Entspannung und Meditation vertreiben Angst und Furcht besonders wirksam, geben innere Kraft, echte Geborgenheit und Seelenfrieden.

So befreien Sie sich von Ihren Sorgen

1. Durch Sorgen vergeuden Sie Ihre Lebensenergien und ziehen das Gefürchtete magisch an

Nicht nur Ängste, auch Sorgen wirken gleichsam wie ein Würgegriff um Ihren Hals. Wer sich immer nur sorgt, stirbt vermutlich früher als jemand, der mit seinen Problemen fertig wird. Vielen Leuten ist es zu einer Angewohnheit geworden, sich selbst dann ständig Sorgen zu machen, wenn dies völlig unbegründet ist. Scheinsorgen sind ungleich häufiger als echte Sorgen.

Ich erinnere mich noch sehr genau an meine erste Flugreise. Der Flug wurde mit einem Motorflugzeug durchgeführt. Vor dem Start machte ich mir darüber viele Gedanken: Was passiert, wenn die Motoren des Flugzeuges ausfallen? Was kann alles geschehen, wenn das Flugzeug ins Meer stürzt? Könnte nicht sogar der Treibstoff Feuer fangen? Diese und andere Vorstellungen plagten mich derart, daß ich noch vor dem Abflug fast krank vor Sorgen wurde. Als ich schließlich im Flugzeug saß, waren selbst beim Start meine Sorgen immer noch nicht verschwunden. Erst nach mehreren Stunden Flug gab ich all meine Bedenken um meine Sicherheit auf, da offensichtlich meine Befürchtungen überflüssig waren.

Gewiß haben auch Sie sich schon Sorgen gemacht. Vielleicht waren Sie um Ihre finanzielle Situation besorgt (die übrigens bei den meisten Menschen den größten Anteil an der Entstehung aller Sorgen hat). Oder es plagten Sie Sorgen um Ihren Beruf, um Ihre Gesundheit oder um die Leistungen Ihrer Kinder in der Schule. Worum Sie sich auch immer den Kopf zerbrechen, stets spielt sich der gleiche Prozeß ab: Sorgen werden durch Befürchtungen ausgelöst, die in Ihrem Denken eine bedrohliche Größe annehmen.

Schreiben Sie einmal alle Sorgen auf, die Sie zur Zeit haben. Wenn Sie nach einigen Wochen, Monaten oder nach einem Jahr nach diesem Zettel greifen, so werden Sie feststellen, daß fast nichts von Ihren Sorgen und Ängsten Wirklichkeit geworden ist. Sie haben sich zum Großteil als völlig unbegründet erwiesen. Was steckt nun eigentlich hinter der Angewohnheit des ständigen Besorgtseins? Es ist nichts anderes als die üble Angewohnheit, immer nur an das Schlimmste zu denken. Diese Denkgewohnheit hat viele negative Folgen. Worin bestehen sie?

Ihre Gedanken und Befürchtungen erzeugen bildhafte Vorstellungen, die sich in Ihrem Unterbewußtsein niederschlagen. Diese Gedankenbilder Ihres Unterbewußtseins aber lenken und leiten Sie. In entscheidenden Lebenssituationen werden Sie von diesen bildhaft gespeicherten Vorstellungen beeinflußt, ganz gleich, ob Sie es wollen oder nicht. Man könnte es auch so sagen: Die in Ihrem Unterbewußtsein angehäuften Gedankenbilder haben die Tendenz, sich im täglichen Leben zu verwirklichen.

Die christliche und die buddhistische Religion haben diesen Sachverhalt schon vor langer Zeit erkannt. So sagt zum Beispiel Hiob in der Bibel: »Alles, was ich befürchtet habe, ist über mich gekommen.« Die heutige Wissenschaft kann diesen Sachverhalt nur bestätigen. Wer sich zum Beispiel um den Verlust seines Arbeitsplatzes sorgt, macht auch mit Sicherheit bald die Fehler, die dazu führen, daß er tatsächlich eines Tages auf der Straße steht. Und wer immerfort befürchtet, seine Frau könne ihm davonlaufen, behandelt sie auch bald so, daß sie sich wirklich eines Tages einen liebenswerteren Partner sucht...

Mit unserer üblen Angewohnheit, uns Sorgen über alles und jedes zu machen, sind wir auf dem besten Wege, gerade das herauszufordern, wovor wir uns so fürchten, denn es hat ja schon von unserem Geist Besitz ergriffen.

Erkennen Sie, wie notwendig es ist, sich von Ihren Sorgen zu befreien? In den folgenden Abschnitten dieses Kapitels lernen Sie Techniken kennen, mit deren Hilfe Sie unbegründete Sorgen erfolgreich abwehren können. Probieren Sie am besten alle Möglichkeiten aus, sich das ständige Kopfzerbrechen abzugewöhnen, und wenden Sie in Zukunft konsequent die Techniken an, die Ihnen ganz besonders dabei helfen können, Ihren unnötigen und gefährlichen Hang zum Grübeln in den Griff zu bekommen.

2. Mit der A-Technik vertreiben Sie Sorgen

In den Erzählungen der Chassidim mahnt der Rabbi Mordechai: »Man darf sich nicht sorgen. Eine einzige Sorge ist dem Menschen erlaubt: darüber, daß er sich Sorgen macht.«

Haben Sie schon einmal bewußt Ihr Verhalten beobachtet, wenn Sie sich Sorgen machen? Gleiten vielleicht Ihre Gedanken am Tage häufig von der Arbeit ab, und machen Sie sich Gedanken, welche negativen Entwicklungen die Zukunft bringen mag? Oder beschäftigen Sie sich ständig mit der Vergangenheit? Stellen Sie sich vielleicht zum hundertsten Male die Frage, ob Sie dieses oder jenes auch richtig gemacht haben? Ja? – Dann sind Sie auf dem besten Wege, Ihr Leben durch Ihre Grübelei zugrundezurichten. Wenn Sie aber verhindern wollen, körperlich und seelisch-geistig krank zu werden, so verfahren Sie doch einmal wie folgt:

1. Denken Sie ganz intensiv daran: »Es gibt nichts Wichtigeres und Schöneres für mich als den heutigen Tag.« Tun Sie das, womit Sie sich gerade beschäftigen, mit ganzem Herzen. So verhindern Sie, daß Ihre Gedanken in die Vergangenheit oder Zukunft schweifen. Nur die Gegenwart zählt!
2. Sie werden sehr bald feststellen, daß Sie nur dann konzentriert arbeiten können, wenn Sie eins nach dem anderen tun. Verfahren Sie nach dieser Erkenntnis und versuchen Sie nicht gleichzeitig mehrere Dinge nebeneinander zu erledigen. Auf diese Weise lösen Sie sich von der Hetze des Alltags und schaffen schließlich mehr als vorher.
3. Ertappen Sie sich dabei, daß Ihre Gedanken abschweifen und sich mit unangenehmen Dingen der Vergangenheit oder Zukunft beschäftigen, so zerreißen Sie die unheilvolle Kette Ihres gewohnheitsmäßigen Denkens, indem Sie immer wieder die geistige Feststellung machen: Negativer Gedanke, negativer Gedanke, negativer Gedanke! Auf diese Technik wurde schon hingewiesen.
4. Nun gelingt es zwar manchen Menschen ganz gut, mit dieser Technik am Tage von den Sorgen loszukommen. Doch wenn sie schließlich abends im Bett liegen, beginnt sich das Sorgenkarussell erneut im Kopf zu drehen. Ergeht es Ihnen ebenso und leiden Sie aus diesem Grunde vielleicht sogar an Schlaflosigkeit? Dann wenden Sie die schon erwähnte Entspannungsmethode an. Viele Menschen haben mir schon bestätigt, daß sie danach ausgezeichnet einschlafen können.
5. Sollte Sie diese Methode nicht von Ihren Sorgen ablenken, so beginnen Sie liegenderweise das Auf und Ab Ihrer Bauchdeckenbewegung beim Atmen wahrzunehmen. Atmen Sie ganz natürlich ein und aus, ohne den Atem zu regulieren. Sie werden sich der Druckempfindung der Bauchdecke bewußt, wenn Sie einatmen. Und Sie

werden sich der Druckempfindung der Bauchdecke bewußt, wenn Sie ausatmen. Ruht Ihr Atem, so nehmen Sie die Druckempfindung Ihrer Hände wahr, die auf der Bettdecke ruhen. Atmen Sie wieder ein und achten Sie erneut auf Ihre Bauchdeckenbewegung. Nehmen Sie erneut das Gefühl wahr, das Sie bei der Aufwärts- und dann bei der Abwärtsbewegung Ihrer Bauchdecke haben.

Natürlich können Sie auch die bereits erwähnte Meditationsübung machen. Da all diesen Techniken eine gesteigerte Achtsamkeit zugrunde liegt, habe ich diese Technik auch A-(= Achtsamkeits)-Technik genannt. Erinnern Sie sich an den Abschnitt 5 in Kapitel 2? Dort wurde dieselbe Methode empfohlen, um den Geist gegen Vorstellungen der Angst abzuriegeln. Achten Sie also sorgfältig auf Ihre Gedanken, und Sie können sich schon bald von der schlechten Gewohnheit des Fürchtens und Sorgens befreien.

3. Eine weitere Methode, Sorgen zu vertreiben

Eine Hausfrau erzählte mir einmal, daß sie sich mit ihren Sorgen fast ihr Leben zerstört hätte. »Wenn mein Mann frühmorgens das Haus verlassen hatte, pflegte ich mir schon Sorgen zu machen, was passieren würde, wenn er den Arbeitsplatz verlöre. Wir hatten erst vor einem Jahr ein Haus gebaut, die Belastungen durch Kredite waren hoch, und wir brauchten jeden Pfennig. Dann fiel mir häufig meine Tochter ein, und eine andere Sorge befiel mich. Vielleicht war sie auf dem Schulweg von einem Auto überfahren worden? Lag sie etwa sogar schon in einem Krankenhaus und rang mit dem Tode? Manchmal dachte ich an die Todesanzeige eines unserer Bekannten. Nur vierzig Jahre war er alt geworden und an Krebs gestorben. Drei Kinder hatten ihren Vater verloren. Hatte mein Mann etwa auch schon diese Krankheit? Mir fiel auf, daß er seit einigen Wochen gar nicht gesund aussah. Panisches Entsetzen packte mich. War ich dann beim Einkaufen, so machte ich mir Gedanken, ob ich das Licht in der Wohnung ausgeschaltet hatte. Vielleicht hatte meine Tochter schon früher Schulschluß, stand vor der Haustür und wartete! Ich begann zu hetzen, um möglichst schnell nach Hause zu kommen. Was ich auch immer tat, stets machte ich mir Sorgen über die unterschiedlichsten Dinge. Das ewige Sorgen machte mich reizbar und nervös. Ich war mit meinen Nerven völlig am Ende.«

Beenden wir hier den Bericht dieser Frau, die sich mit ihren Sorgen das Leben zur Hölle machte, indem sie stets dachte: Was passiert, wenn…? Natürlich können auch Sie sich weiterhin solche Fragen stellen und ständig das Schlimmste erwarten. Doch dann werden Sie sich nie von Ihrer Sucht, sich zu sorgen, befreien können. Stellen Sie sich vielmehr einmal die Frage, wie hoch die Wahrscheinlichkeit ist, daß das von Ihnen Befürchtete tatsächlich eintritt. Sie werden feststellen, wie Ihre Sorgen und Ängste auf geradezu lächerliche Reste zusammenschrumpfen. Haben Sie die Befürchtung, Sie könnten an Krebs erkranken? Nur etwa jeder zehnte Mensch stirbt an Krebs. Fürchten Sie einen tödlichen Autounfall? Von fünfzig Millionen Deutschen haben im Jahr nur fünfzehntausend Menschen, also nur einer von dreitausend, einen tödlichen Unfall. Offenbar also kein Grund zu übertriebener Besorgnis. Sie erhöhen aber die Wahrscheinlichkeit eines solchen Unglücksfalles erheblich, wenn Sie immer daran denken. Was sagte Hiob? »Alles, was ich befürchtet habe, ist über mich gekommen.«

In Abschnitt 1 dieses Kapitels »Durch Sorgen vergeuden Sie Ihre Lebensenergien und ziehen das Gefürchtete magisch an« schrieb ich von meinen Sorgen und Ängsten bei meinem ersten Flug. Auch sie hätten mit der nüchternen Feststellung vertrieben werden können: Die Wahrscheinlichkeit, bei einem Flugzeugabsturz sein Leben zu lassen, ist wesentlich geringer als jene, auf der Straße den Verkehrstod zu finden.

Bleiben wir noch ein wenig bei meinem ersten Flug. Nachdem die Maschine nach einer Zwischenlandung in Karachi den Flughafen verlassen hatte, fiel plötzlich ein Propeller aus. Mich packte das kalte Entsetzen. Doch das Flugzeug stürzte nicht ab. Wohlbehalten brachte uns der Kapitän wieder nach Karachi zurück, wo sich sofort Monteure bemühten, den Schaden zu beseitigen. Nach dem zweiten Start ereignete sich dasselbe Malheur noch einmal. Das Flugzeug mußte wieder umkehren. Unser erzwungener Aufenthalt in Karachi dauerte diesmal sogar drei Tage. Nachdem wir dann endlich unseren Flug weiter fortsetzten, blieb ein Propeller des Flugzeugs über dem Meer ein drittes Mal stehen. Nun zeigte sich das Reiseunternehmen endlich einsichtig. Wir verließen die Chartermaschine und konnten die Reise mit einer Linienmaschine fortsetzen. Dreimal war das von mir Befürchtete eingetreten. Dennoch war weder mir noch anderen Fluggästen etwas dabei passiert.

Noch ein weiteres Beispiel zur Verdeutlichung. Als meine Mutter vierzig Jahre alt war, teilten ihr zwei Ärzte mit, sie werde wegen ihres angeblich schwachen Herzens nicht alt werden. Verständlich, daß sich meine Mutter um ihre Gesundheit sorgte, zumal sie noch drei Kinder zu versorgen hatte. Und was geschah? Meine Mutter starb im Alter von fast einundsiebzig Jahren, doch nicht etwa an Herzschwäche, wie es ihr die Ärzte vorausgesagt hatten, sondern an einer Leberinfektion, die infolge nachlässiger Untersuchungen nicht erkannt worden war.

Die meisten unserer Befürchtungen treffen so gut wie niemals ein. Von jenen, die jedoch tatsächlich Wirklichkeit werden, stellen sich immer noch die meisten als wesentlich harmloser heraus, als ursprünglich angenommen. Überfallen Sie also finstere Sorgen und vermögen Sie diese nicht zu stoppen, so stellen Sie sich die einfache Frage: Wie hoch ist die Wahrscheinlichkeit für das Eintreten des Befürchteten? Wie hoch ist die Wahrscheinlichkeit, daß ich die Gefahr übertreibe und daß selbst dann alles nicht so schlimm ist, wenn sich meine Befürchtung als berechtigt erweist? Verfahren Sie in dieser Weise, so werden Ihre Sorgen auf ein lächerliches Maß zusammenschrumpfen.

4. Wie Sie sich der Zeit bedienen, um sich von Ihrer Tendenz, sich zu sorgen, zu trennen

Denken Sie einmal an die Vergangenheit. Wie viele Sorgen, mit denen Sie sich damals beschäftigten, sind eigentlich Wirklichkeit geworden? Gewiß nur ein kleiner Prozentsatz. Machen Sie doch die Zeit zu Ihrem Verbündeten, um sich von Ihrer »Sorgsucht« zu trennen.

Wie ist nun dabei vorzugehen? Nehmen wir an, eine Sorge überfällt Sie. Schreiben Sie den Grund für Ihre Befürchtungen zunächst auf einen Notizzettel. Überlegen Sie sich anschließend, wann Sie sich genauer damit befassen wollen. Grübeln Sie also nicht sofort über die Sorge nach, sondern entscheiden Sie sich zum Beispiel dafür, frühestens in zehn Tagen das Problem näher in Augenschein zu nehmen. Schieben Sie nun den Zettel in Ihre Terminmappe. An dem festgelegten Termin nehmen Sie den Sorgenzettel zur Hand und denken dann zunächst darüber nach, ob die betreffende Sorge überhaupt noch eine Berechtigung hat. In den meisten Fällen genügen schon einige Tage, und viele Befürchtungen sind gegenstandslos geworden. Die Mehrheit aller Sorgen übersteht dieses Terminverfahren nicht.

Haben Sie auf diese Art schon einige Erfolge erzielt, so machen Sie Ihrer »Sorgsucht« völlig den Garaus. Schreiben Sie alle Sorgen, die Sie belasten, auf einen Zettel. Wie bei der Bewußtmachung der Ängste ergibt sich auch hier Folgendes: Schon durch das bloße Bewußtwerden lindert sich der quälende Druck Ihrer Sorgen, und sie büßen so bereits einen Teil ihrer destruktiven Kraft ein. Verteilen Sie nun Ihre Sorgen auf verschiedene Tage Ihres Terminkalenders. Damit haben Sie den Kopf zunächst einmal von ungeordnetem Wust frei. Stoßen Sie dann zum bestimmten Zeitpunkt auf die betreffende Sorge, dann ergeben sich zwei Möglichkeiten:

1. Verlängern Sie den Termin um weitere acht Tage.
2. Überlegen Sie genau, ob die Sorge ihre Berechtigung hat. Gehen Sie konsequent an die Lösung des Problems heran, um die Schwierigkeit so gut wie möglich zu bewältigen.

Wie Sie im Falle von Punkt 2 am besten vorgehen, wird in Kapitel 12 »Es gibt eine Lösung für jedes Problem« beschrieben.

5. Hören Sie auf zu klagen, denn Klagen verstärkt Ihre Sorgen

Hüten Sie sich, mit anderen über Ihre Sorgen zu sprechen. Auf diese Weise verstärken Sie nur Ihre Befürchtungen. Ihre Gesprächspartner werden Sie vermutlich in Ihren negativen Gedanken und Gefühlen nur bestärken, wodurch Ihre Sorgen keineswegs geringer werden. Hüten Sie sich also davor, Ihre Sorgen auf diese Art noch zu steigern. Laotse sagte: »Du kannst nicht verhindern, daß die Vögel der Sorge über dein Haupt fliegen. Du hast es aber in der Hand zu verhindern, daß sie auf deinem Kopf ihre Nester bauen.«

Wer ständig klagt, verliert nicht nur sein Ansehen bei seinen Mitmenschen, er geht ihnen sogar noch auf die Nerven. So sagte die deutsche Volksschauspielerin Inge Meysel einmal ganz treffend: »Ich verabscheue Leute, die einem noch ihr eigenes Schicksal aufbürden; ich finde sie schrecklich und egoistisch.«

6. Sport, Spaziergänge und genügend Schlaf verringern Ihre Anfälligkeit gegen Sorgen

Ein Angestellter berichtete mir Folgendes: »Seit etwa acht Wochen betreibe ich Sport, um meine Gesundheit zu stärken und mich fit zu halten. Mehrmals in der Woche mache ich im nahegelegenen Wald einen Dauerlauf. Ich überanstrenge mich dabei nicht. Beende ich durchgeschwitzt mein Training, so habe ich jedesmal das Gefühl, daß mit dem Schweiß auch meine Sorgen von mir abperlen. Seitdem ich regelmäßig Sport treibe, fühle ich mich nicht nur gesünder, auch meine Anfälligkeit gegen Sorgen hat abgenommen.«

Ob Sie nun Ihre Nervenkraft durch ausreichenden Schlaf frisch halten, längere Spaziergänge machen oder irgendeine sportliche Ertüchtigung betreiben, all das wirkt sich auf die Frische Ihres Geistes aus. Die Folge ist, daß Sie sich weniger sorgen.

Wächst vielleicht in Ihnen eine negative Geisteshaltung heran, sind Sie gereizt und können Sie Ihre Sorgen nicht vertreiben? Dann machen Sie einen Dauerlauf, einen längeren Spaziergang oder betreiben Sie irgendeinen anderen Sport, der Sie kurzfristig fordert. Nicht nur Ihr Körper, auch Ihr Geist wird sich wohler fühlen, und Sie werden weniger Energien darauf verschwenden, sich Sorgen zu machen und sich mit selbstquälerischen Gedanken zu peinigen.

7. Bezahlen Sie nicht mehr für eine Sache, als sie wert ist

Bezahlen Sie nicht noch mit Ihren Sorgen und Ihrer Gesundheit für eine Sache, die nicht mehr zu ändern ist. Fragen Sie sich, ob es überhaupt lohnt, sich mit einer Sache noch weiter herumzuquälen. Legen Sie stets eine Grenze fest, wie lange Sie sich mit einer bestimmten Angelegenheit beschäftigen wollen. So verhindern Sie, daß Sie für etwas mehr bezahlen, als es eigentlich wert ist.

Menschen, die es verstanden, ihr Leben zu meistern, haben sich schon immer nach diesem Grundsatz gerichtet, so zum Beispiel der Schriftsteller Orison Swett Morden. Schon mit sieben Jahren wurde er Vollwaise. Mit Zielstrebigkeit gelang es ihm später, Eigentümer und Geschäftsführer von vier Hotels zu werden. Neben diesen Tätigkeiten arbeitete er unermüdlich an einem Manuskript zu einem Buch, wie sich jeder selbst helfen könne. Der Leitsatz seines Werkes war: »Sieh jede Gelegenheit, die dir das Leben bietet, auch die scheinbar ungünstigste, als Chance an, um im Leben einen Schritt nach vorn zu machen.«

Bei seiner Arbeit traf Morden ein Unglück, das fast jeden anderen ruiniert hätte. Zwei seiner Hotels brannten bis auf die Grundmauern nieder, und sein schon fast beendetes Manuskript fiel den Flammen zum Opfer. Zur selben Zeit wurden in Amerika viele Menschen infolge der Wirtschaftskrise arbeitslos. Trotz der schlechten Wirtschaftslage jammerte Morden nicht über seine Verluste. Er mietete billig einen Raum über einer Mietsstallung und lebte sehr kärglich, da er nur noch wenige Dollar hatte. Binnen eines Jahres war er mit seinem neuen Buch fertig, das er jetzt unter das Motto gestellt hatte: »Jede Gelegenheit ist eine einmalige Gelegenheit.« Das Buch wurde ein Riesenerfolg. Es wurde in mehreren Millionen Exemplaren verkauft und in fünfundzwanzig Sprachen übersetzt.

Halten wir fest: Hüten Sie sich davor, sich durch ständiges Sorgen aufzureiben. Natürlich müssen auch Sie Probleme lösen, und es hat keinen Zweck, vor Ihren ungelösten Fragen davonzulaufen. Dazu werden Sie in Kapitel 12 »Es gibt eine Lösung für jedes Problem« eine sehr effektive Methode kennenlernen. Gehen Sie nach dieser Technik vor, dann nähern Sie sich jedem Problem in der richtigen Weise. Lassen Sie jedoch Ihre Gedanken nicht ständig um dieses eine Thema kreisen. Legen Sie eine Zeitspanne fest, wie lange Sie sich dem betreffenden Problem widmen wollen. Stellen Sie sich stets die Frage, wie bedeutend das Problem für Sie ist. Indem Sie die Zeit begrenzen, die Sie einer Problemlösung widmen, verhindern Sie, für eine Sache mehr zu bezahlen, als sie wert ist.

Das Leben besteht nun einmal aus der ständigen Lösung irgendwelcher Probleme. Vergeuden Sie zuviel Aufwand an die Lösung eines einzigen, so vernachlässigen Sie zwangsläufig andere, vielleicht wichtigere. Bald haben Sie dann gar keine Zeit mehr für sich, für die eigene Entspannung und für das eigene Glück. Und wer sich ständig um einen möglichen Schicksalsschlag sorgt, der verliert bald jeden Lebensmut und jeden Optimismus, um seine anderen Schwierigkeiten zu bewältigen.

Nicht wenige Menschen durchdenken zwar ihre Probleme und machen sich sogar ein Programm zu deren Lösung. Doch anstatt tatkräftig an der Verwirklichung ihrer Ziele zu arbeiten und daneben auch Zeit für die notwendige Muße und Erholung zu finden, belasten sie sich mit Sorgen und Befürchtungen darüber, ob sie auch richtig entschieden haben. Hier gelten noch immer die wunderbaren Worte Jesu: »Darum sorge nicht für den morgigen Tag, denn der morgige Tag wird für sich selbst sorgen.«

Lösen Sie Ihre Probleme systematisch. Ist die Entscheidung einmal gefallen, dann sind weitere sorgende Gedanken sowieso überflüssig, denn Sie haben Ihr Bestes zur Lösung des Problems getan. Nun müssen Sie auf die Zukunft vertrauen. Sie lockern damit die Bremsen Ihres Lebenswagens. Die Fahrt kann wieder weitergehen. Die verborgenen Kräfte in Ihnen werden sich als die besten Lenker erweisen.

8. Eine Formel, die selbst die hartnäckigsten Sorgen vertreibt

Ein mir bekannter Geschäftsmann erzählte mir einmal, daß er durch eine gewagte Spekulation über hunderttausend Mark verloren habe. Obwohl er immer noch sehr wohlhabend war, begann er, seine Zukunft in den dunkelsten Farben zu sehen. Ich erklärte ihm, sein größter Verlust bestehe darin, an sich zu zweifeln und sein Lebensziel aus dem Auge zu verlieren. Außerdem sei er dabei, mit seinem Selbstmitleid jegliche positiven Aktivitäten zu ersticken. Meine Ausführungen leuchteten ihm ein. Später berichtete er mir: »Ich habe damals die Wirklichkeit schon gar nicht mehr gesehen, weil ich glaubte, der Verlust des Geldes sei das Entscheidende. Ich bin Ihnen noch heute dankbar für den Rat, den Sie mir gaben.«

Nachdem der Geschäftsmann seine Sorgen und sein Selbstmitleid aufgegeben hatte, konnte er innerhalb von vier Jahren Erfolge verwirklichen, die ihm großen Wohlstand brachten. »Ich habe noch nie soviel Freude am Leben gehabt, wie zu jener Zeit«, versicherte er mir später. Ein Mensch, der nach der Verwirklichung seiner Ziele strebt, wird immer ein glücklicher Mensch sein, ganz gleich, wie seine Lebensumstände aussehen.

Der bekannte amerikanische Erfinder Thomas A. Edison verlor einst sein ganzes Labor durch einen Brand. Natürlich war er nicht einmal versichert. »Was wirst du tun?« wurde Edison gefragt. »Gleich morgen beginne ich, das Haus wieder aufzubauen«, sagte er.

Nichts, was geschieht, kann Ihnen wirklich etwas anhaben. Nur das schadet Ihnen, was Sie als Ihre Befürchtungen in die Geschehnisse hineinprojizieren. Ein Unglück kann zwar zum Anstoß werden, sich mit der Wirklichkeit tatkräftig auseinandersetzen zu müssen, doch darf man auf keinen Fall ununterbrochen an mögliche verheerende Folgen denken. Natürlich bleibt die Tatsache des Unglücks weiter bestehen. Indem Sie jedoch wie angegeben verfahren, ist der ungünstige Einfluß der Gedanken gebannt. Daher ist es so eminent wichtig, die eigenen Gedanken in eine positive Richtung zu lenken. Schon der griechische Philosoph Epiktet sagte: »Die Menschen fühlen sich nicht so sehr durch die Dinge gestört, sondern durch die Meinung über die Dinge, die sie haben.«

Als ich nach dem Abitur ein Studium beginnen wollte, versuchte man mir den Gedanken daran auszureden, weil ich nicht über die notwendigen finanziellen Mittel verfügte. Ich ließ mich nicht durch die Meinung anderer von meinem Ziel abbringen und erreichte es auch. Zwar mußte ich, um das notwendige Geld zu verdienen, auf dem Rücken liegend Eisenbahnwagen schwarz anstreichen, schwere Möbel tragen und noch vieles andere mehr machen, doch jeden Monat zahlte ich das schwer verdiente Geld auf ein Sparbuch ein und war glücklich, meinem Ziel wieder ein Stück nähergekommen zu sein. Meine eigene Einstellung zu der Situation war entscheidend.

Wie aber kann man seine eigene Einstellung verändern, um seine Sorgen zu vertreiben? Wenn Sie mit all den schon beschriebenen Methoden Ihre Sorgen immer noch nicht loswerden, dann verfahren Sie wie folgt:

1. Fragen Sie sich: Was kann mir schon passieren, wenn das Befürchtete eintritt?
2. Denken Sie an die vielen positiven Möglichkeiten, über die Sie verfügen. Erinnern Sie sich Ihrer Gesundheit, Ihrer glücklichen Familie und der Erfolge, die Sie schon hatten. Im Rahmen einer solchen Schau werden Ihre Befürchtungen auf ein Mindestmaß zusammenschrumpfen.
3. Setzen Sie alle Ihre Energien und Ihre Begeisterung daran, das Befürchtete abzuwenden.

Verhalten Sie sich bewußt in dieser Weise, dann werden Sie die nutzlose Gedankenmühle Ihrer Sorgen abstellen, und Sie bauen eine Geisteshaltung in sich auf, mit der Sie jede Schwierigkeit Ihres Lebens bewältigen.

9. Die richtige Einstellung zu Mißerfolgen vertreibt Sorgen

Viele Menschen sorgen sich nicht, solange sie Erfolge haben. Stellt sich jedoch irgendwann ein Mißerfolg ein, dann wird das Sorgenkarussell wieder in Betrieb gesetzt. Nun bleibt aber kein Mensch von Mißerfolgen verschont. Man muß einen Mißerfolg nur als das betrachten, was er ist. Er signalisiert nämlich, daß etwas in der Zielverwirklichung falsch gemacht wurde. Überlegen Sie also, wo der Fehler liegt. Machen Sie es beim nächsten Mal richtig. Dann haben auch Sie Erfolg.

Der schon erwähnte Thomas A. Edison wurde einmal gefragt, warum er bei so vielen Mißerfolgen nicht den Mut verliere. Er antwortete darauf: »Ich bin nie entmutigt. Für mich ist jeder Mißerfolg ein weiterer Schritt vorwärts, weil ich Konsequenzen daraus ziehe.«

Sehen daher auch Sie einen Mißerfolg nie als endgültig an. Überlegen Sie vielmehr, was Sie falsch gemacht haben. Streben Sie dann Ihr angestrebtes Ziel mit frischer Energie an. Vergeuden Sie also Ihre Energien nicht mit Sorgen. Lenken Sie Ihre Kräfte vielmehr auf die Fehlersuche. So werden auch Sie wieder einen Schritt näher zu Ihrem Ziel gelangen.

10. Entspannung und Meditation vertreiben Sorgen

Jede zeitweilige Schwäche, Erschöpfung oder nervliche Überbelastung machen Sie empfänglicher für Angst und Sorgen. Aber diese Schatten weichen, wenn Sie zu Entspannung und innerer Ruhe gelangen. Betreiben Sie daher regelmäßig Entspannungsübungen und Meditation. So befreien Sie sich von dem belastenden Kleinkram des Alltags.

Der amerikanische Philosoph Ralph W. Emerson sagte: »Nur das Endliche leidet und klagt. Das Unendliche in uns ist stets von gleicher lächelnder Ruhe.« Kommen daher auch Sie mit den Tiefenkräften Gottes – oder wenn Sie nicht an Gott glauben, mit den Kräften des Universums bzw. des Überbewußtseins in Ihnen – in Berührung. Dann werden auch Sie Ihrer Sorgen Herr. Eine tiefe Geborgenheit erfüllt Sie, Vertrauen und Zuversicht steigen in Ihnen auf. Überlassen Sie getrost Ihre Sorgen den helfenden Kräften in Ihnen. So werden auch Sie ein Lebenskünstler.

Zusammenfassung

1. Ebenso wie die meisten Ängste, so haben auch Sorgen in den meisten Fällen keine reale Grundlage. Sorgen leben nur durch Ihre Gedanken.
2. Wer stets das Schlimmste befürchtet, zieht es durch die Macht seines Unterbewußtseins magisch herbei.
3. Beschäftigen Sie sich konzentriert mit dem, was Sie gerade tun. Dann vermögen sich keine sorgenvollen Gedanken einzuschieben.
4. Frieren Sie negative Denkgewohnheiten wie auch Ihre Sorgen gleichsam ein durch das geistige Alarmsignal: Negativer Gedanke. Sie können sich Ihres fehlgeleiteten Denkverhaltens auch noch deutlicher bewußt werden, wenn Sie sich jedesmal bei einem grüblerischen Gedanken an den Kopf tippen.
5. Beginnt sich Ihr Sorgenkarussell vor dem Einschlafen zu drehen, so verfahren Sie wie folgt: Richten Sie Ihre Achtsamkeit auf die Bauchdeckenbewegung, ohne die Atmung willentlich zu regulieren. Atmen Sie ein, so sind Sie sich der durch die Bauchdeckenbewegung bedingten Druckempfindung bewußt. Ebenso verfahren Sie auch bei der Ausatmung. Sie sind sich also bewußt: Bauchdecke bewegt sich nach oben – Bauchdecke bewegt sich nach unten.
   Ruht Ihr Atem, dann nehmen Sie die Druckempfindung in den Handflächen wahr. Ihre Hände ruhen dabei auf der Decke. Atmen Sie wieder ein – besser: atmet »es« Sie wieder –, so nehmen Sie erneut die Bauchdeckenbewegung wahr und so weiter. Sie können aber auch so verfahren, daß Sie den Luftstrom in der Nase wahrnehmen.
7. Beenden Sie das sorgenvolle Denken: »Was passiert, wenn...?«, indem Sie sich die Frage stellen: »Wie wahrscheinlich ist der Eintritt des befürchteten Ereignisses?«
8. Die moderne Psychologie hat erkannt, daß die Aussage Hiobs »Alles, was ich befürchtet habe, ist über mich gekommen« im Prinzip für die Befürchtungen jedes Menschen gilt.
9. Bedienen Sie sich der Hilfe der Zeit, um sich von der Tendenz, sich zu sorgen, zu trennen. Schreiben Sie die Sorge, die Sie gerade belastet, auf, und nehmen Sie den Zettel einige Tage später zur Hand. In den meisten Fällen ergibt sich, daß diese Sorge mittlerweile gegenstandslos geworden ist. Sie werden feststellen: Schon durch das Aufschreiben allein büßen die Sorgen viel von ihrer Wirkung ein. Übersteht eine Sorge das Terminverfahren zweimal, dann kann es sich um ein Problem handeln, das einer Lösung bedarf. Verfahren Sie dann nach den in Kapitel 12 (»Es gibt eine Lösung für jedes Problem«) ersichtlichen Empfehlungen.
10. Klagen Sie anderen etwas vor, dann verstärken Sie womöglich Ihre Sorgen noch. Außerdem sinken Sie im Ansehen Ihrer Mitmenschen.

11. Mit genügend Schlaf, Erholung und sportlicher Betätigung verhindern Sie Ihre Anfälligkeit gegen Sorgen.
12. Sorgen Sie sich nicht um Dinge, die nicht mehr zu ändern sind, oder um Angelegenheiten, bei denen Sie schon eine Entscheidung gefällt haben.
13. Wer seine Probleme systematisch löst, der kann den jeweils gerechtfertigten Zeitaufwand dafür festlegen und verhindert so, daß er sich durch fortwährendes negatives Denken von diesen Problemen auffressen läßt.
14. Denken Sie an die Worte Jesu: »Darum sorge nicht für den morgigen Tag, denn der morgige Tag wird für sich selbst sorgen.«
15. Es ist nicht entscheidend, welches Mißgeschick Sie trifft, sondern welche Einstellung Sie dazu haben.
16. Fällt es Ihnen immer noch schwer, sich von Sorgen freizumachen, dann fragen Sie sich: »Was kann schon passieren, wenn das Befürchtete eintritt?« Denken Sie aber auch an die vielen positiven Dinge und Möglichkeiten, über die Sie verfügen. Setzen Sie dann alle Ihre Energien daran, mit den Schwierigkeiten fertig zu werden.
17. Fangen Sie nach einem Mißerfolg nicht sorgenvoll zu grübeln an. Überlegen Sie vielmehr, wie Sie es beim nächsten Mal richtig machen.
18. Entspannung und Meditation bringen Sie mit den tiefsten Kräften Ihres Wesens in Berührung; sie vertreiben Sorgen, geben innere Geborgenheit und wecken Zuversicht.

Kapitel 4

Die sieben Verbündeten des Lebenskünstlers

1. Mit Mut meistern Sie das Leben

Die folgende Geschichte ereignete sich, als meine Tochter neun Jahre alt war. Sie hatte damals die Freischwimmerprüfung bestanden und bemühte sich, auch die Leistungen für die Fahrtenschwimmerprüfung zu schaffen. Dazu fuhren wir an einem Sonntagvormittag in ein nahegelegenes Hallenbad, wo wir schon von einem Schwimmeister erwartet wurden. Ohne Anstrengungen und mit Leichtigkeit schaffte Karin die erforderlichen fünfundvierzig Minuten im Wasser. Doch dann begannen die Schwierigkeiten. Meine Tochter wagte nämlich nicht, den Sprung vom Drei-Meter-Turm in das Wasser zu machen. Sie erklärte ihre Angst so: »Springe ich vom Turm in das tiefe Wasser, dann komme ich mit meinen Füßen nicht auf den Grund des Beckens. So gelingt es mir nicht, mich abzustoßen, um wieder an die Wasseroberfläche zu kommen.«

Natürlich war die Argumentation meiner Tochter völlig falsch. Daher stellte ich mich mit ihr unter den Sprungturm, und wir beobachteten, wie andere ins Wasser sprangen. Deutlich konnte man erkennen, daß kein Springer mit seinen Füßen den Grund des Beckens erreichte. Dennoch kamen alle wieder an die Oberfläche. Wenn Sie aber meinen, das hätte meine Tochter überzeugt, dann irren Sie. Zu tief saß ihre Angst.

Nun versuchte der Schwimmeister seine pädagogischen Fähigkeiten zu beweisen. Er konnte Karin zwar dazu bewegen, vom Rand des Nichtschwimmerbeckens ins Wasser zu springen. Dort berührte sie mit ihren Füßen tatsächlich den Beckengrund und vermochte sich wieder abzustoßen. Doch die weiteren Hoffnungen des Bademeisters, meine Tochter langsam an ein Springen in tieferes Wasser zu bewegen, erfüllten sich nicht. Nach etwa einer Stunde gab der Schwimmmeister auf.

Einer seiner Kollegen kam herbei, um zu beweisen, daß er mehr Erfolg habe. Doch nach etwa einer halben Stunde mußte auch er aufgeben und sagte: »Es ist völlig ausgeschlossen, Ihre Tochter zum Springen zu bewegen. Erst neulich habe ich ebenso vergeblich versucht, einen Jungen dazu zu bewegen, tiefer als bis zum Nabel ins Wasser zu gehen.«

Ich fragte mich: »Sollten tatsächlich alle Mühen vergeblich gewesen sein?« Da kam mir ein Gedanke: Warum sollte ich es nicht auch einmal bei meiner Tochter mit einer Technik versuchen, die ich sonst immer meine Seminarteilnehmer lehre, um ihnen Mut zu machen. Es gelang mir, meine Tochter dazu zu bewegen, die Leiter zum Turm zu betreten und auf ihn hinaufzusteigen. Dort stand sie nun, hielt sich ängstlich am Geländer fest und wagte keinen Schritt auf das Sprungbrett zu machen. Ich beruhigte sie und bat, sie solle immer die Worte sprechen: »Ich kann ins Wasser springen, ich springe ins Wasser, ich kann ins Wasser springen, ich springe ins Wasser...« Meine Tochter antwortete zwar zunächst: »Ich kann ja doch nicht springen«, doch dann sprach sie die Worte etwa zwei Minuten mit mir zusammen, dann allein. Dann geschah es. Karin hielt im Sprechen inne. Sie machte zwei Schritte auf das Sprungbrett hinaus und sprang ins Wasser. Natürlich kam sie auch wieder an die Oberfläche. Stolz und glücklich schwamm sie an den Beckenrand, stieg aus dem Wasser, kletterte auf den Turm und sprang, ohne zu zögern, ein zweites Mal. Jetzt mußte ich all meine Autorität ins Feld führen, damit sie zu springen aufhörte. Mein hungriger Magen ließ sich nämlich nicht weiter vertrösten.

Was zeigt diese Geschichte? Ganz einfach das: Man vermag Gedanken der Angst durch Mut zu vertreiben. Mut läßt sich also lernen. Sie müssen nur beginnen, in sich Gedanken des Muts aufzubauen. Wenn Sie sich ganz diesen Gedanken und dem Gefühl des Muts hingeben, dann löst sich die Angst auf. Der Mut bringt Sie dazu, das zu tun, wovor Sie sich fürchten. Mit Mut setzen Sie Ihrer Angst ein Ende. Wer so handelt und erst einmal das getan hat, wovor er sich fürchtet, kommt zu dem Schluß: Es war ja gar nicht so schlimm, wie ich es mir immer ausmalte!

Wenn Sie also Ihren Mut stärken, um Ihre Schwierigkeiten in Angriff zu nehmen, so werden Sie feststellen, daß Sie viel stärker sind, als Sie dachten. Bauen Sie daher in Ihren Gedanken Vorstellungen des Muts auf. So werden Sie bald die Kraft zum Handeln finden, und die Angst verläßt Sie.

Mut ist gewiß nicht mit Tollkühnheit zu verwechseln. Gewöhnen jedoch auch Sie sich an, gelegentlich etwas zu wagen. Ihre verborgenen Kräfte und Energien werden Sie in einem viel größeren Maße unterstützen, als Sie es vielleicht vermuten.

Der bekannte Bergsteiger Reinhold Messner sagte einmal: »Die meisten Menschen fürchten sich nur deshalb ihr ganzes Leben lang, weil sie nie gewagt haben, einer Gefahr ins Auge zu schauen.« Sie brauchen nun zu einem Wagnis gewiß nicht wie Messner im Alleingang die höchsten Berggipfel zu besteigen. Ihre Angst wird schon dann verschwinden, wenn Sie etwas wagen, wovor Sie sich sonst fürchten. Das mag vielleicht eine Rede vor einer größeren Menschengruppe sein oder die Verwirklichung eines längst gefaßten Entschlusses. Entwickeln Sie also Mut, Sie werden dann nicht nur Ihre Schwierigkeiten besser bewältigen, sondern auch Ihre Kräfte und Fähigkeiten nehmen zu, und Sie stecken sich immer höhere Ziele.

Wenn Sie jedoch vor einer Gefahr zurückschrecken, dann wird Ihr Selbstbewußtsein geschwächt. Sie werden kraftloser, und Minderwertigkeitsgefühle stellen sich ein. Schauen Sie jedoch einer Gefahr in die Augen und packen Sie die Schwierigkeit an, so gehen Sie aus dieser Situation gestärkt und reifer hervor. Sie haben an Persönlichkeit gewonnen. Mit anderen Schwierigkeiten werden Sie jetzt leichter fertig.

Gedanken des Muts vermögen Sie besonders gut nach der Entspannung und Meditation aufzubauen. Führen Sie daher eine Entspannungs- und Meditationsübung durch und richten Sie Ihr Denken und Planen mutig auf neue Zielsetzungen.

2. Das Wunder der Begeisterung

Als nach dem Ende des Zweiten Weltkrieges der damals zwanzigjährige Ewald Blasius aus dem Krieg zurückkehrte, hatte er als Folge einer Kriegsverletzung nur noch ein Bein. Dennoch war sein Lebenswille nicht gebrochen. Er war von seinem Ziel, Chemie zu studieren, so begeistert, daß er sich an zwei Krücken in die Vorlesungsräume der Universität schleppte. Mit seiner Begeisterung schaffte er das Studium in der Mindestzeit, obwohl dies seine früheren schulischen Leistungen nicht hätten vermuten lassen. Nachdem Ewald Blasius sein Examen mit Auszeichnung bestanden hatte, wurde er bald Professor an einer Universität in Süddeutschland. Seine Begeisterung ist immer noch ungebrochen. Sie strahlt auf seine Studenten aus – sie strömen in seine Vorlesungen. Viele Studenten bemühen sich, bei dem beliebten Professor ihre Abschlußarbeit zu machen.

Ich habe einen Schulkameraden, der mit großem Abstand das beste Abitur von uns Schülern machte. Mit sechsundvierzig ist er heute Abteilungsleiter bei einer großen Firma. Er schrieb einmal, daß es sein größter Wunsch sei, einer selbständigen Arbeit nachzugehen. Er habe sich jedoch damit abgefunden, daß sein Traum keinen realen Hintergrund habe und daß er sein bisheriges Berufsleben bis zur Pensionierung durchhalten müsse.

Vergleicht man das Leben dieser beiden Menschen, so fällt einem folgendes auf: Der eine ist in seinem Leben glücklich geworden, der andere nicht. Dabei hätte es nach den schulischen Leistungen der beiden eigentlich genau umgekehrt sein müssen. Was also ist dafür verantwortlich, daß der eine noch heute Freude am Leben hat und der andere an sein Leben keine besonderen Erwartungen mehr stellt? Es ist die Begeisterungsfähigkeit! Begeisterung ist der geheime Verbündete des beliebten Professors. Begeisterung reißt den Menschen aus seiner Mittelmäßigkeit heraus und gibt seinem Leben Sinn und Freude. Begeisterung hilft, die eigenen Kräfte voll zu entfalten.

Es gibt nicht wenige Menschen, die im Leben immer innerlich unbeteiligt sind. Sie läßt alles kalt. Wer aber teilnahmslos ist, führt wohl kaum ein Leben, nach dem er sich wirklich sehnt. Ihm fehlt der innere Antrieb, die Begeisterung. Der Schriftsteller Jack London sagte einmal: »Lieber soll mein Leben in einer lodernden Flamme verbrennen als in Fäulnis ersticken.« Begeisterung ist also das Geheimnis jedes erfüllten Lebens, das nicht in grauer Routine erstarrt ist. Begeisterung vollbringt die unmöglichsten Dinge und wandelt jedes Leben, da sie dem Menschen eine starke Kraft verleiht. Wie aber kann man die Kraft der Begeisterung in sich entwickeln?

Programm zur Entfaltung Ihrer Begeisterungsfähigkeit:

1. Die seelische Entgiftung:

Sie werden nur dann zu einem begeisterungsfähigen Menschen, wenn Sie es verstehen, sich von Ihren Ängsten und Sorgen zu befreien. Dazu sind Ihnen in den vorangegangenen Kapiteln wirksame Methoden angegeben worden. Betreiben Sie die geistige Entschlackung möglichst immer vor dem Schlafengehen. Wenn Sie es zulassen, daß Groll, Zorn, Ärger, schlechte Laune und andere Unlustgefühle sich in Ihnen anhäufen, so werden Sie bald zu einem apathischen Menschen, der das Leben nicht mehr liebt. Denken Sie nach der Meditation über den vergangenen Tag nach. Nehmen Sie sich etwas vor, was Sie am nächsten Tag besser machen wollen, und hoffen Sie auf den inneren Helfer in Ihnen.

2. *Beginnen Sie den Tag mit etwas Erfreulichem:*
Einer meiner Freunde, ein erfolgreicher Geschäftsmann, beginnt jeden Tag mit einer zehnminütigen Meditationsübung. In dieser Zeit erlebt er eine innere Sammlung und Ruhe, die es ihm ermöglicht, den ganzen Tag Begeisterung auszustrahlen.
3. *Klare Ziele erwecken Begeisterung:*
Sie werden von Begeisterung erfaßt, wenn Sie ganz von Ihrem Ziel durchdrungen sind. Dazu ist es aber notwendig, Ihre eigenen Ziele zu kennen, und klar festzulegen. Erst dann können Sie sich von den bildlichen Vorstellungen durchdringen lassen.
4. *Schätzen Sie Ihre Mitmenschen:*
Wer von Zorn und Ablehnung anderen Menschen gegenüber erfüllt ist, vergiftet sich seelisch, und seine Begeisterungsfähigkeit wird zerstört. Strahlen Sie daher Wohlwollen gegenüber Ihren Mitmenschen aus, ohne jedoch Ihren eigenen Standpunkt aufzugeben, wie ich das ausführlich in meinem Buch *Die Kunst zu überzeugen* beschrieben habe. Wünschen auch Sie Ihren Mitmenschen stets das Beste und seien Sie vor allem nicht nachtragend.
5. *Stellen Sie sich vor, Sie seien begeistert:*
Jeder Mensch besitzt die Anlage zur Begeisterungsfähigkeit. Sie kann sich dann um so leichter entfalten, wenn Sie so handeln, als seien Sie begeistert. Ihre Anlage zur Begeisterungsfähigkeit kann sich dann leichter entwickeln und stärken. Fördern Sie Ihre Begeisterungsfähigkeit, indem Sie nach der Meditation folgende Vorstellungen und Gefühle in sich aufbauen:
»Die Macht meiner Begeisterungsfähigkeit wird immer größer... Begeisterung erfaßt und durchdringt mich, erfaßt und durchdringt mich. Mit Hilfe meiner Begeisterung erreiche ich meine Ziele. Mit meiner Begeisterungsfähigkeit wächst meine Freude am Leben. Meine Begeisterung wächst und durchdringt mich, immer mehr, immer mehr.«
6. *Blicken Sie aus einer anderen Perspektive auf Ihre Arbeit:*
Ein Wirtschafts- und Geldanlageberater beklagte sich mir gegenüber einmal darüber, daß es ihm an Schwung und Überzeugungskraft im

Beruf mangle. Erst als ich ihm klar machte, wie groß seine Verantwortung doch sei, Klienten richtig zu beraten, fand er zu einer anderen Selbsteinschätzung; er änderte seine Einstellung seinem Beruf gegenüber und gewann seine Begeisterungsfähigkeit zurück. Nur wenn Sie den Tätigkeiten, denen Sie nachgehen, positive Seiten abgewinnen können, werden Sie die Arbeiten auch gut erledigen. So wird Ihre Begeisterungsfähigkeit nicht erlahmen und keine Gleichgültigkeit aufkommen. Und nur so schaffen Sie die Voraussetzungen, größere Aufgaben übernehmen zu können.

7. *Denken Sie an das Positive, das Sie erreicht haben, und Ihre Begeisterungsfähigkeit wächst:*
Auf diesen Ratschlag wurde schon im Zusammenhang damit hingewiesen, wie man sich von Sorgen trennt. Verfahren Sie nach diesem Rezept, dann wird sich bei Ihnen Begeisterung einstellen.

8. *Denken Sie nicht nur an sich, sondern machen Sie auch einmal einem anderen Menschen eine Freude:*
Natürlich ist es wichtig, sich im Leben zu behaupten. Wer nur an andere denkt und nie an sich, der wird nie ein Lebenskünstler. Darauf wurde gleichfalls schon hingewiesen. Hüten Sie sich aber davor, ein Egoist zu werden und Ihre sämtlichen Gedanken nur um sich selbst kreisen zu lassen. Machen Sie Ihrem Partner, Ihren Kindern und gelegentlich auch einem anderen Menschen eine Freude. Die Freude fällt auf Sie zurück. Sie gewinnen mehr Spaß am Leben, und das hebt Ihre Begeisterungsfähigkeit.

9. *Selbstvertrauen und Gottvertrauen halten die Flamme der Begeisterung wach:*
In der Bibel steht (Markus 9, 23): »Alles ist dem möglich, der glaubt.« Sie wissen, daß Sie eins sind mit den Kräften Gottes bzw. des Universums. Für das Wort »Begeisterung« wird auch oft das Wort »Enthusiasmus« angewendet. Es leitet sich vom altgriechischen Wort »entheos« ab, und das bedeutet ungefähr: Gott (die höhere Wirklichkeit) ist in Ihnen. Mit der Gewinnung einer tragfähigen inneren Zuversicht schaffen Sie eine Quelle der Begeisterung, die nie erlahmen wird.

Nutzen Sie die Macht des Enthusiasmus, der in Ihnen schlummert. Er gibt Ihnen Freude am Leben und ermöglicht es Ihnen, Großes zu vollbringen. Begeisterung ist eines der besten Heilmittel. Sie vertreibt Sorgen und hilft Mißerfolge überwinden.

Wenn sich zum Beispiel meine verstorbene Mutter im Alter daran schickte, eine längere Eisenbahnreise zu unternehmen, um ihre Kinder und Enkelkinder zu besuchen, waren ihre Freude und ihre Begeisterung stets so groß, daß sie sich wesentlich jünger fühlte. Begeisterung erhöht auch Ihre Lebenskräfte. Begeisterung vertreibt Furcht und läßt uns alle Probleme mit ganz anderen Augen sehen. Sie ist wie ein Motor, der Sie bei der Verwirklichung Ihrer Wünsche vorwärts treibt. Begeisterung steckt an und hilft Ihnen andere Menschen zu überzeugen. Sie vermittelt Ihnen echte Lebensfreude.

Wer die Macht der Begeisterung kennt und das Gefühl erlebt, das ihr erwächst, der braucht auch nicht in Ersatzbefriedigungen wie Alkohol, Rauschgift und Psychopharmaka zu flüchten. Begeisterung läßt Ihre Augen leuchten und erhält Sie körperlich und seelisch frisch, mit ihr machen Sie das Beste aus Ihrem Leben.

3. Optimismus und Hoffnung sind lebensnotwendig

Viele Menschen meinen zwar, sie seien voller Hoffnung und Optimismus. Doch kommt es keineswegs darauf an, was jemand über seine Gefühle denkt, sondern was er tatsächlich empfindet! Hoffnung und Optimismus sind nun einmal wesentliche Elemente unseres Lebens, die uns Halt geben. Seien Sie daher optimistisch und vertrauen Sie auf die Zukunft. Auf die große Bedeutung der Hoffnung für den Menschen weist schon die Bibel hin: »Denn bei allen Lebendigen ist, was man wünscht: Hoffnung« (Prediger Salomo 9, 4).

Hierzu ein Beispiel dafür, welchen Einfluß die Hoffnung auf Heilvorgänge hat: Man hat an Patienten statt Medikamenten sogenannte Placebos verteilt. Placebos sind Scheinmedikamente aus Stoffen wie Wasser, Zucker und Mehl, die keinerlei heilende Wirkung auf den Organismus haben, sich also völlig neutral verhalten. Was war die Folge? Ein hoher Prozentsatz der Patienten fühlte sich nach der Einnahme dieser Scheinmedikamente wesentlich wohler. Bei vielen trat zum Teil völlige Heilwirkung ein. Auf der anderen Seite kann aber auch gezeigt werden, wohin jemand gelangt, wenn er keine Hoffnung mehr hat und sich mit negativen Vorstellungen zugrunderichtet. Dazu ebenfalls ein Beispiel: Auf einem Güterbahnhof wurde ein Arbeiter versehentlich in einem Kühlwagen eingeschlossen. Der Arbeiter hatte keine

Hoffnung mehr; er glaubte ganz sicher, er werde erfrieren, wenn ihn nicht bald jemand aus seiner Lage befreie. Erst nach einem Tag wurde der Wagen geöffnet. Der Arbeiter lebte nicht mehr. An seinem Körper waren tatsächlich alle Symptome des Erfrierens festzustellen. Wie sich jedoch zeigte, war das Kühlsystem des Kühlwagens überhaupt nicht eingeschaltet. Der Arbeiter war also nur deshalb gestorben, weil er glaubte, er würde erfrieren.

Zugegeben, dies sind zwei extreme Beispiele. Dennoch läßt sich eine ganz entscheidende Tatsache nicht leugnen: Unser Leben kann sich nicht im Positiven erfüllen, wenn wir voller Pessimismus sind. Sie erinnern sich vielleicht an das Wort Hiobs: »Alles, was ich befürchtet habe, ist über mich gekommen.« Sie kennen die Arbeitsweise des Unterbewußtseins: Alle unsere Gedanken schlagen Wurzeln im Unterbewußtsein und lenken und leiten uns in ihrem Sinne. »Alle Dinge gehen vom Geist aus«, überliefern uns schon die alten buddhistischen Schriften.

Die Macht optimistischer wie ebenso pessimistischer Zukunftserwartungen wirkt sich sehr entscheidend im Leben des Menschen aus. Der optimistische Mensch ist in der Mehrzahl seiner Handlungen tatsächlich erfolgreich. Sein Unterbewußtsein verfügt über die besten Voraussetzungen, für ihn vorteilhaft zu arbeiten.

Ganz anders sieht es dagegen beim Pessimisten aus. Sein Mißerfolg ist ebenfalls schon vorprogrammiert. Dinge entwickeln sich nun einmal besser, wenn Sie sich positiv zu ihnen stellen und nicht Schlechtes sondern Gutes erwarten. Diese fundamentale Tatsache erwähnt auch schon die Bibel: »Alles ist dem möglich, der glaubt« (Markus 9, 23).

Sind Sie ein Optimist? Vielleicht bejahen Sie diese Frage. Doch versuchen Sie ehrlich gegen sich zu sein. Kommentieren Sie nicht vielleicht manchmal etwas, das schiefgegangen ist, mit den Worten: »Das habe ich schon kommen sehen!«? Mag sein, daß Sie gelegentlich äußern: »Ich fürchte, ich werde die Arbeit nicht rechtzeitig fertigbringen.« Sind Sie etwa der Meinung, dies seien negative Gedanken, die von keiner großen Bedeutung sind? Jedenfalls belasten Sie so Ihren Geist und gewöhnen sich eine pessimistische Grundhaltung an. Sie mögen vielleicht einwenden: »Meine Befürchtungen sind durchaus real, und ich bin ein realistischer und kein pessimistischer Mensch.« Das genügt aber nicht. Sie werden mit Schwierigkeiten einfach leichter fertig, wenn Sie optimistisch sind und zuverlässig daran glauben, daß Sie jedes Problem überwinden können. Hüten Sie sich also davor, Ihren Geist, mit Zweifeln zu belasten, bis Ihr Unterbewußtsein Ihre skeptische Haltung übernimmt. So können Sie Schwierigkeiten niemals bewältigen! Seien Sie also grundsätzlich ein Optimist!

So stellen Sie fest, ob Sie ein Optimist sind

Stellen Sie sich folgende Fragen und versuchen Sie, diese ehrlich zu beantworten.

1. Erwarten Sie oft Negatives von der Zukunft?
2. Suchen Sie immer nach Gründen, warum etwas nicht möglich ist, anstatt Wege zu suchen, Ihr Ziel zu erreichen?
3. Beeinflussen Furcht und Angst Ihre Entscheidungen?
4. Leisten Sie Widerstand gegenüber neuen Ideen?
5. Lassen Sie sich von Zweckpessimismus leiten, nur um gegen eine Enttäuschung gewappnet zu sein?
6. Unternehmen Sie nur solche Dinge, bei denen der Erfolg Ihnen sicher ist?
7. Sehen Sie immer nur die Nachteile einer Sache, anstatt auch ihre Vorteile zu erkennen?
8. Geben Sie es auf, sich mit einem Problem weiter zu beschäftigen, wenn Sie nicht sofort eine Lösung zur Hand haben?
9. Sind Sie der Meinung, das Schicksal des Menschen sei unabänderlich?
10. Haben Sie Angst vor der Zukunft?

Schon wenn Sie nur zwei dieser Fragen mit ja beantworten, müssen Sie in jedem Fall Ihr positives Denken verstärken und eine positivere Einstellung dem Leben gegenüber entwickeln.

So werden Sie ein Optimist

Wie ist es nun möglich, sich in einen optimistischen, lebensbejahenden Menschen zu verwandeln? So sieht das Programm zur Entfaltung von mehr Optimismus aus:

1. Beginnen Sie den Tag mit positiven, erfreulichen Gedanken. Führen Sie Ihrem Geist regelmäßig positive Gedanken zu.
2. Ertappen Sie sich bei pessimistischen Gedanken, so denken Sie daran, daß Ihre bisherigen Erfolge nur auf eine optimistische Einstellung

zurückzuführen sind. Wer den Mißerfolg erwartet, zieht ihn magisch an.
3. Gehen Sie pessimistischen Menschen möglichst aus dem Weg und lassen Sie sich nicht von deren negativer Geisteshaltung anstecken.
4. Wer es vermeidet, ängstliche Vorstellungen über die Zukunft aufzubauen, wird automatisch optimistischer. Das in den Kapiteln 2 und 3 dieses Buches dargelegte Programm, sich mit Angst und Sorge auseinanderzusetzen, verstärkt auch den Optimismus in Ihnen.
5. Viele Menschen meinen, ein Lebenskünstler müsse ein Zweckpessimist sein. Diese stellen sich von vornherein nur den negativen Ausgang einer Sache vor, um dann im Falle des Mißerfolges weniger enttäuscht zu sein. Das ist aber ebenfalls nichts anderes als eine negative Beeinflussung des Unterbewußtseins, denn so wird die beste Voraussetzung für das Eintreffen des Befürchteten geschaffen. Trennen Sie sich daher umgehend von dieser verhängnisvollen Angewohnheit des Zweckpessimismus.
6. Bemühen Sie sich, hinter unangenehmen Dingen auch etwas Positives zu entdecken. Sie werden so Ihre Schwierigkeiten leichter überwinden.
7. Wenn Sie sich der in diesem Buch dargelegten Techniken bedienen, können auch Sie ein optimistischer Mensch werden.
8. Vergessen Sie nie: Pessimismus ist nicht angeboren, also auch nicht Ihr unentrinnbares Schicksal. Es liegt einzig an Ihnen, ein positiver Mensch zu werden.

Entwickeln Sie also mehr Optimismus. Mit einer positiven Geisteshaltung führen Sie ein erfolgreiches Dasein. Sie entfalten sich und haben mehr Freude am Leben.

4. Haben Sie Mut zum Selbstvertrauen

Die Lebensbeschreibungen so vieler großer Menschen haben es immer wieder erneut bewiesen: Nur weil sie bedingungslos an sich glaubten, konnten sie ihre großen Kräfte und Fähigkeiten zur Entfaltung bringen. Die ersten Stücke von George Bernhard Shaw wurden von fast sämtlichen Verlegern Englands und Amerikas abgelehnt. Dennoch gab er nicht auf. Shaw wurde später nicht nur ein anerkannter Schriftsteller, sondern erhielt sogar den Nobelpreis für Literatur, die höchste Auszeichnung für einen Schriftsteller überhaupt. Die große Bedeutung des Selbstvertrauens ließe sich noch an vielen anderen Beispielen demonstrieren. Auch Sie werden nur dann Ihre Fähigkeiten voll entfalten und ein erfolgreiches Leben führen, wenn Sie Selbstvertrauen entwickeln.

Nur mit Selbstvertrauen vermögen Sie sich zu behaupten

Halten Sie selbst wenig von sich, so können Sie natürlich auch nicht erwarten, daß Ihre Mitmenschen eine gute Meinung von Ihnen haben. Zeigen Ihre Blicke und Gebärden nämlich Unsicherheit und Zweifel, so werden auch die anderen Menschen Sie gering einschätzen. Selbst wenn Gesprächspartner Ihre Argumente insgeheim anerkennen, werden sie nur zu oft Ihre Unsicherheit ausnutzen, um Ihnen Ihr Recht streitig zu machen.

Jeder Mensch hat Grund, selbstbewußt zu sein

Haben Sie Selbstbewußtsein? Sind Sie sich Ihres Wertes bewußt? Wir haben schon einige Male darauf hingewiesen: In jedem Menschen sind die Kräfte Gottes – oder anders ausgedrückt: des universellen Lebensprinzips – wirksam. Haben Sie eine schlechte Meinung von sich, so setzen Sie damit auch jene universelle Kraft in sich herab.

Zum Aufbau Ihres Selbstbewußtseins müssen Sie zwei Wege begehen:

1. Die universellen Kräfte Ihrer Psyche müssen durch Selbstbejahung gestärkt werden.
2. Sie müssen sich mit Hilfe der Selbsterkenntnis und ständiger Arbeit an sich von Ihren Schwächen befreien.

Entfalten Sie Selbstvertrauen durch Selbstbejahung

Widmen wir uns zunächst der Stärkung der universellen Kraft durch Selbstbejahung. Bauen Sie nach Entspannung und Meditation Gedanken und Gefühle des Selbstvertrauens auf. Sprechen Sie folgenden Text in Gedanken und lassen Sie sich ganz von der Wirkung der Worte durchdringen:

Selbstbejahungstext zur Steigerung des Selbstvertrauens

Ich vertraue ganz fest auf mich – ganz fest. Je mehr ich an mich und an meine Möglichkeiten glaube, desto besser können sich meine Kräfte und Fähigkeiten entfalten. Daher glaube ich ganz fest an mich. Je mehr ich an mein Selbstvertrauen glaube, desto besser kann es sich entfalten. Daher vertraue ich ganz fest auf mich. Ich fühle, mein Selbstvertrauen wächst. Ich fühle, meine Sicherheit wächst. Mit meiner Sicherheit schaue ich anderen in die Augen. Es gelingt mir, Selbstvertrauen und innere Sicherheit auszustrahlen. Mit meinem Selbstvertrauen vermag ich andere Menschen zu überzeugen – immer besser – immer besser. Ich entfalte meine Fähigkeiten und Begabungen. So wächst mein Selbstvertrauen – immer mehr – immer mehr. Mit Optimismus vermag ich mich zu behaupten. Die Kräfte des unendlichen Bewußtseins sind in mir. Das gibt mir innere Ruhe, Sicherheit und Überlegenheit. Daher vertraue ich auf mich. Ich vertraue auf die unendlichen Kräfte des Universums in mir. Je mehr ich an mich glaube, um so mehr wachsen meine Kräfte und Möglichkeiten. Daher glaube ich an mich. Ich glaube ganz fest an mich – ganz fest. Mein Selbstvertrauen und meine Möglichkeiten wachsen – immer mehr – immer mehr.

Die Wirkungsweise des Textes können Sie noch dadurch steigern, daß Sie sich genau vorstellen, was Sie erreichen wollen. Stellen Sie sich also vor, daß Sie zum Beispiel ein besserer Redner werden, tatkräftig Ihre Probleme anpacken oder mit welchen Absichten Sie sich auch immer tragen. Sie können natürlich auch Ihren eigenen Text entwerfen, mit dem Sie sich besser identifizieren. Sie müssen nur das nennen, was Sie erreichen wollen. Und natürlich muß der Text Ihr Gefühl ansprechen.

Machen Sie diese Übung dreimal am Tag. Am besten vor dem Aufstehen, vor dem Einschlafen und einmal am Vor- oder am Nachmittag. Im allgemeinen werden Sie dann schon nach vierzehn Tagen einen spürbaren Zuwachs Ihres Selbstvertrauens feststellen. Weiteres zur Macht der Vorstellungen erfahren Sie in Abschnitt 6 dieses Kapitels. Beschreiten Sie aber auch den zweiten Weg. Erkennen Sie Ihre falschen Verhaltensweisen und trennen Sie sich von ihnen. Verfahren Sie dazu nach folgendem Programm.

Programm zur Entfaltung von Selbstsicherheit und Selbstvertrauen:

1. Finden Sie heraus, was Ihre Minderwertigkeitsgefühle ausgelöst hat. Schreiben Sie zwei Wochen lang all das auf, was Ihr Selbstbewußtsein schwächt. Bemühen Sie sich, Ihre Schwächen abzustellen, und planen Sie wie. Der Selbstbejahungstext wird Ihnen dazu Mut machen.
2. Seien Sie stolz auf Ihre Leistungen. Auch Sie haben dazu Grund. Wichtig ist, was Sie über sich denken, und nicht, was andere von Ihnen halten.
3. Begraben Sie negative Erfahrungen der Vergangenheit. Trennen Sie sich davon und lassen Sie nicht zu, daß sie in der Erinnerung weiterbestehen. Vergeben Sie sich selbst und anderen einmal gemachte Fehler und lernen Sie zu verzeihen.
4. Denken und sagen Sie nichts Schlechtes über sich selbst.
5. Stellen Sie Tagesziele und langfristige Lebensziele auf. Überprüfen Sie Ihre Fortschritte und geben Sie sich selbst Anerkennung.
6. Je mehr Sie in der Meditation zu sich selbst finden, um so selbstsicherer werden Sie.
7. Gehen Sie Ihre Probleme mit Optimismus an. Wenn Sie Ihren Schwierigkeiten aus dem Wege gehen, versagen Sie schließlich sogar bei einfachen Problemen, und Ihr Selbstbewußtsein sinkt noch mehr.
8. Seien Sie nicht zu ehrgeizig und erwarten Sie zu Anfang nicht zuviel von sich. Verurteilen Sie sich nicht, wenn Sie feststellen, daß Sie etwas falsch gemacht haben. Richten Sie weder andere noch sich selbst.
9. Vergleichen Sie sich nicht ständig mit anderen. Kein Mensch vermag alles gleich gut zu beherrschen. Mindern Sie Ihr Selbstwertgefühl also nicht durch dauernde Vergleiche.
10. Entwickeln Sie sich auf ganz bestimmten Gebieten zu einem Experten. Lesen Sie zum Beispiel gute Bücher. So werden Sie auch redegewandt und für Ihre Umwelt als Gesprächspartner interessant.

Selbstachtung ist unentbehrlich

Sie haben nur dieses eine Leben. Leben Sie es daher mit Selbstachtung. Die unendlichen Kräfte des Universums sind auch in Ihnen. Ändern Sie

Ihre Einstellung über sich, empfinden Sie Selbstachtung. Ihre Gedanken über sich bestimmen Ihr Selbstbild. Mit Selbstvertrauen vermögen Sie alle Schwierigkeiten zu überwinden. Nehmen Sie Ihre positiven Erlebnisse bewußt wahr, denken Sie gelegentlich an Ihre Erfolge und kosten Sie diese Gedanken aus.

Mit Hilfe des unendlichen Bewußtseins in Ihnen überwinden Sie alle Schwierigkeiten. Der Christ möge sich in der Bibel am Römerbrief (8, 31) orientieren: »Wenn Gott für mich ist, wer kann dann gegen mich sein?«

Menschen mit tiefem Selbstvertrauen sind religiöse Menschen, ohne jedoch notwendigerweise starre Anhänger einer Konfession zu sein. Die innere Erfahrung ist nämlich wichtiger als das Praktizieren von Ritualen.

Machen Sie Gebrauch von den Ihnen innewohnenden Kräften. Es kommt nur noch auf Ihre Mitarbeit an. Nochmals: Minderwertigkeitsgefühle sind die Folge mangelnder Selbstachtung und nicht ein Zeichen der Ehrfurcht; sie bedeuten eine Beleidigung des unendlichen Bewußtseins in Ihnen. Mit mangelndem Selbstvertrauen werden Sie selbst zu Ihrem größten Feind. Ist Ihr Selbstvertrauen dagegen groß, so verschwindet Ihre Angst vor dem Leben. Mit Selbstvertrauen vermögen Sie Ihrem Dasein jederzeit eine neue Richtung zu geben. Bejahen Sie daher stets Ihr Selbstwertgefühl, und es wird wachsen und Sie in Zukunft vor unnötigen und übertriebenen Unsicherheits- und Mißerfolgsängsten bewahren.

5. Mit Geduld und mit der Technik der kleinen Schritte machen Sie sich den natürlichen Ablauf der Dinge zunutze

Als ich mit achtzehn Jahren vor dem Abitur stand, war ich ganz von dem Wunsch erfüllt, das Examen mit möglichst guten Noten zu bestehen. Doch die Erfüllung des Wunsches blieb aus; ich bestand das Abitur nur mit Durchschnittsnoten. In den beiden Jahren, in denen ich mir einen Teil meines Geldes für mein Studium verdiente, arbeitete ich in meiner Freizeit Bücher für den Selbstunterricht durch. Ich nahm mir vor, jeden Tag nur zwei Seiten durchzuarbeiten, was mich etwa eine Stunde beanspruchte. Langsam ging ich so Schritt für Schritt voran. Der Erfolg meiner Taktik der kleinen Schritte blieb nicht aus. Als ich dann endlich mein Studium beginnen konnte, schaffte ich alle meine Examina an der Universität mit besten Noten und mit Auszeichnung.

Im Laufe der späteren Jahren ist mir immer deutlicher geworden: Wer sein Leben meistern will, braucht Geduld und muß lernen, jeden Tag einen oder mehrere kleine Schritte vorwärts zu machen. Geduldige Beharrlichkeit ist eine große Macht, deren sich ein Mensch bedienen kann. Es liegt auf der Hand, daß Sie die Technik der kleinen Schritte nur dann anwenden können, wenn Sie es verstehen, ein großes Ziel in viele kleine aufzuteilen.

Viele Menschen haben geheime Wünsche. Doch sie beginnen nie, sie zu verwirklichen. Ständig kommt immer irgend etwas dazwischen. Haben Sie einmal darüber nachgedacht, woran das liegen mag? Solche Menschen nehmen sich entweder zuviel oder überhaupt nichts vor; oder sie haben Angst, eine Sache nicht zu bewältigen, und fangen erst überhaupt nicht damit an. Irgendwelche Entschuldigungen, wie etwa die, keine Zeit zu haben, lassen sich immer finden, und so wird der Start stets verschoben.

Die meisten Menschen scheitern mit ihren Vorhaben, weil sie sich nicht der Technik der kleinen Schritte bedienen. In den meisten Fällen sind außerdem viele Dinge nicht an einem Tag, in einer Woche oder in einem Monat zu erledigen. Sie brauchen zu ihrer Vollendung längere oder sogar lange Zeit und lassen sich nicht über Nacht erzwingen. Viele Menschen wollen sich nun aber diesen natürlichen Ablauf der Dinge nicht zunutze machen. Sie möchten auf einen Schlag alles erreichen, und wenn sie dies nicht schaffen, dann geben sie auf. Eine andere Tatsache kommt noch hinzu. Manchmal erreicht man trotz aller Anstrengungen an einem Tag wenig, dafür fällt einem dann der Erfolg am nächsten Tag wie von selbst zu. Wer sich nicht darauf einstellen kann, geduldig und ohne Unterlaß an der Erreichung seines Zieles zu arbeiten, wird solche Talsohlen nie durchstehen, sondern aufgeben, wenn er das erste Mal enttäuscht wird.

Vor etwa einem Jahr wurde mir bewußt, daß ich etwas zur Gesunderhaltung meines Kreislaufs unternehmen müsse. Bei dieser Absicht blieb es zunächst einige Wochen. Auch ein Buch, das ich mir über den Dauerlauf, heute Jogging genannt, gekauft hatte, blieb im Bücherschrank, ohne daß ich es mir näher angeschaut hätte. An einem schönen Sommertag raffte ich mich endlich auf und versuchte, das erste Tagesprogramm des Buches zu verwirklichen. Es sah folgendermaßen aus:

sechsmal dreihundert Meter Laufen, dazwischen stets eine Pause von hundert Metern Gehen. Nachdem ich dies – obendrein noch im hügeligen Gelände – geschafft hatte, war mein Kreislauf so strapaziert, daß mir bewußt wurde, so könne ich nicht weitermachen. Ich nahm mir vor, mich nicht mehr an das Programm des Buches zu halten, sondern mir eigene Maßstäbe zu setzen. Daher lief ich auf gemächlichere Art zunächst dreimal dreihundert Meter in der ersten Woche. Jetzt brauchte ich mich nicht mehr abzuquälen. Das Laufen fing jetzt sogar an, mir Spaß zu machen. Nach einer Woche verspürte ich Lust, eine längere Strecke zu »joggen«. Ich lief, solange es mir Freude machte. Ohne Anstrengung vermochte ich nun sechsmal dreihundert Meter zu absolvieren. Danach fühlte ich mich sogar ausgesprochen wohl, und dieses herrliche Wohlgefühl und eine angenehme Entspannung begleiteten mich den ganzen Vormittag.

Worum es sich auch immer handelt, ersetzen Sie hektischen Leistungszwang durch Geduld und Regelmäßigkeit. Die meisten träumen zwar von einem schöneren Leben; doch sie vergessen, daß dies schon mit vielen Kleinigkeiten beginnt, zum Beispiel mit

- O den fünfzehn Minuten Meditation am Tag;
- O dem Sieg über jede kleine Angst und Sorge;
- O dem Körpertraining, mit dem Sie sich mehr helfen können, als es jeder Arzt vermag.

Vier Techniken, Ihr Leben zu verändern

Wenden Sie die Technik der kleinen Schritte an, so wird Ihr Leben reicher an Erfolgserlebnissen werden, und viele Ängste und Sorgen werden schwinden. Ihr neues Dasein beginnt nun einmal mit den kleinen Handlungen. So manches unbefriedigende Leben ist die Folge vieler kleiner unbewältigter Widrigkeiten. Verändern Sie zumindest die störenden Kleinigkeiten, die Sie belästigen, so wird sich auch Ihr ganzes Lebensgefühl positiv verwandeln. Gehen Sie dazu in folgenden Schritten vor:

1. Setzen Sie sich genaue Zielvorstellungen.
2. Planen Sie in kleinen Schritten, die Sie aber konsequent verwirklichen.
3. Seien Sie geduldig und ausdauernd.
4. Bemühen Sie sich um kleine, regelmäßige Steigerungen.

Ihr Lebensglück wird nicht in einmaligen oder wenigen Riesenleistungen geschaffen, sondern in den vielen kleinen Augenblicken, in denen Sie das Notwendige tun. Viele Menschen machen zwar Pläne für das ganze Leben, doch sie erreichen nur zu oft überhaupt nichts, weil sie schon an der Verwirklichung ihres jeweiligen Tagessolls scheitern. Ein leidenschaftlicher Taucher träumt zum Beispiel von einer Reise nach den Malediven. Er handelt aber jeden Tag gegen seinen Wunsch, weil er mit seinem Geld zu leichtfertig umgeht, seine finanziellen Ausgaben nicht kritisch überprüft und sich immer wieder aufs neue durch eine anregende Kaufhausatmosphäre zu überflüssigen Geldausgaben verleiten läßt. Glauben Sie, daß er es je schaffen wird, auf den Malediven seinem Hobby nachgehen zu können?

Wer die Technik der kleinen Schritte anwendet, verliert jede Angst

Um was es sich auch immer handelt, verankern Sie Ihre Zielvorstellungen durch die Macht Ihrer Vorstellungen im Unterbewußtsein. Darauf wird im nächsten Abschnitt näher eingegangen. Mit Hilfe Ihrer Vorstellungskraft erwächst Ihnen in Ihrem Unterbewußtsein ein Helfer, der Sie dabei unterstützt, beharrlich mit kleinen Schritten auf Ihr Ziel loszugehen. Wenn Sie sich nicht angewöhnen, jeden Tag wenigstens einen Schritt voranzukommen, dann werden Sie selbst in hundert Jahren kein Lebenskünstler sein.

Machen Sie sich jeden Tag einen Plan, den Sie nach Ihren Vorstellungen und Möglichkeiten entwerfen, und handeln Sie danach. Da hierfür aber der richtige Umgang mit der Zeit und ihre sorgfältige Einteilung so ungeheuer wichtig sind, werden Ihnen in den Kapiteln 7 und 8 Techniken angegeben, wie Sie mehr Zeit für das Wichtige finden. Nutzen Sie die Methoden zur richtigen Zeiteinteilung und wenden Sie die Technik der kleinen Schritte an. Nur so wird es Ihnen gelingen, sich ruhig und gelassen an Ihr Ziel heranzuarbeiten, ohne Angst und in dem sicheren Wissen, daß Sie es schaffen werden. Dieses Gefühl zeichnet jeden Erfolgsmenschen aus!

6. Wie Sie die Macht Ihrer Vorstellungen nutzen, um den ersten Schritt zu tun

Sie möchten Ihr Leben selbst lenken und so mehr Freiheit für sich verwirklichen. Zu Recht wollen Sie Ihr Leben selbst bestimmen und dies nicht anderen überlassen. Im vorangegangenen Abschnitt wurde dargelegt, daß die Verwirklichung der meisten Wünsche daran scheitert, daß viele Menschen nicht die Technik der kleinen Schritte anwenden. Besonders schwer ist es immer, den ersten Schritt zu machen. Eben daran scheitern immer wieder die schönsten Pläne. Die Frage drängt sich auf: Was kann man tun, um die Kraft für den ersten Schritt zu finden?

Die Macht Ihrer Vorstellungen verändert Ihr Leben

Sie werden Ihr Leben dann ändern, wenn Sie sich der erstaunlichen Macht Ihrer Vorstellungskraft bedienen. Sie wissen: Alle Impulse gehen vom Geist aus. Die Gedanken stellen starke Kräfte dar, die großen Antrieb verleihen können. Wenn Sie es verstehen, die Macht der Vorstellungen in sich zu erwecken, so mobilisieren Sie genügend Energien, den ersten Schritt in Richtung auf ein gestecktes Ziel hin zu tun. Entspannt vermögen Sie die Macht Ihrer Vorstellungen am besten zu entfalten. In meinem Buch *Die universellen Kräfte Ihrer Psyche* ist eine einfache Entspannungsmethode beschrieben, die eine tiefgehende innere Sammlung ermöglicht. Sie wurde schon von Buddha praktiziert, dem es auf diese Weise gelang, das Wissen über die Natur des Menschen um ganz wesentliche Dinge zu erweitern. Diese von mir bevorzugte Meditationsmethode eröffnet dem Menschen den Zugang zu den tiefsten Bereichen seines Wesens und verstärkt durch zwanglose Sammlung seine geistigen Kräfte, ohne daß er sich einer Fremd- oder Selbstmanipulation unterwirft.

So entfalten Sie die Macht Ihrer Vorstellungskraft:

- Entspannen Sie sich.
- Sammeln Sie sich in der Meditation.
- Bauen Sie nun die Macht Ihrer Vorstellungen auf.

Ein Beispiel, wie Sie die Macht Ihrer Vorstellungen nutzen können, um sich mit Sport fit zu halten

Nehmen wir einmal an, Sie möchten endlich mit einem Programm zur Körperertüchtigung beginnen. Sie haben sich dafür entschieden, in der Woche zwei- oder dreimal schwimmen zu gehen. Aus Bequemlichkeit verschieben Sie ständig Ihren Entschluß. Ändern Sie den Zustand, indem Sie wie folgt die Macht Ihrer Vorstellungen aufbauen. Sagen Sie sich dazu während Ihrer Meditationsübung im Geiste folgende Worte vor:

»Ich erlebe mich, wie ich im Wasser schwimme. Ich spüre, wie meine Arme das Wasser zerteilen. Es bereitet mir Freude, im Wasser zu schwimmen. Das Schwimmen stärkt meinen Kreislauf. Daher gehe ich schwimmen. Ich erlebe, wie ich in kraftvollen Zügen schwimme. Ich spüre, wie ich die einzelnen Schwimmbewegungen mache ...«

Natürlich können Sie auch Ihren eigenen Text entwickeln oder sich bei der Wahl Ihres Programms auch für eine andere Sportart entscheiden. Sie müssen sich nur den gedanklichen Vorstellungen etwa zwei bis drei Minuten lang hingeben. So wird Ihr Unterbewußtsein nachhaltig »programmiert« und kann schließlich Kräfte in Ihnen auslösen, die Ihnen dabei helfen werden, Ihre Trägheit zu überwinden.

Selbstverständlich können Sie diese Technik, wie gesagt, auch auf andere Ziele anwenden. Worum es sich also auch immer handelt, bauen Sie die Macht der Vorstellungen in sich auf. Sie entwickeln dadurch die Kraft, den ersten Schritt zu tun, und entfalten die notwendige Ausdauer, Ihr Leben nach Ihren Vorstellungen zu gestalten.

Auch der bekannte Bergsteiger Reinhold Messner bedient sich bei seinen Leistungen der Macht der Vorstellungskraft

Der bekannte Alpinist Reinhold Messner, der Achttausender wie den Mount Everest und den Nanga Parbat bezwang, erklärte, daß für einen geübten Bergsteiger die Schwierigkeiten bei solchen Leistungen nicht in den körperlichen Anforderungen liegen. Sie entstehen vielmehr im seelischen Bereich. Es geht um die Kraft, bis zum Ziel durchzuhalten. Reinhold Messner nutzt für seine spektakulären Alleingänge die Macht seiner Vorstellungen. Dazu läßt er schon lange vor Beginn der eigentlichen Besteigung eines schwierigen Gipfels jeden Teil des Berges in möglichst vielen Einzelheiten in seiner Vorstellung entstehen und bewältigt in Gedanken alle schwierigen Passagen. Die Macht seiner Phantasie gibt ihm also die unerläßliche Kraft, den Mut für die Besteigung aufzubringen und bis zum Erreichen des Gipfels durchzuhalten.

Ob Sie nun körperliche Leistungen vollbringen wollen oder andere Ziele anstreben, nutzen auch Sie diese Macht. Sie wird Ihnen Kraft geben, das zu erreichen, was Sie vorhaben. Ihre Vorstellungskraft wird auch Ihre Begeisterung erhöhen. Vor allem können Sie nun auch das tun, wovor so viele Menschen aus Angst zurückschrecken: Sie wagen den »ersten Schritt«. Haben Sie diesen erst geschafft, dann werden wie von selbst weitere folgen.

7. Gelassenheit und Seelenfrieden

Innere Ruhe, Gelassenheit und Seelenfrieden sollten keineswegs als Zustände inaktiven Dösens oder geistigen Weggetretenseins aufgefaßt werden. Sie sind vielmehr ungeheure Energiequellen und wichtige Voraussetzungen für große schöpferische Aktivitäten. Haben Sie schon einmal in Aufregung und Hetze versucht, klare Gedanken zu fassen? Dann wissen Sie, wie unmöglich das ist. Die Macht des Unterbewußtseins kann sich nur dann entfalten, wenn der Mensch innerlich ruhig ist.

Meditation vermittelt Gelassenheit und Seelenfrieden

Wer nicht versteht, innere Ruhe zu entfalten und sich immer von Hast und Unruhe treiben läßt, wird niemals die Dinge erkennen, die für sein Leben von entscheidender Bedeutung sind. Eine Technik, zu innerer Ruhe, Gelassenheit und Seelenfrieden zu finden, haben Sie schon kennengelernt. Indem Sie Ihre Aufmerksamkeit von der Umwelt abziehen und in der Meditation den Strom Ihres Bewußtseins auf Ihre verborgenen Kräfte richten, werden Sie eins mit dem universellen Sein in Ihnen. In der Sammlung der Meditation kommen Sie mit diesen geheimen Kraftreserven in Ihrem Inneren in Berührung, und so spüren Sie, daß Sie im Tiefsten Ihres Wesens unzerstörbar sind. Sie begreifen, daß Sie aus der Ewigkeit kommen und nach dem Tode wieder in die

Ewigkeit zurückkehren werden. Diese Erfahrung gibt Ihnen große Gelassenheit.

Einsamkeit und Schweigen führen zum Seelenfrieden

Haben Sie schon einmal schweigend die Schönheit der Natur erlebt, vielleicht bei einem Waldspaziergang, fern von allem Lärm und Trubel des Alltags? Oder hatten Sie schon einmal das Glück, in Einsamkeit die Schönheit der Bergwelt zu erleben? Dann ist Ihnen vielleicht bewußt geworden, wie groß der Seelenfrieden ist, den die Stille, das Alleinsein in der Natur schenken. Viele Menschen fürchten sich vor der Einsamkeit, die sie nie wirklich erlebt haben. Aus Furcht davor suchen sie die Masse und vereinsamen innerlich dort erst recht.

Ich kenne einen erfolgreichen Geschäftsmann, der sich jeden Monat einmal drei Tage in die Stille eines Klosters zurückzieht. Das gibt ihm die Gelassenheit und den Seelenfrieden, die er braucht, um im Geschäftsleben zu bestehen.

Dag Hammerskjöld, der ehemalige Generalsekretär der UNO in den sechziger Jahren, ließ zur Verwunderung vieler im Gebäude der UNO in New York einen Meditationsraum einrichten, da er erkannt hatte, wie sehr Schweigen und Stille dem Menschen dienen. Nach seinem Tode fand man sein Tagebuch, in dem folgende Worte vermerkt sind:

»Verstehen – durch Stille.
Wirken – aus Stille.
Gewinnen – in Stille.
Mit Gottes Liebe das Leben und die Menschen lieben, um der unendlichen Möglichkeiten willen.
Wirken wie er, beurteilen wie er, ohne zu verurteilen.«

Auch Buddha, Jesus und Mohammed wußten um die große Bedeutung der Einsamkeit und zogen sich oft allein zurück. Reinhold Messner schreibt in seinem Buch *Alleingang Nanga Parbat*: »Die Einsamkeit ist etwas, das in jedem von uns drinnensteckt und nicht etwas, das von außen in uns hineinkommt. Und ich ahne, daß ich den Nanga Parbat nur dann besteigen kann, wenn ich fähig bin, die Kraft für mich zu nutzen.«

Der Rat Arthur Schopenhauers, die Einsamkeit ertragen zu lernen, weil sie eine Quelle des Glücks und der Gemütsruhe sei, hört sich für viele wirklichkeitsfern an. Die meisten Menschen haben Angst vor der Einsamkeit und laufen ihr davon. Wer jedoch die Einsamkeit zuläßt, wird sehr bald feststellen, wie sehr er sich in ihr sammelt, um für seine Mitmenschen offener zu sein. »Die Stille ist die größte Offenbarung«, sagt schon Laotse.

Nun ist es für Sie wahrscheinlich nicht möglich, sich jede Woche einmal in die Einsamkeit der Wälder oder der Berge zu begeben. Ziehen Sie sich dafür in die eigene Einsamkeit zurück. Schließen Sie sich in die Stille Ihres Zimmers ein und versuchen Sie, für fünfzehn Minuten oder länger die eigene Einsamkeit wahrzunehmen. Der plötzliche Übergang von Lärm und hektischer Beschäftigung zum Stillehalten kann manchmal schockartig wirken und Angst auslösen. Im Anfang fühlen Sie sich vielleicht von der Stille bedroht, da Sie sie nicht gewohnt sind. Doch bald werden Sie mit ihr vertraut werden und den daraus abgeleiteten Kraftgewinn empfinden; die Angst verschwindet. Frieden, Freude und Geduld kehren in Ihnen ein.

Das Denken an die eigene Vergänglichkeit schafft Gelassenheit und Seelenfrieden

Nachdem ich einmal einen Vortrag über die Kunst, andere zu überzeugen, beendet hatte, suchte mich eine Frau auf und berichtete mir folgendes: »Wissen Sie, Herr Professor, nachdem ich mein Elternhaus verlassen hatte und in einer mir noch fremden Stadt wohnte, war ich manchmal recht unglücklich. Gelegentlich pflegte ich dann einen Spaziergang zu machen, der mich an einem Friedhof vorbeiführte. Jedesmal, wenn ich daran vorbeikam, fühlte ich, wie eine unbekannte Kraft in mir groß wurde und mir inneren Frieden und Geborgenheit schenkte.«

Ich konnte diese Frau gut verstehen. Es ist keineswegs nur Todessehnsucht, die ein solches Gefühl auslöst. Wenn ich über einen Friedhof gehe, habe ich ähnliche Empfindungen. Wer nämlich durch die vielen Grabsteine an die eigene Vergänglichkeit erinnert wird, der verliert zumindest für kurze Zeit alle übertriebenen weltlichen Neigungen und jeden Ich-Wahn. Der Geist sammelt sich, der Mensch nimmt die verborgene Kraft seines Wesens wahr, die ihm Geborgenheit und Seelenfrieden schenkt. Natürlich müssen Sie dazu nicht unbedingt auf einen Friedhof gehen. Erinnern Sie sich aber gelegentlich Ihrer eigenen Vergänglichkeit, und Gelassenheit und Seelenfrieden werden in Ihnen wachsen. Erkennen Sie die vielen Nichtigkeiten, mit denen Sie sich täglich herumschlagen und die angesichts der Größe des Todes jede Bedeutung verlieren.

Beruhigungsmittel und Psychopharmaka schenken keine innere Ruhe und keinen Seelenfrieden

Aus Angst vor sich selbst und vor ihren Problemen flüchten viele Menschen in eine scheinbare Ruhe, wie sie die Einnahme von Psychopharmaka bewirkt. Doch so erreichen sie höchstens psychische Abhängigkeit und Abgestumpftheit und werden gänzlich unfähig, ihre Probleme aus eigenem Antrieb zu lösen. Der innere Kraftzuwachs bleibt aus. Ebensowenig vermag der Mensch psychosomatische Erkrankungen allein mit Medikamenten zu kurieren. Dazu gehört in erster Linie der Gewinn der inneren Ruhe und des Seelenfriedens, eine Tatsache, die leider auch vielen Medizinern zu wenig klar ist.

Ihre Gesundheit erfordert, daß Sie lernen, gelassener zu werden

Ärger, Hetze und Konkurrenzdruck bewirken negative Einflüsse auf Ihre Gesundheit. Das Feld der psychosomatischen Krankheiten ist sehr weit, worauf hier nicht näher eingegangen werden soll. Sehr oft raten Ärzte ihren geplagten Patienten: »Nehmen Sie alles ruhiger, bemühen Sie sich, gelassener zu werden.« Doch um das zu erreichen, werden fast nie Hilfestellungen gegeben. In diesem Kapitel haben Sie nun ein ganzes Programm zur Gewinnung von Gelassenheit und Seelenfrieden. Nutzen Sie es, und Sie werden erkennen, wie sehr sich Ihr Leben dadurch zum Besseren verändert.

Schöne, friedvolle Vorstellungen schenken Ihnen Seelenfrieden

Sie werden kaum Gelassenheit verspüren können, wenn Sie voller Gier, Ärger, Zorn und Haß sind. Wie Sie sich davon trennen und so zu innerer Ruhe und Gelassenheit finden können, wird Ihnen im nächsten Kapitel dargelegt. Hier wollen wir uns mit einer ganz besonderen Methode beschäftigen, um friedvolle Vorstellungen aufzubauen.

Vor Jahren verbrachte ich einen herrlichen Urlaub auf der Goppisbergalp, die auch als Riederalp-Ost bezeichnet wird. Sie liegt zweitausend Meter hoch auf einer Sonnenterrasse am Rande des großen

Aletschgletschers in der Schweiz. Von dort hat man einen weiten Ausblick auf die berühmten Walliser Viertausender und ins romantische Rhonetal. Für mich ist diese Gegend eine der schönsten in der Schweiz. Der herrliche Panoramablick löst im Betrachter ein großes Gefühl von Erhabenheit und Freiheit aus. Man hat das Empfinden, dem Alltag weit entrückt zu sein. Der Mensch betrachtet in einer solchen Lage seine täglichen Erfahrungen nicht mehr mit der üblichen Einstellung, die den kleinen Ärgernissen des Lebens eine viel größere Bedeutung beimißt, als ihnen eigentlich zukommt. Gelegentlich erinnere ich mich dieses Anblicks. So wie bei einer fotografischen Aufnahme durch eine Ferneinstellung der Vordergrund unscharf wird, so löst ein solcher »geistiger« Panoramablick unangenehme Bewußtseinszustände in völlig unbedeutende Konturen auf und schafft in uns Gefühle des Friedens. Auch Sie können nach dieser Technik verfahren. Sie müssen nur die Augen schließen und vor Ihrem inneren Auge Bilder entstehen lassen, die in Ihnen eine friedvolle Stimmung auslösen. Wenn Sie ein wenig nachdenken, fällt Ihnen sicher eine Szene, eine einmal erlebte Stimmung, eine Landschaft ein, die Ihnen ähnliches bedeutet wie mir die Goppisbergalp.

Sie werden gelassener, wenn Sie Ihre Probleme tatkräftig anpacken

Wenn Sie nichts für die Lösung Ihrer Probleme tun, dann lastet ein großer Druck auf Ihnen, und zwar ohne Unterlaß, selbst wenn Sie sich erholen wollen. So finden Sie niemals Ihre innere Ruhe. Haben Sie jedoch einmal das Mögliche zur Bewältigung Ihrer Schwierigkeiten angefangen, so werden Sie mit einer optimistischen Einstellung auch die innere Ruhe finden.

Lösen Sie sich von Schuldvorstellungen, und Sie gewinnen innere Ruhe

Viele Menschen werfen sich ein früheres Versagen oder eine alte Schuld ihr ganzes Leben lang vor. Sie quälen sich mit ihren Schuldgefühlen herum und finden nicht zu innerer Ausgeglichenheit. Solche Menschen glauben nur an einen strafenden, nicht an einen liebenden Gott. In den Erzählungen der Chassidim sagt der Rabbi Jizchak Meier von Ger über solche Schuldvorstellungen: »Wer nicht aufhört, von einer alten Übeltat zu sprechen, die er einmal begangen hat, und wer nicht aufhört, daran zu denken, dessen Gedanken sind mit der Schlechtigkeit von damals beschäftigt. Die Seele aber ist erfüllt von dem, woran der Mensch denkt, und so ist seine Seele von Schlechtigkeit erfüllt. Und er wird sich gewiß nicht ändern können, denn sein Denken wird sich vergröbern, sein Herz wird sich verkrampfen, und die Schwermut wird über ihn kommen. Was willst du? Du magst im Unrat wühlen, so viel du willst, es bleibt doch immer Unrat. Unrechtes hast du getan? So gehe hin und tue hinfort das Rechte.«

Martin Buber sagt zu Recht: »Die große Schuld des Menschen ist, daß er jeden Tag die Umkehr tun kann und nicht tut.«

Bemühen Sie sich um Ruhe, Gelassenheit und Seelenfrieden. Wer einen solchen Gemütszustand erlangt hat, nimmt das Unzerstörbare in sich wahr. Mit Ihrer Gelassenheit stehen Sie über der Hetze des Alltags. Sie ruinieren Ihre Gesundheit nicht und verstehen sich im Auf und Ab des Lebens besser zu behaupten.

Zusammenfassung

1. Mit der Macht Ihrer Vorstellungen vermögen Sie positive Gedanken in sich aufzubauen und entwickeln Mut und Kraft zum Handeln. So vertreiben Sie Angst und Furcht.
2. Es erfordert auf Dauer weniger Kraft, das zu tun, wovor man sich fürchtet, als immer aus Angst davonzulaufen.
3. Nach Entspannung und Meditation gelingt es Ihnen besonders gut, ermutigende Gedanken in sich aufzubauen.
4. Nutzen Sie die Macht der Begeisterung. Sie vertreibt Kummer und Sorgen und hilft Ihnen, Ihre Ziele zu erreichen.
5. Begeisterung erhebt Sie über Mittelmäßigkeit und gibt Ihrem Leben Freude.
6. Verstärken Sie Ihre Begeisterung durch das Neun-Punkte-Programm zur Entfaltung Ihrer Begeisterungsfähigkeit.
7. Begeisterung erhöht Ihre Lebenskräfte.
8. Tief im Gefühl verwurzelte Hoffnung und Optimismus sind entscheidend für die Kunst zu leben.
9. Schon in der buddhistischen Schrift *Dhammapada* heißt es: »Den Dingen geht der Geist voraus, Geist ist ihr Erzeuger.« Mit pessimistischen Gedanken beeinflussen Sie Ihr Unterbewußtsein negativ. Bald tritt dann auch meistens das ein, was Sie befürchteten.
10. Stellen Sie durch die Beantwortung der im vorangegangenen Kapitel dargelegten zehn Fragen fest, ob Sie ein Optimist oder ein Pessimist sind. Arbeiten Sie nach dem Acht-Punkte-Programm zur Verstärkung Ihres Optimismus so lange an sich selbst, bis Sie sich zu einem Optimisten entwickelt haben.
11. Mit Selbstvertrauen entfalten Sie Ihre Fähigkeiten und behaupten sich. Da auch Sie ganz besondere Talente besitzen, haben Sie allen Grund, auf sich stolz zu sein und ein gesundes Ich-Gefühl zu entwickeln.
12. Da die Macht Gottes – die universelle Kraft oder das unendliche Bewußtsein – auch in Ihnen ist, beleidigen Sie diese Allmacht, wenn Sie Minderwertigkeitskomplexe mit sich herumschleppen.
13. Verstärken Sie Ihr Selbstvertrauen durch Selbstbejahung.
14. Erhöhen Sie Ihre Selbstsicherheit und Ihr Selbstvertrauen durch Beachtung des aufgeführten Zehn-Punkte-Programms.
15. Da Ihr Leben kostbar ist, müssen Sie auch die gebührende Achtung davor haben.
16. Bedienen Sie sich zur Verwirklichung Ihrer Ziele der Technik der kleinen Schritte, und Sie werden erstaunt sein, welchen Erfolg Sie damit haben.
17. Bedienen Sie sich folgender vier Techniken, um Ihr Leben zum Besseren zu verändern: 1. Setzen Sie sich genaue Zielvorstellungen. 2. Planen Sie in kleinen Schritten die gewünschte Vorgangsweise, und beginnen Sie mit

Beharrlichkeit, an der Realisierung Ihrer Wünsche zu arbeiten. 3. Seien Sie geduldig und ausdauernd. 4. Bemühen Sie sich um kleine Steigerungen Ihrer Schritte.

18. Die wiederholte Vorstellung dessen, was Sie sich wünschen, gibt Ihnen die Kraft zum ersten Schritt, und Sie entwickeln die nötige Ausdauer.
19. Mit Hilfe der Macht Ihrer Vorstellungen verändern Sie Ihr Leben.
20. Meditation und das Lauschen auf die Stille geben Ihnen innere Ruhe, Gelassenheit und Seelenfrieden. Nehmen Sie vom unermüdlichen Schaffen für kurze Zeit Abstand, so erlangen Sie eine klare Sicht der Wirklichkeit.
21. Beruhigungsmittel und Psychopharmaka schenken keine innere Ruhe und keinen Seelenfrieden, sondern machen allenfalls abhängig.
22. Sie erreichen innere Ruhe und Gelassenheit, wenn Sie sich bei geschlossenen Augen an schöne Landschaften oder andere angenehme Dinge erinnern.
23. Machen Sie jeden Tag mindestens einen kleinen Schritt in Richtung auf Ihr Ziel, so verhilft Ihnen die auf diese Art gewonnene innere Befriedigung auch zu Gelassenheit und ruhiger Selbstsicherheit.
24. Indem Sie sich einen liebenden, nicht aber strafenden Gott vorstellen, können Sie sich von Schuldgefühlen befreien. Sind Sie Atheist, so erinnern Sie sich: Wer an üble Dinge denkt, erweckt sie ständig erneut in seinem Geist zum Leben und vergrößert so das Unheil. Nur durch neue gute Werke trennt man sich von alten Schuldgefühlen.
25. »Die große Schuld des Menschen ist, daß er jeden Tag die Umkehr tun kann und nicht tut«, sagt zu Recht Martin Buber.

Überwinden Sie destruktives Denken

Kapitel 5

So überwinden Sie destruktives Denken und Fühlen

1. Destruktive Gedanken und Gefühle lösen Ärger aus

Vor einigen Jahren litt der dreiunddreißigjährige Rolf Müller an starken Beschwerden. Schon am frühen Morgen wurde sein Schlaf unterbrochen, weil ihn furchtbare Magenschmerzen quälten. Da sich an diesem Zustand einige Tage lang nichts änderte, ging er zu einem Magenspezialisten, denn er befürchtete ein Magengeschwür. Der Facharzt durchleuchtete ihn, doch es konnte nichts festgestellt werden. Darüber befragt, ob er denn Probleme oder Sorgen habe, berichtete Herr Müller wahrheitsgemäß, er habe zur Zeit sehr viel Ärger bei der Arbeit. Damit war für den Facharzt klar, was mit dem Magen seines Patienten nicht in Ordnung war.

Hat Ihnen vielleicht auch schon einmal etwas »auf den Magen geschlagen«, wie der Volksmund sagt? Ärger und Sorgen, Zorn, Aufregung und Haß äußern sich in den verschiedensten Krankheiten. Es muß sich hierbei keineswegs um eine Magenerkrankung wie Gastritis oder Geschwüre handeln. Bei manchen Menschen löst der Ärger Herz- und Kreislaufbeschwerden oder auch Diabetes aus, um nur einige Beispiele zu nennen. Die Auswirkungen von Ärger und Aufregung quälen Sie also nicht nur seelisch, sie können auch Ihre Gesundheit ruinieren. Es liegt daher gleich ein zweifacher Grund vor, sich von Ärger, Aufregung und Haß freizumachen.

Ihr Ärger wird durch die besondere Art Ihres Denkens verursacht

Betrachten wir die Situation des Herrn Müller einmal genauer. Er hatte Ärger im Beruf. Aus Neid versuchten Konkurrenten, seine Leistungen schlecht zu machen. Nun entwickelten sich Gedanken wie diese in ihm: »So eine Unverschämtheit. Faule Kollegen machen meine Leistungen schlecht. Was erdreisten diese Menschen sich denn! Das ist eine besonders große Gemeinheit. Ich muß doch versuchen, ob ich nicht nachweisen kann, daß meine Rivalen ihren Beruf nicht ernst nehmen. So eine Unverschämtheit, so eine Frechheit ...«

Beenden wir hier die Kette der Gedanken Rolf Müllers, obwohl sie noch nicht zu Ende wäre. Die Konkurrenten dachten vermutlich schon längst nicht mehr an die kleine oder größere Gehässigkeit, die ihn so ärgerte; doch der Betroffene beschäftigte sich den ganzen Tag damit. Abends konnte er nicht einmal mehr einschlafen.

Welcher Prozeß spielt sich hier ab? Alles, woran Herr Müller denkt oder was er sich vorstellt, ruft Gefühle in ihm hervor. Destruktive Gedanken lösen destruktive Gefühle aus. Je häufiger nun bestimmte negative Denkgewohnheiten praktiziert werden, um so schneller werden negative Gefühle ausgelöst. Solche Empfindungen aber wirken sich wiederum auf körperliche Vorgänge aus. Sehr bald äußern sich die Störungen des Gefühlslebens in den verschiedensten Krankheiten wie zum Beispiel der erwähnten Gastritis, Magengeschwüren, Diabetes, Herz- und Kreislauferkrankungen. Werden solche Erkrankungen chronisch, so erfahren die Abwehrkräfte des Körpers eine weitere Schwächung. Jetzt hat eine Fülle verschiedenster Krankheiten, die Ihr Körper sonst mühelos hätte abwehren können, eine Chance, Ihre Gesundheit zu ruinieren (darunter leider auch der gefürchtete Krebs in seinen verschiedenen Erscheinungsformen). Wenn Sie daher dazu neigen, Ärger, Zorn, Haß oder andere destruktive Gefühle mit sich herumzuschleppen, dann sollten Sie sich klarmachen, daß vermutlich Sie selbst das erste Opfer Ihres Denkens sein werden. Deshalb: Bekämpfen Sie sofort alle destruktiven Gefühle!

2. Sie sind für Ihr Denken und Fühlen verantwortlich

Natürlich sind Sie nicht für alles verantwortlich, was in Ihrer Umwelt passiert. Wenn Sie sich aber in Ihrem Denken ständig von den äußeren Umständen bedrängen lassen, dann vergrößern Sie Ihre Schwierigkeiten nur, denn Sie fügen sich womöglich durch Ihre Gefühle, die Sie gedanklich selbst erzeugen, auch noch körperlichen Schaden zu. In welcher Beziehung stehen nun aber Gefühl und äußere Realität zueinander?

Jeder Mensch lebt gleichsam in zwei verschiedenen Welten, in einer Außenwelt und in einer Innenwelt. Die Außenwelt ist für jeden greifbar; sie ist die Welt der für alle erkennbaren Objekte und Ereignisse. Die Innenwelt hingegen besteht aus Ihren ganz persönlichen

Gedanken und Empfindungen. Sie ist verantwortlich für Ihren Ärger und Ihre Freuden. Ihre Innenwelt – die Welt Ihrer Gedanken und Gefühle – gehört Ihnen ganz allein. Sie haben es in der Hand, welche Gedanken Sie in sich groß werden lassen. Wenn Sie sich zum Beispiel ärgern, kommt zwar der Anstoß von außen – sei es in Form des Verhaltens Ihres Chefs, Ihrer Konkurrenten oder aufgrund eines beliebigen anderen Störfaktors – es gibt tausende. Aber für Ihre Gedanken (und damit für Ihren Ärger) sind Sie allein verantwortlich.

Buddha formulierte diesen Sachverhalt mit folgenden Worten: »Was, du ärgerst dich? Begreifst du nicht, daß du selbst deinen Feind in deinen Geist läßt, um dich zu quälen?«

Sie selbst können entscheiden, welche Gedanken Sie sich machen. Nehmen Sie diese Kontrollmöglichkeit aber auch wirklich voll in Anspruch. Lassen Sie nicht zu, daß sich Dinge in Ihr Denken einschleichen, die Ihnen schaden und Sie unglücklich machen. Bestimmen Sie Ihre Gedanken und Gefühle. Nur wer über sein Geistes- und Gefühlsleben frei verfügt, ist ein echter Lebenskünstler. Er räumt äußeren Umständen keine Macht über sein wahres Ich ein. Legen Sie die Inhalte Ihres Denkens fest und lassen Sie nicht zu, daß unangenehme Erinnerungen, Ärger und Ressentiments Sie bedrängen.

3. Laufen Sie dem Ärger nicht davon und verdrängen Sie ihn nicht

Nach einem Vortrag suchte mich einmal eine junge Krankenschwester auf und erzählte mir, ihr Beruf mache ihr viel Freude und sie könne sich keinen schöneren Beruf vorstellen. Mit zwei ihrer Kolleginnen aber gebe es ständig Ärger. Die Situation sei für sie nun schon richtig unerträglich geworden, und sie denke daran, sich einen neuen Arbeitsplatz zu suchen. »Wahrscheinlich werde ich kündigen«, sagte sie aufgebracht, »denn obwohl meine Vorgesetzten das Verhalten der beiden Schwestern nicht billigen, können sie offenbar an den Zuständen nichts ändern.«

Ich versuchte ihr klarzumachen, daß es keinen Zweck habe, dem Ärger davonzulaufen. Wenn Menschen zusammenarbeiten, wird es immer Meinungsverschiedenheiten, Auseinandersetzungen und Ärger geben. Dies ist eine Erfahrung, die jedermann macht. Daher habe es aber auch keinen Sinn, allein aus diesem Grund die Arbeitsstelle zu wechseln.

Sie müsse sich vielmehr den Schwierigkeiten stellen und es vor allem nicht zulassen, daß der berufliche Ärger von ihrem Denken Besitz ergreifen könne. Die Krankenschwester beherzigte meinen Ratschlag. Sie wendete die in diesem Kapitel angegebenen Techniken an, und es gelang ihr bald, wie sie mir bei einer späteren Begegnung freudestrahlend berichtete, ihre Gedanken weitgehend von Ärger freizuhalten.

Unbewältigter Ärger wirkt wie eine psychologische Zeitbombe

Wer Gefühle des Ärgers immer hinunterschluckt, dem schlägt er buchstäblich auf den Magen. Darauf wurde schon hingewiesen. Wer jedoch seinen Unmut nicht bewältigt, schafft darüber hinaus noch anderen Zündstoff. Alle ärgerlichen Gedanken und Gefühle hinterlassen Spuren im Unterbewußtsein. Dort häuft sich immer mehr Konfliktstoff an, der irgendwann nach außen drängt. Es herrscht gleichsam ein Zustand wie in einem Kochtopf, in dem das Wasser siedet. Der Druck des kochendes Wassers treibt schließlich den Deckel hoch, und das heiße Wasser läuft über.

Im täglichen Leben sieht dieser Vorgang vielleicht so aus: Sie ärgern sich verschiedentlich über Ihren Chef oder Ihren Lebenspartner, verstehen es aber nicht, dem Ärger Einhalt zu gebieten und fressen ihn immer wieder in sich hinein. Das wiederholt sich über einen längeren Zeitraum. Und eines schönen – oder weniger schönen – Tages passiert es dann: Wegen einer an sich unbedeutenden Kleinigkeit bricht plötzlich der gesamte verdrängte Ärger auf einmal hervor. Sie handeln dann völlig unkontrolliert und nicht annähernd der Situation angemessen. Ihre Mitmenschen können Ihre Verhaltensweise natürlich nicht begreifen. Sie sind zum Opfer Ihres verdrängten Ärgers geworden; eine psychologische Zeitbombe ist in Ihnen explodiert. Solche Prozesse spielen sich immer wieder in allen Bereichen des menschlichen Zusammenlebens ab.

Viele Scheidungen haben ihre Ursache darin, daß ein Partner über lange Zeit seinen Ärger über den anderen hinuntergeschluckt hat. Selbst am Arbeitsplatz werden Menschen zum Opfer solcher »seelischer Zeitbomben«. Schon mancher talentierte Angestellte hat durch einen Wutausbruch sein Verhältnis zum Chef unwiderruflich gestört und damit seine berufliche Karriere ruiniert, für die er vielleicht jahrelang geschuftet hatte.

Erkennen Sie die Notwendigkeit, sich nicht unbegrenzt zu ärgern und diesen Zorn und Unmut zu bewältigen, nicht aber zu verdrängen? Sie erhalten sich durch rechtzeitiges Dampfablassen, noch mehr aber durch Verarbeitung des angestauten Grimms Ihre Gesundheit. Wer es gelernt hat, seinen Geist von Ärger freizuhalten, hat auch mehr Erfolg im Leben.

4. Die richtige Einstellung zu unseren Mitmenschen verringert Ärger

Es gibt einen alten Spruch: »Richtig zu leben ist zweierlei Kunst – eine des Herzens und eine der Vernunft.«

Viele Menschen handeln ständig gegen jede Vernunft. Sie erwarten von Menschen und Dingen Vollkommenheit und Harmonie. Dabei gibt es einfach solche Vollendung nicht. Sie erhoffen vom Nächsten die Erfüllung ihrer sämtlichen Wünsche, obwohl sie selbst die Wünsche ihrer Mitmenschen nicht oder höchst selten erfüllen möchten. Ich habe auf diese oft anzutreffenden Verhaltensweisen vieler Menschen in meinem (ebenfalls im Ariston Verlag erschienenen) Buch *Die Kunst zu überzeugen* ausführlich hingewiesen. Beachten Sie die Verhaltensweisen der Menschen, mit denen Sie zusammentreffen. Wer sich zum Beispiel darüber beklagt, immer wieder ausgenützt und auf den Arm genommen zu werden, wird sich darüber verständlicherweise auch ärgern. Wer sich jedoch bemüht, weniger leichtgläubig zu sein, hält viel Ärger von sich fern und erspart sich vielleicht schweren Schaden.

Denken Sie immer an die Folgen Ihres Handelns

Herr Meyer ist von seinem Chef gelobt worden. Stolz berichtet er zwei Kollegen davon. Er denkt gar nicht daran, daß seine Kollegen den Sachverhalt von einem ganz anderen Standpunkt aus sehen könnten. Aufgrund ihres Interesses am eigenen beruflichen Vorankommen schauen sie auf das Lob des Kollegen mit einer ganz anderen »Brille«. Der eine sagt überhaupt nichts dazu. Der andere versucht aus Neid, das Lob herabzusetzen. Die Folge ist, daß sich Herr Meyer ärgert. Dabei hätte er wirklich Grund genug gehabt, sich über die Anerkennung seines Chefs zu freuen. Schuld an seiner Enttäuschung ist nur seine eigene unkluge Verhaltensweise. Schon Seneca sagte: »Dem Neide wirst du entgehen, wenn du verstehst, dich im stillen zu freuen.«

Ganz gleich, worum es sich handelt: Halten Sie sich an die Wahrscheinlichkeiten des Lebens. Denken Sie nicht schlecht über sich und die anderen. Verurteilen Sie die Schwächen Ihrer Mitmenschen nicht. Denken Sie aber stets daran, bevor Sie handeln, und richten Sie sich nach Ihren Erfahrungen. Dann handeln Sie nach dem Rat der Bibel: »Seid klug wie die Schlangen, habt aber ein Herz wie die Tauben.« Mit einem solcherart »kontrollierten« Verhalten sollte es Ihnen gelingen, eine Menge Ärger gar nicht erst aufkommen zu lassen.

5. Achten Sie auf stereotype Verhaltensweisen

Erst vor wenigen Wochen unterhielt ich mich mit einem Mann, der mir sagte, er habe in der letzten Zeit soviel Ärger gehabt, daß er nun an Magengeschwüren leide. Als ich ihn fragte, bei welchen Situationen er sich ganz besonders aufrege und ärgere, meinte er überrascht, darüber habe er sich noch nie Gedanken gemacht. Nachdem er einige Zeit überlegt hatte, erwiderte er: »Ich ärgere mich immer, wenn ich bestimmte Fernsehsendungen sehe oder zu Unrecht kritisiert werde.«

Der Mann war sich bis zu diesem Zeitpunkt nicht bewußt geworden, in welchen Situationen er immer mit der gleichen, schon eingeschliffenen Verhaltensweise reagierte. Ihm war nie der Gedanke gekommen, sich auch einmal anders zu verhalten. Er »reagierte« mechanisch wie ein Automat, doch nicht er selbst betätigte den Mechanismus, sondern er überließ es anderen (seinen Kritikern, den Gestaltern der Sendungen), die Hebel dieses Automaten in Gang zu setzen.

Beobachten Sie Ihre Gefühlsreaktionen

Nachdem ich einem leicht erregbaren jungen Mann geraten hatte, in unangenehmen Situationen doch einmal seine eigenen Gefühle und Verhaltensweisen zu beobachten, besuchte er mich vier Wochen später und teilte mir seine Erfahrungen mit: »Zunächst war ich von Ihrem Ratschlag wenig begeistert. Es kostete mich immerhin einige Energie, auf mich selbst zu achten, und es fiel mir anfangs schwer, darin einen Nutzen zu erkennen. Doch dann sagte ich mir: Warum soll ich nicht eigentlich auch einmal mich selbst beobachten? Nachdem ich Ihren Rat daraufhin befolgte, wurde mir bald bewußt, daß ich in bestimmten Situationen immer nach derselben Verhaltensweise reagierte. Ich war nicht Herr meiner Gefühle; mein Frieden hing allein vom Verhalten der anderen ab. Wenn ich ein Gefühl der Verärgerung in mir feststellte – sofern es mir bewußt wurde –, vermochte ich auch etwas dagegen zu unternehmen. Ich dachte gezielt an angenehmere Dinge, um meine Gefühlsrichtung zu ändern. Mit der Zeit gelang mir das auch immer besser.«

Viele Menschen werden sich ihrer in Routine erstarrten Verhaltensweisen schon gar nicht mehr bewußt. So ärgerte sich kürzlich ein Düsseldorfer Kunstprofessor wieder einmal über das Fernsehprogramm. Eine politische Reportage brachte ihn in Rage. Dazu kam noch, daß er sich ursprünglich lieber einen Wildwestfilm hatte ansehen wollen. Aus Ärger griff der Professor zum Hockeyschläger und zertrümmerte das Fernsehgerät. Aber glauben Sie nicht, der Mann habe dadurch etwas über seine falsche Verhaltensweise gelernt. Anstatt sich bewußt zu machen, daß er sich wieder einmal durch einen Gefühlsausbruch selbst seines inneren Friedens beraubt hatte, erklärte er in einem späteren Interview stolz, was er bei dem Kraftakt dazugelernt hatte: »Die Bildröhre geht gar nicht so leicht kaputt!«

Durch konsequente Selbstbeobachtung können Sie zuverlässig lernen, welchen Gedanken Sie ausweichen sollten, welche Situationen Sie erfahrungsgemäß verwirren, verstören, verletzen, verärgern. Eine Verhaltensänderung sollte Ihnen dann nicht mehr schwerfallen – Ihr seelisches Gleichgewicht steht auf dem Spiel!

6. Eine Technik, mit der Sie sich von Ärger befreien können

Die wahre Ursache Ihres Ärgers und Ihrer Erregung liegt in Ihren Gedanken. Ändern sich Ihre Gedanken, so wird auch der Ärger verschwinden. Schon Buddha sagte: »Wer Gedanken hegt, die ihm Ärger und Leid verursachen, der soll unheilsame Gedanken durch heilsame ersetzen.«

Haben Sie schon einmal bewußt versucht, quälenden Ärger nicht weiter mit sich herumzuschleppen? Oder tragen Sie solche seelischen Belastungen wie ein Gepäck mit sich herum, von dem Sie sich nicht trennen können? Haben Sie den Wunsch, Ihren Geist von solchem Unrat zu säubern und sich von quälenden Gedanken zu befreien? Sie können das mit Hilfe einer geeigneten Technik.

Der Aufbau eines Gefühls der inneren Ruhe und des inneren Friedens

Entspannen Sie sich. Schließen Sie die Augen. Sprechen Sie in Gedanken folgenden Text und geben Sie sich ganz seiner Wirkung hin

Selbstbejahungstext zum Aufbau innerer Ruhe

In mir ist ein großer Friede. In mir ist eine große Ruhe. In mir ist eine große Kraft. Der innere Friede durchdringt mich ganz. Eine innere Ruhe erfaßt mich. Ich öffne mich den unendlichen Kräften des Seins (Sie können auch »Gottes« sagen, ganz nach Ihrer Einstellung). Die Kraft des universellen Bewußtseins erfaßt mich ganz und durchstrahlt mich – die Macht heilsamer Gedanken ist in mir. Ich wünsche allen Menschen nur das Beste. Mein positiver Gemütszustand ist fest und unerschütterlich – fest und unerschütterlich. Eine innere Ruhe erfaßt mich – ganz stark – ganz stark. Mit der ganzen Kraft meines Gemüts wünsche ich allen Wesen: sie mögen glücklich sein. Was andere Menschen von mir denken und reden, berührt mich nicht. Der innere Frieden erfüllt mich ganz. Mit dem universellen Bewußtsein (oder auch mit »Gott«) bin ich stark. Daher bin ich innerlich ruhig und gelassen – ruhig und gelassen. Ein großer innerer Frieden erfüllt mich.

Bauen Sie mit diesen Gedanken einen positiv gestimmten, heilsamen Bewußtseinszustand in sich auf, so zerstreuen Sie Ihren Ärger und schützen Ihr Gemüt vor Zerrüttung und vor selbstzerstörerischer Unruhe. Natürlich gelingt solche »Umschaltung« des Gemütszustandes nicht mit einem Male. Neigen Sie dazu, sich schnell zu ärgern, so sollten Sie diese Übung dreimal am Tage machen, am besten vor dem Aufstehen, einmal im Verlauf des Tages und dann vor dem Einschlafen. Festigen Sie so die Gefühle innerer Ruhe und inneren Friedens in sich, dann werden Sie langsam immun gegen den Bazillus der Verärgerung und des Zorns. Stimmen Sie sich auf die Wellenlänge des unendlichen Bewußtseins in Ihrem Inneren ein, so sind Sie für »niedere« Bewußtseinsschwingungen wie Ärger nur mehr schwer empfangsbereit.

Mit Meditation lösen Sie Ärger auf

Der eben angeführte Selbstbejahungstext wird besonders dann wirksam, wenn Sie vorher noch eine Meditationsübung durchführen, wie ich sie in meinem Buch *Die universellen Kräfte Ihrer Psyche* beschrieben habe. Mit der solcherart von Ihnen praktizierten Meditation steigern Sie zusätzlich Ihre Fähigkeit zur Selbstbeobachtung. Dadurch erfassen Sie negative Bewußtseinszustände (wie zum Beispiel Ärger) leichter und können diesen mit Hilfe angenehmer gedanklicher Vorstellungen entgegenwirken. In der Meditation werden Sie mit den tiefsten Kräften Ihres Wesens eins. Sie lösen mit ihr durch die Macht Ihres innersten Wesens alle so stark von äußeren Einflüssen verursachten Gedanken und Gefühle wie Ärger einfach auf.

Vermeiden Sie, für die Fehler anderer zu büßen

Als der ehemalige Bundeskanzler Konrad Adenauer einmal einen seiner Mitarbeiter mit bitterer Miene vor sich hinstarren sah, fragte er ihn, was ihn bedrücke. »Ich habe mich über etwas sehr geärgert«, entgegnete der Befragte. Darauf belehrte ihn Adenauer: »Wer sich ärgert, büßt für die Sünden seiner Mitmenschen.« – Ein weises Wort!

Bleiben Sie daher stets Herr Ihrer Gedanken. Lassen Sie sich nicht durch andere Menschen Leid zufügen. Bemühen Sie sich lieber um ein ausgeglichenes, grundsätzlich positiv gestimmtes Denken und um den heilsamen inneren Frieden; Sie schaffen sich damit ein sicheres Bollwerk gegen vermeidbaren Ärger und seine üblen Folgen.

7. Kann man Ärger abreagieren?

Ein junger Abteilungsleiter berichtete mir einmal, wie er sich mit Ärger auseinandersetze. »Habe ich Ärger im Betrieb, dann gehe ich zunächst in den Keller meines Hauses, wenn ich von der Arbeit zurückkomme. Dort steht ein großer Sandsack. Ich stelle mir vor, der Sandsack sei mein Chef oder wer sonst gerade der Anstoß zu meinem Ärger ist. Dann schlage ich auf den Sandsack ein, bis meine Arme ermüden. Auf diese Weise vermeide ich, mich an meiner Frau und an meinen Kindern abzureagieren.«

Zugegeben, das ist immerhin eine Möglichkeit, unschuldige Familienmitglieder von den Auswirkungen einer sich entladenden Verärgerung zu verschonen. Ist die Methode aber wirklich optimal? Der Abteilungsleiter schlägt nämlich nicht nur auf den Sandsack. Er stellt sich gleichzeitig vor, wie er mit den Schlägen dem anderen heimzahlt, was ihm angetan wurde. Mit anderen Worten: Indem er neue Zorn- und Wutgefühle gegen seinen Chef aufbaut, schafft er so weiteren seelischen Explosionsstoff. Besser wäre es, er bemühte sich, durch gezielten Aggressionsabbau und durch konsequente Kontrolle seines Denkens die Emotionen zu beseitigen. Der verdoppelte Vorrat an Wut und Ärger aber wird irgendwann aus dem Unterbewußtsein hervorbrechen und sein Verhalten gegenüber dem Chef ungünstig beeinflussen.

Eine Möglichkeit, Ärger ohne schädliche Folgen abzuschütteln

Eine Teilnehmerin an einem meiner Seminare brachte einmal einen bemerkenswerten Beitrag in die Diskussion, wie sie sich mit Ärger auseinandersetze. Das Verhalten ihrer Kinder oder auch das von zwei Nachbarn, so erzählte sie, könne sie gelegentlich sehr ärgern. Sie komme sogar manchmal in Versuchung, einen richtigen Wutanfall zu haben. Und was tut sie in einer solchen Situation? Sie sucht sich eine Arbeit im Haus. Während sie die Fenster putzt oder die Küche säubert, sagt sie sich in Gedanken: »Ich säubere meinen Geist; ich habe Gedanken der Liebe und des Friedens. Mein Geist wird ganz rein, Liebe und Güte reinigen meinen Geist.«

Diese Sätze wiederholt sie mehrere Male. So reagiert diese kluge Frau ihre Erregung ab, ohne aggressive Gedanken ins Unterbewußtsein zu verdrängen.

8. Legen Sie negative Gefühle wie Zorn und Haß ab

Nicht nur Ärger, auch Zorn und Haß wirken sich negativ auf Ihre Gesundheit aus. Viele Magenleiden, Herz- und Kreislauferkrankungen sind die Folgen von lang gehegten Zorn- und Haßgefühlen. Ebenso wie der Ärger werden auch solche Gemütszustände durch Ihre eigenen Gedanken verursacht. Werden Sie zum Opfer solcher Gefühlszwänge, schaden Sie sich selbst am meisten.

Schon Buddha sagte vor etwa zweitausendfünfhundert Jahren: »Wer seinen raschen Zorn anhält, wie ein Gespann in vollem Lauf, den nenne Wagenlenker ich, nur Zaumhälter sind andere.«

Mit Zorn schaden Sie nicht nur Ihrer Gesundheit. Wer von Zorn aufgewühlt ist, vermag auch gar nicht mehr vernünftig zu handeln. »Jemand ist blind vor Zorn«, sagt auch schon der Volksmund. Bekämpfen Sie deshalb aufsteigende Gefühle aggressiven Empfindens und bleiben Sie Herr jeder noch so kritischen Situation.

Vertreiben Sie Zorn und Ärger wie Julius Caesar

Wenn Sie unangenehme Dinge bedrängen und Ärger und Zorn in Ihnen aufsteigen oder aufsteigen wollen, dann verfahren Sie nach folgendem Rezept, das dem berühmten Römerkaiser nachgesagt wurde: Wenn Sie spüren, daß Erregung Sie überkommt, schließen Sie die Augen. Achten Sie auf Ihre Atemzüge und zählen Sie bis zwanzig. Bemühen Sie sich, dabei ein freundliches Gesicht zu machen. Bewegen Sie die Mundwinkel nach oben und versuchen Sie zu lächeln. Das Lächeln wird von Ihren Gesichtsmuskeln auf Ihren Gemütszustand übergreifen und Sie innerlich beruhigen. So vermeiden Sie, aus Zorn etwas Falsches zu tun.

Erlaubt es die Situation nicht, langsam bis zwanzig zu zählen, dann zählen Sie mindestens bis zehn. Konzentrieren Sie sich auf sich selbst; Sie müssen dabei nicht unbedingt die Augen schließen.

Verfahren Sie nach diesem Rezept, werden Sie Ärger und Zorn auflösen und unnötige Fehler vermeiden, denn wer lächelt, kann nicht gleichzeitig zornig sein.

Liebe und Güte besiegen Zorn und Haß

Sie können sich auch von dem Gift des Zorns und Hasses befreien, wenn Sie mit der schon erwähnten Technik innere Ruhe und Frieden in sich aufbauen. Zorn und Haß vermögen von Ihnen nicht Besitz zu ergreifen oder werden vertrieben, wenn Sie in Ihrem Gemüt liebevolle Gedanken hegen. So wie die Sonne den Schatten, vertreibt auch die Liebe Zorn und Haß. Schon Buddha sagt:

»Nicht soll mein Gemüt verstört werden, kein böser Laut meinem Munde entfahren, freundlich und mitleidig will ich bleiben, liebevollen Gemüts, ohne heimliche Tücke. Jede Person will ich mit liebevollem

Gemüte durchstrahlen, mit weitem, tiefem, unbeschränktem, von Grimm und Groll geklärtem Bewußtsein.«

Und Jesus sagt: »Selig sind die Sanftmütigen, denn sie werden das Erdreich besitzen.«

Meditieren Sie über Liebe und Güte

Entspannen Sie sich und betreiben Sie zunächst fünf Minuten Vertiefungsmeditation. Denken Sie von ganzem Herzen: »Möge es mir wohlergehen, möge ich glücklich sein. Ich bin voll Wohlwollen, Güte, Liebe.« Erinnern Sie sich dann Ihres Lebenspartners, Ihrer Kinder, der Verwandten und aller Freunde. Denken Sie von ganzem Herzen liebevolle Gedanken. Richten Sie nun Ihre Gedanken auf Mitmenschen, die Ihnen nicht nahestehen, und übertragen Sie auch auf diese Menschen das Gefühl der Liebe und Güte. Zum Schluß der Übung wenden Sie sich allen Wesen im Universum zu, um sie mit Ihren Gedanken zu durchstrahlen. Wiederholen Sie mehrmals: »Mögen alle Wesen glücklich sein, mögen alle Wesen glücklich sein.«

Steigt bei Ihrer Erinnerung an einen bestimmten Menschen in Ihnen Ärger oder Haß auf, dann stellen Sie die Gedanken an diesen Menschen im Augenblick zurück. »Durchstrahlen« Sie sich selbst mit guten Wünschen. Denken Sie an den Ihnen liebsten Menschen und strahlen Sie mit aller Kraft Gedanken der Güte und Liebe auf ihn aus. Steigt in Ihnen ein tiefes Gefühl der Wärme und Verbundenheit zu dem geliebten Menschen auf, dann versuchen Sie dieses Gefühl auch auf den Menschen zu lenken, der Ihnen zuvor Ärger verursachte. Sehr oft gelingt das erst nach vielen Anläufen.

Sie müssen nun nicht unbedingt gläubiger Christ oder Buddhist sein, um diese Allgüte-Meditation zu praktizieren. Dadurch werden Sie übrigens keineswegs untüchtiger im Lebenskampf. Natürlich haben Sie auch an Ihre Interessen zu denken. Sie müssen sich behaupten und Angriffe abwehren. »Liebe deinen nächsten wie dich selbst«, sagt schon die Bibel. Es soll auch nicht Ziel der Übung sein, aus Ihnen einen Heiligen oder eine Heilige zu machen oder Sie anzuhalten, wie Mutter Theresa von Kalkutta sich für die ärmsten Inder aufzuopfern. Als Ehefrau oder Ehemann haben Sie in erster Linie für Ihre Familie zu sorgen. Zunächst sind Sie für sich und Ihre Familie verantwortlich. Mit der Liebe-Güte-Meditation wird es Ihnen jedoch insgesamt gelingen, sich besser zu behaupten, ohne dabei von Zorn und Haß gegen andere zermürbt zu werden. Wenn Sie frei von den unerfreulichen Trübungen des Geistes sind, haben auch Ihre Handlungen eine größere Erfolgsaussicht.

9. Mit Revanchegedanken schaden Sie sich nur selbst

Vor einiger Zeit schrieb mir ein Unternehmer, daß er durch einen Teilhaber vor zehn Jahren um eine größere Summe Geldes betrogen wurde. Obwohl inzwischen schon viel Zeit vergangen ist, denkt der geschädigte Industrielle noch sehr oft an seine unangenehme Erfahrung. Seine Verbitterung hat bereits seiner Gesundheit geschadet. Oft überlegt er, wie er vielleicht doch noch sein Geld erhalten könne, obwohl dafür nicht die geringste Chance besteht. Ebenso häufig denkt er aber auch über Revanchemöglichkeiten nach.

Mit Revanchegedanken geben Sie anderen Macht über sich

Revanchegefühle sind die Folgen von Zorn und Haßgefühlen, die ein Mensch gegenüber anderen hegt. Solche Revanchegedanken rauben Ihnen den Schlaf, die Gesundheit und den inneren Frieden. Wie würde sich Ihr Feind freuen, wüßte er, wie Sie sich aufreiben, nur um sich zu rächen!

Gewiß ist die von Christus und auch von Buddha gelehrte Forderung, man solle auch seine Feinde lieben, nicht einfach zu erfüllen und nicht jedermanns Absicht. Wer jedoch danach trachtet, dem anderen erlittenes Unrecht heimzuzahlen, schadet sich selbst mehr als seinem Gegner.

Aber selbst wenn Sie es nicht schaffen, Ihre Feinde zu lieben, sollten Sie wenigstens sich selbst genug schätzen, um es Ihren Feinden nicht zu erlauben, Sie ständig zu beunruhigen oder Ihr Wohlbefinden zu stören. Ihr innerer Frieden und Ihre Gesundheit leiden, wenn Sie sich in Gedanken unaufhörlich mit dem Feind beschäftigen. Denken Sie vielmehr an Ihr eigenes Glück, nicht an Ihren Gegner.

Erlauben Sie Ihrem Gegner nicht, Sie zu negativen Handlungen zu verleiten

Ein Widersacher mag Ihnen zwar etwas Böses antun, doch für die bösen Gedanken des Zorns und der Revanche sind Sie selbst verantwortlich. Dem Gegner gegenüber entzündet sich ja nur der Haß, der in uns selbst ist und uns allein Leiden verursacht. Um die in uns Menschen angelegte Neigung zu Zorn, Haß und Revanchegedanken auszumerzen, sollte die Allgüte-Meditation praktiziert werden. Sie wissen selbst: Es gibt immer wieder Angriffe und Beleidigungen, an denen Sie nichts ändern können. Es liegt aber an Ihnen, ob Sie sich dadurch zu üblen Gedanken hinreißen lassen. Lassen Sie sich also nicht dahin bringen, auf die niedere Ebene Ihres Gegners zu sinken. So bewahren Sie Ihre Überlegenheit und Ihren Seelenfrieden.

Stellen Sie sich vor, Sie schauen am Morgen in den Spiegel und nehmen Anstoß an dem unerfreulichen Anblick, weil Sie nicht ausgeschlafen sind. Trifft die Schuld den Spiegel? Werden Sie ihn beschimpfen, damit er sich biegt, um Ihnen ein anderes Gesicht zu zeigen? Sie werden sich vielmehr frischmachen, und dann sieht auch das Spiegelbild erfreulicher aus.

Man kann auch die Welt mit einem Spiegel vergleichen, in den man hineinschaut. Neigen wir zu Zorn, sind wir nachtragend und tendieren wir zu Revanchegedanken, so werden wir auch schnell einen Grund finden, diesen Neigungen nachzuhängen. Wer seinen Mitmenschen keine Sympathie entgegenzubringen vermag, in dem können sich Groll und Revanchegedanken leichter entwickeln. Mit anderen Worten: In unsere äußeren Lebensumstände projizieren wir nur zu oft das Abbild unseres eigenen Gemütszustandes. Ändern Sie Ihre Einstellung, und Sie schützen sich vor Ärger.

Wer seine Ziele mit Energie anstrebt, hat keine Zeit für Rachegefühle

Wer sich hohe Ziele setzt und bestrebt ist, sie zu verwirklichen, hat weder Zeit noch Lust, sich mit Beleidigungen und Feindseligkeiten auseinanderzusetzen. So wird er kaum in Versuchung kommen, auch nur eine Minute seiner Zeit mit Gedanken an solche Leute zu vergeuden, die er nicht mag.

Alle großen Religionen vertreten den Gedanken, daß alles Böse, das ein Mensch tut, wieder auf ihn zurückfällt – früher oder später. Mit dieser Einstellung im Herzen wird es Ihnen leichterfallen, sich nicht zu Verleumdungen, Beleidigungen oder anderen Revancheakten hinreißen zu lassen. Natürlich bedeutet das nicht, daß der Mensch darauf verzichten sollte, für sein Recht zu kämpfen. Es kommt vielmehr ganz darauf an, mit welcher Grundeinstellung er das tut. Es wurde schon darauf hingewiesen: Lassen Sie sich zu gehässigen Gefühlen oder gar zu bösen Taten gegen andere hinreißen, dann haben Ihre Gegner Macht über Sie errungen. Kämpfen Sie also ruhig für Ihr Recht. Hüten Sie sich aber davor, erlittenes Unrecht mit neuem Unrecht zu vergelten und Ihren Gegnern mit gleicher Münze heimzuzahlen. Sie schaden damit allein Ihrer Gesundheit und verlieren Ihren Seelenfrieden, ohne eine positive Veränderung der Sachlage zu erreichen.

10. Lachen und Humor vertreiben Ärger und Zorn

Ich hörte einmal eine Geschichte, die mich sehr beeindruckte: Ein Vorarbeiter eines Werkes hatte mit seinen Arbeitern eine zornige Auseinandersetzung. Sie endete damit, daß er in den nahen Fluß geworfen wurde. Als er von Wasser und Schlamm triefend wieder ans Ufer kroch, erblickte er sein Spiegelbild im flachen Wasser. Er mußte schallend loslachen, denn er kam sich selbst plötzlich überaus komisch vor. Seine Untergebenen, die ihn weiter beschimpfen wollten, waren völlig überrascht, so daß ihr Zorn sich legte. Was konnte man schließlich gegen einen Vorgesetzten tun, der über sich selbst und über ihr Vorgehen lachte!

Noch ein weiteres Beispiel, wie groß die heilende und helfende Kraft des Lachens und des Humors sein kann: Ein Angestellter einer Keksfabrik erzählte seinem Freund, welchen Ärger er häufig in seinem Betrieb habe. Erst neulich hatte ihn der Werkleiter wieder aufgefordert, die Keksproduktion zu erhöhen. Er habe aber schon einige Male darauf hingewiesen, daß die Verpackungsmaschine der Leistungssteigerung nicht gewachsen sein würde. Sein Einwand wurde nicht beachtet, und wie erwartet ging die Verpackungsmaschine zu Bruch. Eine nicht zu bremsende Kekslawine ergoß sich in die Werkhalle. Der Werkleiter beschimpfte den Angestellten, obwohl er der einzige gewesen war, der die Katastrophe hatte verhindern wollen. Als der Mann seinem Freund schilderte, wie alles abgelaufen war, merkte er, daß dieser sich vor Lachen zu schütteln begann. Und plötzlich fiel ihm die ungeheure Komik dieser Keksüberschwemmung auf, und seine ganze Erbitterung löste sich in befreiendem Gelächter. Aber dieses befreiende Lachen vermochte noch weiteres zu bewirken. Statt sich weiter in Wut über seinen Werkleiter zu verzehren, überdachte er seine Lage in dieser Firma. Er erkannte, daß es nur an ihm liege, eine bessere berufliche Situation aufzubauen. Bald danach besuchte er einen Fortbildungskurs und fand endlich eine geeignetere und verantwortungsvollere Arbeit, die ihn befriedigte.

Die heilende Kraft des Lachens und des Humors

Die Bedeutung des Lachens und des Humors für die körperliche und seelische Gesundheit ist schon seit alter Zeit bekannt. Die Fähigkeit zum Lachen ist sogar eines der charakteristischen Merkmale des Menschen, das ihn vom Tier unterscheidet. Lachen ist eine spontane Reaktion sehr komplexer Struktur. Die verschiedensten Muskelsysteme werden dabei beansprucht, und das arterielle Gefäßsystem erweitert sich. Lachen führt auch zu einer Spannungsabnahme der Skelettmuskulatur unseres Körpers. Vielleicht haben auch Sie schon einmal festgestellt, daß es Ihnen schwerfällt, einen Gegenstand festzuhalten, wenn Sie kräftig lachen.

Lachen und Humor werden schon seit Jahrtausenden als die Gesundheit fördernden Kräfte betrachtet. So steht schon in den Sprüchen der Bibel (17, 22): »Ein fröhliches Herz macht das Leben lustig, aber ein betrübter Mut vertrocknet das Gebein.«

Monarchen hielten sich im Mittelalter Narren, die die physische und emotionale Gesundheit des Herrschers erhalten sollten. Der erste große englische Komödiant, Richard Tarleton, konnte Königin Elisabeth I. im Scherz mehr Fehler vorhalten als ihre geistlichen Berater – und er vertrieb damit ihre Anfälle von Melancholie besser als ihre Ärzte.

Lachen bringt viele Vorteile:

- Es erhöht die Blutzirkulation und bewirkt einen Zustand allgemeinen Wohlbefindens.
- Es lenkt das Denken von deprimierenden Dingen ab.
- Es führt zu einer großzügigeren Sicht der Dinge, denen damit dann weniger Bedeutung beigemessen wird.

○ Es setzt Spannungszustände des Gemüts herab und verhindert so die Anfälligkeit für Ärger, Sorgen und Ängste.

Versuchen Sie, häufiger zu lachen, und Sie werden die Wirkung an sich selbst erfahren.

Entwickeln Sie Humor

Humor beweisen Sie immer dann, wenn es Ihnen gelingt, eine an sich ernste Situation auch aus einer komischen Perspektive zu betrachten. So erlebte zum Beispiel der ins Wasser geworfene Vorarbeiter nicht in erster Linie seine Schmach, sondern es wurde ihm vor allem seine drollige Situation bewußt. Der Angestellte der Keksfabrik wiederum entdeckte in seiner plastischen Vorstellung des sich vorwärtswälzenden Keksberges – über die peinliche Situation des gescholtenen Untergebenen hinaus – die Sicht eines neutralen Beobachters, die ihn zum Lachen brachte. Bemühen auch Sie sich, mehr Humor zu entfalten. Humor werden Sie immer dann entwickeln, wenn Sie versuchen, unangenehme Situationen aus mehr als nur einer Perspektive allein zu erleben.

So können Sie Ihren Sinn für Humor entwickeln:

1. Bemühen Sie sich, in einer für Sie zunächst unangenehmen Situation auch etwas Komisches zu entdecken. Je mehr Sie sich schon im kleinen darin üben, desto leichter wird es Ihnen gelingen, auch bei größeren ärgerlichen Situationen Humor zu bewahren.
2. Meditieren Sie. Indem Sie solcherart Ihr Bewußtsein verändern, lösen Sie sich von schablonenhaften und festgefahrenen Betrachtungsweisen. Es gelingt Ihnen auf diese Weise viel leichter, auch komische Aspekte in an sich unerfreulichen Situationen zu entdecken.

Humor ist eine der stärksten Waffen des Lebenskünstlers. Entwickeln Sie daher Humor.

Zusammenfassung

1. Ärger, Zorn, Verbitterung und Haß lösen Krankheiten aus.
2. Es gibt eine Außenwelt der Ereignisse, und es gibt eine Welt Ihres inneren Erlebens, mit der Sie reagieren. Sie haben es in der Hand, wie Sie sich auf die äußeren Einwirkungen hin verhalten. Ändern Sie Ihr inneres Erleben, dann werden Sie sich auch nicht mehr so oft ärgern.
3. Ärger geht von Ihrem Denken aus. Ändern Sie Ihre Einstellung dem Leben und den Mitmenschen gegenüber. Schon Sophokles sagte: »Die traurigsten von allen Übeln sind die selbstgeschaffenen.«
4. Es gibt zwar äußere Ereignisse, die sich als Anlaß anbieten, Zorn und Haß entzünden sich jedoch allein in Ihrem Gemüt. Die Mitmenschen sind der Spiegel, in dem Sie Ihr Wesen erblicken.
5. Wer seinen Ärger verdrängt, legt in seinem Unterbewußtsein psychologische Zeitbomben. Es gilt daher, den Ärger aufzulösen und nicht davor zu flüchten.
6. Wer die Verhaltensweisen seiner Mitmenschen berücksichtigt und sich seiner Vernunft bedient, verringert die Anlässe, durch die Ärger entstehen könnte.
7. Denken Sie stets an die Folgen, bevor Sie handeln. Sie ersparen sich damit eine Menge Ärger.
8. Achten Sie auf stereotype Verhaltensweisen. So vermögen Sie Routinereaktionen bei sich zu erkennen und schaffen die Voraussetzung, sie zu ändern.
9. Durch den bewußten Aufbau von Gedanken der inneren Ruhe und des inneren Friedens vertreiben Sie den Ärger.
10. In Zorn und Haß bleiben Sie Ihrem Gegner verbunden und lösen sich nicht von ihm.
11. Körperliche Betätigung vertreibt Ärger, wenn Sie dabei gute Gedanken hegen.
12. Vertreiben Sie Zorn und Ärger wie Julius Caesar: Steigt eine Erregung in Ihnen auf, so zählen Sie langsam bis zehn oder zwanzig; achten Sie dabei auf Ihre Atemzüge. Bemühen Sie sich, ein freundliches Gesicht zu machen, und versuchen Sie zu lächeln.
13. Sie vertreiben Ärger, wenn Sie Ihr Denken auf angenehme Dinge lenken.
14. Mit Hilfe der Güte-Liebe-Meditation lösen Sie Ärger, Zorn und Haßgefühle auf. Sie ersetzen unheilsame Gedanken durch heilsame. Sie verhindern auf diese Weise, daß Zorn und Rachegefühle in Ihr Unterbewußtsein verdrängt werden. Was nämlich dort gespeichert wird, verwirklicht sich früher oder später in Ihrem Leben.
15. Revanchegedanken können für Sie ein teurer Spaß werden. Erlauben Sie

Ihrem Gegner nicht, durch solche Gedanken von Ihrem Geist Besitz zu ergreifen und Sie zu negativen Handlungen zu verleiten.

16. Je intensiver Sie von Ihren Zielen durchdrungen sind und an ihrer Verwirklichung arbeiten, um so weniger vermögen Zorn und Ärger von Ihnen Besitz zu ergreifen.
17. Lachen Sie und entwickeln Sie Humor. So sind Sie immun gegen Ärger und Zorn und bleiben gesund.
18. Sie entwickeln Humor, wenn Sie in einer unangenehmen Situation stets auch etwas Komisches zu entdecken vermögen.
19. Meditation befreit Sie von fahrlässigem Schablonenverhalten und ermöglicht es Ihnen, in üblen Situationen auch komische Aspekte zu erblicken.
20. Wer sein Bewußtsein von Zorn und Haß befreit, wird ein gesundes und glückliches Leben führen. Er wird nicht nur ein glückliches Leben, sondern auch einen friedvollen Tod erwarten dürfen.

Kapitel 6

Lebenskunst und Gesundheit

1. Lernen Sie die Bedeutung Ihres Körpers kennen

Nehmen wir einmal folgendes an: Ein Mann bringt sein Auto in die Werkstatt. Der Meister schaut sich den Wagen an und stellt fest, daß er vermutlich immer mit schlechtem Benzin gefahren wurde. Außerdem fehlt Kühlwasser, das Luftfilter ist schon längst unbrauchbar, die Zündkerzen sind verrußt, die Batterie wurde mit Leitungswasser aufgefüllt, und der Reifendruck ist zu niedrig. Der Meister erklärt dem Kunden, warum das Benzin die richtige Oktanzahl haben und das Motoröl erneuert werden muß. Er versucht dem Wagenbesitzer begreiflich zu machen, weshalb der Wagen Kühlwasser braucht, wieso destilliertes Wasser für die Batterie notwendig und eine gute Schmierung erforderlich sind. Der Meister setzt den Wagen wieder instand. Nach zehn Wochen bringt der Kunde das Auto wieder in die Werkstatt und beschwert sich über die Unfähigkeit des Meisters. Aber dieser stellt fest, daß der Besitzer wieder schlechtes Benzin getankt und keinen Ölwechsel gemacht hat. Der Kunde hat keine der Notwendigkeiten beachtet, die ihm der Meister so sehr ans Herz gelegt hatte. Der Wagenbesitzer zahlt wieder viel Geld für die Reparaturen. Das Spiel wiederholt sich noch einige Male, dann ist das Auto frühzeitig schrottreif.

Die meisten Menschen widmen ihrem Wagen mehr Pflege als ihrem Körper

Vielleicht schmunzeln Sie über dieses Beispiel. Sie haben gar nicht so unrecht. Den wenigsten Menschen würde es einfallen, ihr Auto so zu behandeln. Wenn es sich jedoch um ihre eigene Gesundheit handelt, nehmen viele Menschen einen ganz anderen Standpunkt ein. Tatsächlich verwenden die meisten von uns mehr Zeit auf ihr Auto als für die Gesunderhaltung ihres Körpers. Sorgfältig pflegen sie ihren Wagen, damit er eine möglichst hohe Lebensdauer hat. Schließlich wissen sie: Ein Auto ist teuer, und Pflege zahlt sich aus.

Nun ist aber der menschliche Körper mit seinen vielen lebenden Zellen wesentlich störanfälliger als ein Auto. Daher ist es so ungeheuer wichtig, den eigenen Körper zu pflegen, mit seinem biologischen Rhythmus zu leben und nicht gegen ihn zu handeln. Lernen Sie Ihren Körper kennen!

Schon im sechzehnten Jahrhundert schrieb der englische Physiker Robert Boyle: »Für eine mit Vernunft begabte Seele ist es in hohem Maße unehrenhaft, in einem so wundervollen, von Gott erbauten Haus zu wohnen, wie es der menschliche Körper ist, ohne etwas von seiner Architektur zu kennen.«

Beschaffen Sie sich daher Informationen über Ihren Körper. Nur wenn Sie seine Bedürfnisse kennen, werden Sie schädliche Lebensgewohnheiten ändern. Tun Sie gar nichts für Ihren Körper, so antwortet er unmißverständlich mit Ermattung, seelischer Störung, schließlich mit Krankheit und Tod.

Haben Sie sich klargemacht, was Sie von Ihrem Körper erwarten?

Vielleicht finden Sie die Frage sehr verwunderlich? Das beweist, wie sehr Sie sich schon daran gewöhnt haben, Ihren Körper nur als Mittel zum Zweck anzusehen, mit dem Sie höhere Leistungen vollbringen wollen, ohne ihm jedoch auch eigene Bedürfnisse zuzugestehen.

Erinnern Sie sich an meinen Onkel, den ich zu Anfang dieses Buches erwähnte? Um endlich befördert zu werden, setzte er sich immer mehr unter Druck. Schließlich machte sein Körper nicht mehr mit, und er starb an einem Herzinfarkt. Dem wahren Lebenskünstler darf daher sein Körper nicht gleichgültig bleiben.

Hüten Sie sich davor, Ihren Körper ständig zu überlasten. Doch ebenso sei vor dem entgegengesetzten Fehler gewarnt. Manche Menschen belasten ihren Körper entschieden weniger als er normalerweise leisten kann; und so lassen sie ihre Kräfte verkümmern.

Kommen wir auf die Frage zurück, was Sie von Ihrem Körper erwarten. Das wären vermutlich:

1. Lange anhaltende Gesundheit;
2. körperliche Kraft und Ausdauer.

Für dauernde Gesundheit müssen Sie aber auch etwas tun. Sie dürfen sich nicht erst dann mit Ihrer Gesundheit beschäftigen, wenn Sie schon erkrankt sind. Um Ihr Einkommen zu sichern, sind Sie auf die Arbeitskraft Ihres Körpers angewiesen.

Vielleicht sind Ihre Anforderungen an Ihren Körper aber noch größer. Mein Wunsch ist es zum Beispiel, auch noch in späteren Jahren an vielen Bergwanderungen in großen Höhen teilnehmen zu können. Das erfordert natürlich, den Körper besonders fit zu halten. Vielleicht sind auch Sie an einem Himalaya-Trecking, an einem Tauchtraining auf den Malediven oder an etwas, das Ihnen sonst Freude macht und das besonderen körperlichen Einsatz erfordert, interessiert. Das wäre ein weiterer Grund für Sie, Ihren Körper zu trainieren.

Sind Sie sich bewußt, was Sie von Ihrem Körper erwarten? Nehmen Sie ein Blatt Papier zur Hand und schreiben Sie Ihre Erwartungen auf. Natürlich läßt es sich hierbei nicht ausklammern, daß Sie in diesem Zusammenhang über alle Ihre Lebensziele nachdenken. Sie brauchen wahrscheinlich auch Tage, um sich Ihrer gesamten Erwartungen bewußt zu werden. Scheuen Sie den Aufwand nicht, er zahlt sich aus. So werden Sie aufgeschlossener für die Bedürfnisse Ihres Körpers. Um so leichter wird Ihnen dann auch die Notwendigkeit bewußt, daß Sie für die Gesunderhaltung Ihres Körpers etwas tun müssen.

2. Ändern Sie Ihre Einstellung zur Gesundheit

Es wurde schon darauf hingewiesen: Die meisten Menschen denken an ihre Gesunderhaltung erst dann, wenn sie bereits erkrankt sind. Erst in einer solchen Situation erinnern sie sich ihres Körpers. Diese bedenkliche Einstellung ist nur zu oft anzutreffen. Gehören Sie auch zu diesen Menschen?

Leute mit einer solchen Einstellung zum Beispiel essen häufig im Übermaß. Was ist die Folge? Der überbeanspruchte Organismus versucht sich zu helfen, solange es geht, schließlich schafft er es nicht mehr und signalisiert mit Funktionsstörungen und Schmerzen Alarm. Die Warnungen des Körpers kommen aber oft zu spät. Die Leber gehört zum Beispiel zu den Organen, die häufig erst dann »protestieren«, wenn bereits Schaden entstanden ist. Daher ist es wichtig, daß Sie sich mit dem Thema der Gesunderhaltung beschäftigen, noch bevor Sie erkranken. Selbst wenn Sie sich vollkommen gesund fühlen, müssen Sie sorgfältig auf Ihre Gesundheit achten.

Gesunderhaltung beginnt nicht damit, Krankheiten zu kurieren

Diese kluge Einstellung vertraten schon die alten Chinesen. Reiche, vornehme chinesische Familien besaßen damals einen Arzt, der für die Gesunderhaltung der Familienmitglieder sorgte und dafür bezahlt wurde. Erkrankte einer der von ihm Betreuten, so wurde das als Zeichen für die Unfähigkeit des Arztes angesehen. Die Zahlungen an ihn wurden so lange eingestellt, bis der Patient wieder genesen war.

Heute hat sich die Einstellung der Menschen leider erheblich gewandelt. Sie gehen erst dann zum Arzt, wenn sie Beschwerden haben. Das ganze moderne medizinische Versorgungssystem – einschließlich der Krankenkassen – ist nur auf Krankheit, nicht aber auf Gesunderhaltung eingestellt. So unterliegen die meisten Menschen leicht dem Irrtum, sie könnten soviel rauchen und essen, wie sie wollen, und hätten es auch gar nicht nötig, die Abwehrkräfte des Körpers zu entwickeln, denn im Krankheitsfalle gäbe es ja ein ganzes System von Ärzten, Krankenanstalten und Kurheimen, das sie schließlich wieder gesundmachen würde.

Die meisten Menschen erwarten von der Medizin Wunder

Da viele Menschen zu bequem sind, etwas für die Gesunderhaltung ihres Körpers zu tun, flüchten sie in einen Selbstbetrug. Sie glauben überzeugt an die Wundermittel der Medizin, um nicht selbst etwas für ihre Gesunderhaltung tun zu müssen. Das Schlucken eines Medikaments ist ja auch wirklich sehr bequem. Aber ist das blinde Vertrauen in die Medizin gerechtfertigt?

Ich erinnere mich noch sehr genau an den Ratschlag meines Biologielehrers: »Leben Sie gesund, sonst tragen Sie später viel von Ihrem schwerverdienten Geld zum Arzt.« Da die meisten Menschen heute Mitglieder von Krankenkassen sind, die für viele Arzneimittel aufkommen, entfällt dieses Argument. Dennoch bleibt die Tatsache bestehen: Die Ärzte und vor allem die pharmazeutische Industrie leben von unserer Krankheit und profitieren nicht von der Gesundheit der Menschen. Wir erwarten von Medikamenten und vom Arzt nur zu oft die größten Wunder. Diese Hoffnungen sind zumeist ein großer Irrtum. Ärzte können zwar manches, doch sie vermögen uns auf die Dauer nicht gesundzuerhalten, wenn wir nicht auch selbst etwas dafür tun. Klammern Sie sich also nicht aus Bequemlichkeit an übertriebene Hoffnungen, die Sie in die Medizin setzen.

Viele Menschen legen sich auch, erfüllt von blinder Gläubigkeit an die Kunst der Ärzte, auf die Operationstische. Sie sind sich gar nicht der Notwendigkeit bewußt, den Aussagen und Diagnosen der Ärzte – die ja auch nur Menschen sind – kritisch gegenüberzustehen. Der deutsche Chirurg Julius Hackethal hat durch seine aufklärenden Schriften schon viel getan, naive Patienten von ihrer blinden Autoritätsgläubigkeit Medizinern gegenüber abzubringen. Trotz mancher Aufklärung ist jedoch vielen Menschen noch immer nicht bewußt geworden: Kein Arzt kann mehr für Ihre Gesunderhaltung tun als Sie selbst. Beschäftigen Sie sich also mit Ihrem Körper und bemühen Sie sich um die Erhaltung Ihrer Gesundheit. Die Dauer Ihres Lebens und Ihr ganzes Wohlbefinden hängen davon ab.

3. Abhängigkeit von schädlichen Gewohnheiten ist die Hauptursache für die Entstehung von Krankheiten

Es wurde schon darauf hingewiesen: Der Mensch unternimmt meist nichts für seine Gesunderhaltung. Er mißachtet alle Regeln, und bald lebt er in totaler Abhängigkeit von seinen Gewohnheiten. Seine Gesundheit aber trägt oft den Schaden davon. Fast jeder Mensch begeht mindestens einen der folgenden vier Fehler:

- Er ißt zuviel und nicht das Richtige. Übergewicht stellt sich ein, und die Folge sind viele Krankheiten, die hier gar nicht alle beschrieben werden können. Nur auf eine besonders gefährliche sei hingewiesen: Es ist allgemein bekannt, daß bei den heute bei uns üblichen Ernährungsgewohnheiten im fortgeschrittenen Alter mit Altersdiabetes zu rechnen ist. Nur wenige ältere Menschen aber kaufen sich in einer Apotheke für ein paar Pfennige einen Teststreifen, um zu prüfen, ob sie an dieser Krankheit leiden. Fachleute schätzen, daß es einige Millionen Menschen allein in der Bundesrepublik Deutschland gibt, die an unerkannter und unbehandelter Zuckerkrankheit leiden.
  Wie steht es mit Ihnen? Haben Sie sich schon einmal Gedanken über die Notwendigkeit gemacht, Ihre Eßgewohnheiten zu ändern?
  Die Notwendigkeit, schlechte Lebensgewohnheiten umzustellen,

wird nur von wenigen Menschen erkannt und verwirklicht. Ich habe einen Bekannten, der jedes Jahr zu einer Abmagerungskur fährt, um »abzuspecken«. Kommt er dann nach vier quälenden Wochen aus dem Sanatorium zurück, so ißt er genau so viel wie früher. Nach wenigen Wochen hat sich dann der alte Zustand wieder eingestellt. Verrückt? Vielleicht! Aber wie viele von uns verhalten sich ganz ähnlich?

- Man gewöhnt sich das Rauchen an und hofft, der Körper werde damit schon irgendwie fertig. Über vierzehn Millionen Menschen rauchen allein in der Bundesrepublik Deutschland. Rauchen bedeutet bekanntlich ein sehr hohes Gesundheitsrisiko. Wirft aber jemand deshalb seine Zigaretten fort? Die Statistik hat eindeutig bewiesen, wie schädlich das Rauchen ist. Mehr als siebenundsiebzig Prozent aller Nichtraucher können in unseren Breiten erwarten, mindestens fünfundsechzig Jahre alt zu werden. Von den Rauchern dürfen nur wenig mehr als die Hälfte diese Hoffnung haben. Während zwanzig Prozent der Nichtraucher sogar fünfundachtzig Lebensjahre für sich kalkulieren können, haben nur sechseinhalb Prozent aller Raucher diese Chance. Richten Sie sich nach diesen Tatsachen?
- Der Mensch hält es nicht für nötig, seinem Körper die notwendige Bewegung zu verschaffen. Regelmäßiges Körpertraining wie Laufen oder Schwimmen verringert nicht nur das Risiko von Herz- und Kreislauferkrankungen; es erhöht auch die körpereigene Widerstandskraft. Dennoch betreibt nur ein geringer Prozentsatz der Gesamtbevölkerung ein solches Training. Es ist wie mit dem Zähneputzen: Jeder weiß, daß der beste Schutz vor Karies und Parodontose das gründliche Zähneputzen nach jeder Mahlzeit ist. Nur ein Drittel unserer Bevölkerung besitzt überhaupt eine Zahnbürste, wie Erhebungen jüngst zum Entsetzen der Gesundheitsbehörden ergaben.
- Viele Menschen ruinieren ihre Gesundheit nicht nur durch falsche Ernährung, durch Rauchen oder zuviel Alkohol. Medikamentenmißbrauch spielt ebenfalls eine nicht zu unterschätzende Rolle. Zugegeben, nicht alle Medikamente sind in dieser Beziehung problematisch. Viele Krankheiten können heute ganz einfach nur durch ein Medikament behoben werden. Wer aber Medikamente schon aus nichtigem Anlaß oder ungerechtfertigt über einen längeren Zeitraum einnimmt, kann für sein Verhalten nicht den Herstellern die Verant-

wortung geben. Schuld daran trägt der Arzt oder der Patient selbst. Mancher wurde schon gesund, weil er Medikamente wegließ, die ihm früher einmal halfen. (Besprechen Sie aber das Absetzen eines Medikaments immer mit Ihrem Hausarzt!)

Nach einer erschreckenden Statistik fühlen sich nur zehn Prozent aller Bundesbürger gesund. Der Rest greift regelmäßig nach Tabletten, Tropfen und Tinkturen.

Gewiß sind hier noch längst nicht alle schädlichen Gewohnheiten und Abhängigkeiten aufgeführt. Wenn Sie sich nicht von solchen Abhängigkeiten befreien können, wird Ihre Lebenserwartung sinken. Und anstatt ein möglichst langes Leben mit vielen Freuden vor sich zu haben, verkürzen Sie Ihr Leben unnötigerweise. Lösen Sie sich daher von solchen negativen Gewohnheiten.

Wer falsche Gewohnheiten ablegt, vermißt nichts

Schon in meiner Jugend hatte ich es mir zur Angewohnheit werden lassen, in jede Tasse Tee oder Kaffee viel Zucker hineinzugeben. Dabei blieb es nicht. Vor etwa zehn Jahren gewöhnte ich mir noch an, in der Nachmittagspause häufig ein Stück Kuchen oder Torte zu essen. Etwa zwei Jahre lang ging das so. Als ich zu jener Zeit zum Arzt zu einer Routineuntersuchung ging, wurde in meinem Blut ein zu hoher Cholesterin- und Triglyceridspiegel festgestellt. Es gab keinen Zweifel: Mein Zucker- und Tortenkonsum war viel zu hoch gewesen.

Es fiel mir nicht besonders schwer, zunächst diesen Süßkonsum etwas einzuschränken. Die nur langsame Veränderung meiner Eßgewohnheiten war auch für meinen Magen wichtig, denn ein auf falsche Ernährung eingestellter Magen kann sich nicht so ohne weiteres von heute auf morgen auf richtige Ernährung einstellen. Mit Hilfe gezielter Selbstbeeinflussung gelang es mir schließlich, mich ganz von dieser schädlichen Gewohnheit eines zu hohen Zuckerkonsums zu trennen.

Ich trinke heute nur noch ungesüßten Kaffee. Wird mir gelegentlich gezuckerter Kaffee angeboten, so schmeckt er für mich ganz unangenehm. Das Stück Torte aber ist nun auf den Sonntag beschränkt, und auch das im allgemeinen nur alle paar Wochen.

Denken Sie nur nicht, daß ich heute etwas vermisse, ganz im Gegenteil. Mein Körpergewicht hat sich erheblich verringert, und ich fühle mich in meiner Haut wesentlich wohler. Natürlich ist es bei gesunder Ernährung nicht erforderlich, völlig auf Kuchen zu verzichten. Ein Stück Torte am Sonntag schadet nicht.

Gewiß gibt es in Ihrem Leben eine oder mehrere Angewohnheiten, die Ihnen bisher mehr geschadet als genützt haben. Prüfen Sie, welche! Ändern Sie Ihre Einstellung zur Gesundheit und bemühen Sie sich, solche schädlichen Gewohnheiten in Zukunft abzustellen.

Haben Sie Ihre Auffassung über Gesundheit geändert?

Sie wissen nun, wie wichtig Gesundheit für Ihre Leistungsfähigkeit und Ihre Lebenserwartung ist. Hat sich Ihre Einstellung zur Gesundheit geändert? Sind Sie bereit, daraus die Konsequenzen zu ziehen? Versuchen Sie folgende Fragen mit Ja oder Nein zu beantworten.

So testen Sie, ob Sie die richtige Einstellung zur Gesundheit haben:

1. Interessieren Sie sich für Ihren Körper und möchten Sie sich darüber mehr Kenntnisse aneignen?
2. Sind Sie der Meinung, daß Sie selbst für Ihre Gesunderhaltung verantwortlich sind?
3. Konsumieren Sie wenig Alkohol?
4. Verzichten Sie auf zu viele Torten und Süßigkeiten?
5. Essen Sie gut, aber nicht zuviel, um ein Völlegefühl im Magen zu vermeiden?
6. Bemühen Sie sich, Ihr Gewicht zu normalisieren?
7. Essen Sie abwechslungsreich, vor allem viel Gemüse und frisches Obst?
8. Bewegen Sie sich viel und treiben Sie Ausgleichssport (wie ein Lauftraining oder Schwimmen)?
9. Lassen Sie sich nicht unter Streß setzen?
10. Gehen Sie ab Ihrem vierzigsten Lebensjahr jährlich zur Vorsorgeuntersuchung?
11. Sind Ihnen gesunde Zähne wichtiger als Süßigkeiten?
12. Sind Sie der Ansicht, man solle sich selbst auch beim Sport nicht unter Druck setzen?
13. Ist Ihnen Urlaub wichtig?
14. Haben Ihrer Meinung nach im Urlaub Körper, Geist und Seele sich zu erholen?
15. Sind Gelassenheit, Fröhlichkeit, Optimismus und Vertrauen in die Zukunft wichtig?

16. Haben Sie in Ihrem Leben einen Sinn gefunden?
17. Sind Sie der Ansicht, daß der Tod etwas Natürliches ist und zu innerem Frieden oder höherem Leben führt?

Wenn Sie nur vier oder gar fünf dieser Fragen mit einem Nein beantworten, dann schenken Sie Ihrer Gesundheit nicht die erforderliche Beachtung, die ihr zusteht. Bei der Beantwortung der Fragen geht es natürlich nicht allein darum, was Sie glauben, sondern vor allem darum, ob Sie nach dieser Ansicht auch handeln. Erst wenn Sie Ihrem Körper das geben, was er zur Gesunderhaltung braucht, können Sie sich als Lebenskünstler betrachten.

4. Werden Sie sich Ihres Körpers bewußt

Ich mache jeden Morgen, in der Mittagspause und abends die in meinem Buch *Die universellen Kräfte Ihrer Psyche* beschriebene Entspannungs- und Meditationsübung. Die Übungen schulen gleichzeitig auch mein Körperbewußtsein. Ich kann nun bei der Arbeit Verkrampfungen meiner Muskulatur leichter erkennen und ihnen entgegenwirken. Mein Körperbewußtsein läßt mich auch wahrnehmen, wenn ich zum Beispiel beim Autofahren das Steuer verkrampft festhalte, so daß ich diese Verkrampfungen bewußt lösen kann. Das sind jedoch nicht die einzigen Vorteile eines funktionierenden Körperbewußtseins.

Unseres Körpers werden wir uns meistens erst dann bewußt, wenn wir Schmerzen haben. Doch auch diese versuchen wir oft zu verdrängen. Häufig hat der Betroffene Angst, daß der Arzt eine schwere Krankheit feststellen könnte, und so wird der Schmerz so lange ignoriert, bis er unerträglich geworden ist. So kommt es zum Besuch des Arztes manchmal erst dann, wenn es schon zu spät ist. Oft wäre eine Heilung noch möglich gewesen, hätte der Betroffene auf das natürliche Warnsignal des Schmerzes sofort reagiert.

Haben Sie jedoch Ihr Körperbewußtsein einmal soweit entwickelt, daß es als verläßlicher Anzeiger wirkt, dann läuft folgender Prozeß ab:

1. Sie nehmen einen Schmerz wahr und erkennen ihn als ernstes Warnsignal. Sie entscheiden sich, sofort etwas dagegen zu tun, ohne sich von Angst und Schamgefühlen leiten zu lassen.
2. Sie gehen zum Arzt und lassen sich über die Ursache der Schmerzen informieren. Sie bemühen sich, bei seinen Ausführungen mitzuden-

ken. Es geht hier nicht darum, dem Arzt in seine Tätigkeit hineinzureden. Aber ein verantwortungsvoller Patient hat die Pflicht, kritisch zu sein. Stellen Sie im Verlaufe der Behandlung Widersprüche in seinen Äußerungen fest und hat der Schmerz obendrein nicht nachgelassen, so wechseln Sie schleunigst den Arzt.
3. Sie arbeiten aktiv an der Heilung mit. Sie werden auch nicht zum Opfer der Ansicht, daß schmerzstillende Medikamente allein schon eine Heilung Ihrer Krankheit bewirken.

Die Entwicklung Ihres Körperbewußtseins hat aber auch noch andere Auswirkungen. Sie werden sich mit seiner Hilfe der körperlichen Erfrischung nach Entspannung und Meditation immer besser bewußt. Ein waches Körperbewußtsein macht Sie aufgeschlossen dafür, die Vorteile eines regelmäßigen Dauerlaufs oder Schwimmens zu erkennen und zur Steigerung der eigenen Gesundheit und Ihres Wohlbefindens regelmäßig zum Training zu gehen. Es wird Ihnen bewußt, daß durch körperliche Betätigung auch geistige Tätigkeiten angeregt werden. Durch die bessere Sauerstoffversorgung des Gehirns wird nämlich auch Ihre Denktätigkeit optimal angeregt. Nicht nur Ihr Wohlbefinden, auch Ihr Selbstvertrauen steigt. Es bereitet Ihnen Freude, Ihr Leben selbst in die Hand zu nehmen.

5. Das Zusammenspiel von Körper, Geist und Seele

Im Menschen sind Körper, Geist und Seele zu einer unlösbaren Einheit miteinander verbunden. Nichts Körperliches kann verändert werden, ohne gleichzeitig den geistigen und seelischen (gefühlsmäßigen) Zustand zu verändern. Ebenso kann auch im geistigen und seelischen Bereich nichts geschehen, ohne daß es Einfluß auf den körperlichen Bereich hat.

Haß, Zorn, Wut, Trauer, Freude, Liebe – es existiert keine seelische Regung, die nicht auch an körperlich und geistige Auswirkungen gebunden wäre. Der Volksmund weiß, wie schon gesagt: »Der Mensch wird blind vor Zorn.« Denken Sie zum Beispiel auch an das verkniffene Gesicht eines Beleidigten oder an den in einer Auseinandersetzung Unterlegenen, der wütend seine Fäuste ballt. Um was es sich auch immer handelt: kein Mensch kann sich der Wechselwirkung zwischen Körper, Geist und Seele entziehen.

Negatives Denken und Fühlen können Kopfschmerzen auslösen

Natürlich gibt es auch Kopfschmerzen, die durch organische Störungen entstehen. Sehr oft sind sie aber psychisch bedingt und werden durch negatives Denken ausgelöst. Häufig greifen Menschen dann zur Kopfschmerztablette. Wenn aber die Betäubungswirkung nachgelassen hat, ist der Kopfschmerz wieder da, weil ja das auslösende negative Denken nicht verschwunden ist. Daher werden Sie auf diese Weise ausgelösten Kopfschmerzen erst dann verläßlich beseitigen, wenn Sie sich im positiven Denken üben.

Betreiben Sie aber auch Entspannung. Mit der Entspannung der Muskeln und Blutgefäße klingt langsam auch Ihr Kopfschmerz ab und wird bald ganz verschwinden. Unterstützen Sie Ihre Entspannung durch die täglich durchgeführte Meditation. So gelangen Sie zu weiterer Tiefenentspannung, die sich sehr positiv auf Ihr Wohlbefinden auswirken wird.

Angst und Sorge schädigen das Immunsystem des Körpers

In seinem Buch *Leben ohne Krebs* (Bertelsmann Verlag, Gütersloh) gibt Manfred Köhnlechner die wichtigsten Risikofaktoren an, die das Entstehen von Krebs fördern. Werden die einzelnen Einflußfaktoren nach ihrer Bedeutung für das Entstehen der Krankheit geordnet, so ergibt sich folgende Liste:

1. Das biologische Altern;
2. Angst und andere psychische Belastungen;
3. das Einatmen von Zigarettenrauch und Schadstoffen aus der Umweltluft;
4. falsches Essen;
5. die Einwirkung natürlicher und technischer Strahlungen;
6. bestimmte Krankheiten;
7. bestimmte Medikamente;
8. bestimmte Einwirkungen am Arbeitsplatz;
9. familiäre Veranlagung.

Angst, seelischer Druck und überstarker Streß zählt die Wissenschaft heute sogar zu jenen Faktoren, die bei fünfundachtzig Prozent aller Krebserkrankungen eine Rolle spielen. Diese Faktoren sind aber auch für die Entstehung anderer Krankheiten verantwortlich. Durch die von ihnen ständig ausgelösten Störsignale auf das vegetative Nervensystem und die damit verbundenen Beeinflussungen des Hormonsystems wird der Immunschutz des Körpers gesenkt. Die ständigen Angriffe auf die Gesundheit, denen jeder Mensch ja täglich ausgesetzt ist, wirken sich dann an den Stellen des Körpers aus, die als die schwächsten Punkte anzusehen sind. Für den einen Menschen mag es der Magen sein, für den anderen ist es vielleicht die Lunge. Dann können sich die in jedem Körper vorhandenen wenigen Krebszellen ungehindert zu einem Tumor entwickeln.

Natürlich soll das eben Gesagte nicht dazu führen, die ohnehin weitverbreitete Angst vor Krebserkrankungen noch zu verstärken. Angst allein macht meistens noch nicht krebskrank. Sie kann aber das Abwehrsystem so schwächen, daß sich dadurch ebenfalls an einem Organ Krebs bildet.

Nicht nur bei Krebs, auch bei der Abwehr anderer Krankheiten spielt das körpereigene Immunsystem eine Rolle. Dazu nur ein Beispiel: Sie haben sich vielleicht im Herbst oder Winter sehr geärgert. Durch die seelische Belastung ist Ihr Abwehrsystem geschwächt. Meist dauert es dann auch nicht lange, und Sie müssen sich mit einer Grippe zu Bett legen.

Wenn Seele und Geist verkümmern, hat das entscheidende Auswirkungen auf den Körper

Ursache vieler Erkrankungen sind körperliche Über- und seelische Unterernährung. Zwischen beiden besteht sogar ein Zusammenhang. Sie fragen, warum dies so ist? Gesundheit besteht nicht allein darin, daß der Körper gut funktioniert. Ebenso wichtig ist auch das seelische und geistige Wohlbefinden. Erst wenn alle drei Bereiche miteinander in Harmonie und Einklang stehen, kann sich ein Mensch vollkommener Gesundheit erfreuen.

Fachleute verschiedener Nationen haben auf die anscheinend so einfache Frage: Was ist Gesundheit? folgende Definition gegeben: »Gesundheit ist ein Zustand völligen körperlichen, seelischen und sozialen Wohlbefindens und nicht nur das Freisein von Krankheit oder Gebrechen.« Da kaum eine bessere Antwort auf diese Frage gefunden werden konnte, wurde sie zum Kern der Satzung der Weltgesundheitsorganisation der Vereinten Nationen.

Aufgrund der Wechselwirkung zwischen Körper, Geist und Seele leiden Menschen, die sich vor Kummer und Sorge verzehren, sehr bald an »Kummersuff« oder »Kummerspeck«. Übermäßiges Essen und Trinken sind aber keineswegs geeignete Mittel zur Beseitigung solcher Gefühle. Das eigentliche Bedürfnis – nämlich der Wunsch ein glücklicher Mensch zu sein – wird dadurch nicht gestillt, und so verstärkt sich der Grund für die Sucht nur noch weiter. Der »Ersatzstoff« wird dann als das genau falsche Mittel völlig unterschätzt. Von Drogen möchte ich hier ganz schweigen. Auch die Flucht in die scheinbare Geborgenheit so mancher Sekten ist nichts anderes als eine besondere Form der Sucht.

Wenn Sie gesund bleiben wollen, müssen Sie nicht nur die richtige Nahrung für den Körper, sondern auch solche für Geist und Seele bereitstellen.

Der Lebenskünstler führt zur Erhaltung seiner Gesundheit Seele und Geist die richtige Nahrung zu

Erinnern Sie sich an Ihre sieben geheimen Verbündeten? Es waren: Mut, Begeisterung, Hoffnung, Vertrauen, Geduld, die Macht Ihrer Vorstellungskraft und Gelassenheit. Mit diesen Verbündeten sorgen Sie für die Gesunderhaltung des Geistes und der Seele und tragen damit auch viel zu Ihrer körperlichen Gesunderhaltung bei.

Verlassen und stützen Sie sich auf die universellen Kräfte Ihrer Psyche, das unendliche Bewußtsein oder auf Gott. Sie wissen, alle drei Bezeichnungen beschreiben ein und dasselbe Phänomen. Die Verbindung Ihres äußeren Bewußtseins mit den Kräften Ihres Inneren stellt eine wesentlich »gesündere« Nahrungsquelle für Ihre Seele und Ihren Geist dar als so manche Medizin. Erkennen Sie auch die in Ihrem Unterbewußtsein verborgenen Wünsche. Finden Sie sich selbst und unterdrücken Sie Ihre Persönlichkeit nicht durch ständige Anpassung und fremdbestimmte Rollenspiele.

Vor einigen Tagen erhielt ich den Brief eines sehr jungen Mannes, der ärgerlich auf sich war, weil er es »nicht geschafft hatte, binnen sechs Wochen ein völlig neuer Mensch zu werden«. Wir müssen aber selbstverständlich auch lernen, nicht nur anderen, sondern auch uns selbst zu verzeihen. Vergeben ist ein Prozeß des Loslassens, ein Entspannen, um die helfende und heilende Kraft Gottes oder des Universums in Ihnen wirken zu lassen. Wer so handelt, treibt im Strom des Lebens, schwimmt mit der Strömung, ohne dagegen ankämpfen zu müssen. Leben Sie in Harmonie mit Ihrer eigenen Natur, so bleiben Sie auch seelisch gesund. Das bedeutet nun aber nicht, daß alles beim (oft schlechten) alten bleiben soll. Sie ändern sich einfach schrittweise. Dabei gehen Sie weder gegen sich selbst noch gegen andere mit Zwang und Gewalt vor. So bleiben Sie in Verbindung mit dem Sie ständig erneuernden Strom des Lebens – ein Teil des unaufhörlich fließenden, stets sich wandelnden Ganzen.

Liebe erhält Ihre seelische Gesundheit

In jedem Menschen ist die Fähigkeit zur Liebe angelegt. Sie entwickelt sich aus der inneren Erfahrung, daß wir alle in unseren universellen Anlagen gleich sind. Natürlich gibt es Unterschiede in Charakter, Intelligenz und Wissen der Menschen. Doch im Kern sind wir alle gleich, trotz der Unterschiede an der Oberfläche. Um in dem anderen Menschen den Bruder zu erkennen, ist es unerläßlich, daß Sie selbst bis zum eigenen Kern Ihres Wesens vorgestoßen sind. Entfalten Sie Ihre Liebesfähigkeit. Sie trägt entscheidend zu Ihrem Wohlbefinden bei.

Ebenso wie die Liebe ist auch die Selbstbehauptung für die seelische Gesundheit notwendig. Auf die Schwierigkeit, beide im Alltag gleichmäßig und gleichberechtigt zu entwickeln, kann in diesem Abschnitt nicht eingegangen werden. (Ich habe das ausführlich in meinem Buch *Die universellen Kräfte Ihrer Psyche* erörtert. Dort habe ich auch darauf hingewiesen, wie Sie die Fähigkeit zum Lieben in sich entfalten können, denn auch dies ist zu erlernen.)

Die Nächstenliebe ist nicht nur ein Gebot des Glaubens und der Kirche. Liebe macht nicht nur denjenigen glücklich, dem Sie Liebe schenken. Auch Sie selbst als der Gebende werden dadurch glücklicher. Fangen Sie an, Ihrem Lebenspartner und Ihren Kindern mehr Liebe zu schenken. Lieben bedeutet, einem Menschen mit Verständnis, Güte, Hilfsbereitschaft und Unterstützung entgegenzukommen. Liebe besteht auch darin, dem Nächsten etwas zu geben, ohne an Rückgabe zu denken. Indem Sie Ihrem Mann, Ihrer Frau oder Ihren Kindern Liebe schenken, kommen Sie mit den tiefsten Kräften Ihrer eigenen Existenz in Berührung. Schenken Sie Ihren Nächsten Liebe!

Wenn Sie anderen Menschen helfen, dann werden Sie auch bald die

Erfahrung machen: Wer anderen hilft, dem wird geholfen. Daher sagte auch schon Jesus: »Was du willst, daß die anderen dir tun, das tue ihnen zuvor.«

Entfalten Sie Ihre Liebesfähigkeit. Sie stoßen so zu den göttlichen Möglichkeiten im menschlichen Sein vor und erreichen gleichzeitig höchstes seelisches Wohlbefinden.

6. So halten Sie sich fit

Sie erhalten in diesem Abschnitt Hinweise, wie Sie ein gesünderes Leben führen können. Vielleicht sagen Sie nach dem Lesen: »Das habe ich zum Teil schon längst gewußt. Es ist für mich nichts Neues.« Gewiß, viele Menschen haben schon einiges darüber gehört. Aber richten sie sich danach?

Probieren Sie das folgende Programm an sich selbst aus. Machen Sie Ihre eigenen Erfahrungen. Fällen Sie Ihr eigenes Urteil. Erst wenn Sie sich nicht nur auf das Lesen dieser Zeilen beschränken, sondern auch danach handeln, kommt Ihnen Ihr Wissen zugute.

Beginnen Sie mit einem Lauftraining, aber ohne Zwang und Leistungsdruck

Wer allein nach sportlichen Hochleistungen strebt, wird damit nicht automatisch zu einem gesünderen Menschen. Leistungssport und Rekordsucht sind keineswegs Ideale. Dagegen sind maßvolle, aber regelmäßige Dauerläufe an frischer Luft (Jogging) viel eher geeignet, aus bewegungsarmen und passiven Menschen ungleich aktivere mit mehr Abwehrkraft, Energie und Lebensfreude zu machen. Dauerlauf ist außerdem auch ein Schutz gegen Herz- und Kreislauferkrankungen. Manche Ärzte betonen sogar eine krebshemmende Wirkung. Wie betreibt man aber Dauerlauf?

Zum Aufwärmen der Muskeln sollten Sie zunächst fünf Minuten gehen. Laufen Sie anschließend etwa dreihundert Meter ganz locker und unverkrampft. Schlagen Sie ein Tempo an, das Sie leicht durchhalten können. Gehen Sie dann wieder hundert Meter, um auszuruhen. Dann laufen Sie wieder dreihundert Meter. Anschließend abwechselnd hundert Meter Gehen, dann dreihundert Meter Laufen, hundert Meter

Gehen und nochmals dreihundert Meter Laufen. Dieses Intervalltraining sollten Sie etwa fünfmal in der Woche betreiben.

Die meisten Menschen geben ihren guten Vorsatz zu »joggen« nur deshalb wieder auf, weil sie sich gleich zu Anfang zuviel zumuten. Überfordern Sie sich also nicht, indem Sie anfangs ein zu schnelles Tempo vorlegen. Laufen Sie aus Freude und lassen Sie sich nicht durch Ehrgeiz oder ein Programm unter Druck setzen, das ein anderer für Sie ausgearbeitet hat. Fühlen Sie sich nach einer Woche oder nach vierzehn Tagen schon besser in Form, so verzichten Sie auf die erste und vielleicht auch auf die zweite Gehpause; laufen Sie die ersten siebenhundert bis tausend Meter ohne Unterbrechung. Nimmt im Verlauf des Trainings Ihre Kondition zu, dann erweitern Sie Ihr Laufprogramm. Lassen Sie sich aber dabei Zeit. Aus Freude am Laufen werden Sie nach einigen Wochen auch größere Strecken zurücklegen wollen. Hüten Sie sich aber vor jeder Überforderung.

Ich mache meinen zwanzigminütigen Waldlauf meistens morgens, um die Stille zu genießen. Man kann dann die Einheit von Körper und Natur besonders gut erfahren. Ich halte mich dabei an den Rat, den alle Dauerläufer beherzigen sollten: Du läufst nicht, weil du in Eile bist, irgendwohin zu kommen. So kannst du spannungslos laufen. Lauf »inmitten« deines Atems, laufe nicht deinem Atem davon.

Zum richtigen Laufstil sagt Dr. Ernst van Haken: »Lauf so, daß du dich jederzeit unterhalten kannst.« Die richtig dosierte Belastung Ihres Kreislaufs beim Laufen ist dann gegeben, wenn Ihr Puls zwischen hundertzwanzig und hundertvierzig Schlägen in der Minute liegt.

Sorgen Sie für genügend Schlaf

Vernachlässigen Sie nicht Ihren Schlaf. Es ist bekannt, daß sich bei anhaltendem Schlafmangel gesundheitliche Störungen einstellen. Gesunder Schlaf ist für die Schönheit und das jugendliche Aussehen besser als jedes noch so teure Kosmetikum; das sollten vor allem Frauen niemals vergessen.

Sorgen Sie für richtige Ernährung

Richtiges Essen beginnt schon mit gründlichem Kauen. Nicht wenige Menschen meinen: »Dafür habe ich keine Zeit.« Ich gebe zu, ich habe die Ausrede früher oft selbst gebraucht. Heute begreife ich nicht, wie ich meinen Verdauungsapparat so lange schädigen konnte.

Über richtige Ernährung seien nur wenige Worte angeführt:

- Nehmen Sie möglichst viel rohe Nahrung zu sich, also zum Beispiel Gemüse, Salate, Obst, Milch und andere.
- Verzichten Sie weitgehend auf den Konsum und die Verwendung von raffiniertem Zucker, ausgemahlenem Mehl und Konservennahrung.
- Ihre Nahrung sollte so wenig wie möglich »veredelt« sein, weil dadurch die natürliche Zusammensetzung verändert wird. Die Vitalstoffe der Nahrung werden durch die Verarbeitung weitgehend vernichtet, sollten jedoch zu Ihrem Nutzen unbedingt erhalten bleiben.

Das sind, wie schon gesagt, nur grobe Richtlinien für eine gesunde Ernährung. Beschäftigen Sie sich am besten ausführlich mit diesem Gebiet. Vertiefen Sie Ihr Wissen über Ernährungsfragen. Es ergeht Ihnen dann wie beim Dauerlauf: Haben Sie erst einmal angefangen, sich damit zu beschäftigen, so werden Sie immer mehr Erfahrungen sammeln. Hüten Sie sich jedoch auch hier vor Übertreibungen. Es ist schon viel gewonnen, wenn Sie eine ausgewogene, abwechslungsreiche Nahrung zu sich nehmen. Machen Sie weder sich selbst noch Ihre Umwelt zu Sklaven einer bestimmten Ernährungsphilosophie. Richtige Ernährung ist zwar lebenswichtig, aber ständig auf Gebote und Verbote aller Art zu achten, macht Sie nicht gesünder.

Die richtige Einstellung zum Streß

Da – um mit Erich Kästner zu sprechen – »Leben immer lebensgefährlich ist«, gibt es auch kein Leben ohne Streß. »Normaler« Streß ist vielmehr lebenswichtig, denn er trainiert Ihre geistige, seelische und körperliche Leistungskraft. Ein Leben ganz ohne Streß wäre praktisch gleichzusetzen mit vollkommenem Rückzug aus allen Aktivitäten. Man sollte daher besser von gesundheitsschädlichem Streß sprechen, den es zu vermeiden gilt. Für diesen Streß, auf den der Organismus nicht mehr richtig reagieren kann, wurde der Begriff »Dysstreß« geschaffen. Den die Lebenskraft fördernden Streß hat man mit »Eustreß« bezeichnet. Wie schafft man es aber, Dysstreß zu erkennen? Kein Apparat oder Instrument kann Ihnen dabei behilflich sein. Sie müssen den Weg für sich allein finden. Entspannung, Meditation, Gelassenheit, innere Ruhe und Gottvertrauen sind große Helfer, um nicht in den gefährlichen Dysstreß zu fallen. Natürlich spielen auch Gewohnheiten (wie das Einhalten von Pausen und der notwendige Jahresurlaub) eine große Rolle. Es geht nicht darum, jeder Belastung aus dem Wege zu gehen, sondern vielmehr um die gesunde Wechselwirkung zwischen Belastung (Streß) und Ruhe. Sie zu finden, kann eine wichtige Aufgabe auf dem Weg zu einem erfüllten Leben sein.

Sind Sie bemüht, jung zu bleiben und alt zu werden?

Es gibt wenige Dinge, die für einen Menschen mit Vierzig gesünder oder ungesünder sind als für jemanden im Alter von siebzig Jahren. Mit dem in diesem Kapitel dargelegten Programm sollte es Ihnen gelingen, die Dauer eines wirklich lebenswerten Lebens zu verlängern. Fordern Sie Ihre körperliche, seelische und geistige Leistungskraft heraus!

Es ist eine bekannte Erfahrung: Nicht diejenigen werden alt, die nie gelernt haben, etwas für ihre Gesunderhaltung zu tun, sondern meist solche Menschen, die ganz bewußt gesund lebten. Nehmen also auch Sie Ihre Verantwortung wahr und halten Sie mit der richtigen Lebensweise Körper, Geist und Seele frisch und leistungsfähig.

Zusammenfassung

1. Gesundheit ist ein Zustand völligen körperlichen, seelischen und sozialen Wohlbefindens und nicht nur ein Freisein von Krankheit und Gebrechen.
2. Werden Sie sich der Bedeutung Ihres Körpers bewußt und lernen Sie, daß Sie ihn nicht falsch behandeln dürfen. Beschäftigen Sie sich mit Ihrem Körper nicht erst dann, wenn Sie erkrankt sind.
3. Erwarten Sie von Ärzten und der Medizin nicht mehr, als sie zu leisten vermögen.
4. Bemühen Sie sich, möglichst viel Wissen über gesunde Ernährung und gesunde Lebensweise in Erfahrung zu bringen. Wenn Sie zum Arzt gehen, dann erweisen Sie sich als kritischer Patient.
5. Tun Sie alles, um gesund zu bleiben. Ersetzen Sie schrittweise falsche Gewohnheiten durch richtige.
6. Wer falsche Gewohnheiten erst einmal abgelegt hat, vermißt nichts und fühlt sich glücklicher.
7. Nehmen Sie sich zum Essen Zeit.
8. Ändern Sie Ihre Lebensgewohnheiten langsam.
9. Überprüfen Sie mit dem Siebzehn-Fragen-Programm, ob Sie Ihre Auffassung über Gesundheit geändert haben.
10. Entwickeln Sie ein gesundes Körperbewußtsein. So werden Sie Schmerzen nicht verdrängen, sondern vermögen auf diese Warnsignale Ihres Körpers besser zu reagieren.
11. Entspannung und Meditation fördern das Körperbewußtsein.
12. Körper, Geist und Seele sind eine unlösbare Einheit.
13. Negatives Denken, Angst, Zorn und Haß lösen oft Kopfschmerzen aus.
14. Angst schwächt das Immunsystem des Körpers. Sie steht neben anderen psychischen Belastungen an zweiter Stelle der Liste der Krebsrisiken.
15. Wer seelische Probleme hat, versucht häufig diesen Mangel durch zuviel Essen und Trinken auszugleichen. »Kummerspeck« und »Kummersuff« sind oft die Folge.
16. Nutzen Sie Ihre sieben geheimen Verbündeten, so fördern Sie die Gesunderhaltung Ihrer Seele.
17. Wer seine verborgenen Wünsche zu verwirklichen sucht, entwickelt neue Talente und fordert die Kräfte seines Geistes zu größeren Leistungen heraus.
18. Die Liebe hat eine große Wirkung auf Ihr seelisches Wohlbefinden. Liebe darf jedoch nicht mit Nachgiebigkeit verwechselt werden. Selbstbehauptung und Liebe sind zwei Pole Ihres Lebens.
19. Beginnen Sie mit einem Lauf- oder Schwimmtraining, doch ohne Zwang und Leistungsdruck. Entwickeln Sie das für Ihre Kondition passende Programm und steigern Sie sich langsam.

20. Sorgen Sie für genügend Schlaf.
21. Eustreß ist für Ihre Gesunderhaltung wichtig, Dysstreß aber schädlich.
22. Mit Meditation, Entspannung, Gelassenheit, innerer Ruhe und Gottvertrauen schützen Sie sich vor Dysstreß.
23. Sie erhalten sich Ihre körperliche Leistungskraft unter anderem durch regelmäßige Pausen und den richtig verbrachten Jahresurlaub.
24. Nehmen Sie Ihre Verantwortung gegenüber sich selbst wahr und bemühen Sie sich, gesund zu bleiben. Sie berücksichtigen Ihre ganz individuelle Kondition, Ihre Lebenssituation und spezielle Risiken, die schließlich Sie am besten kennen.

Kapitel 7

Die Zeit ist immer ein Bruchteil Ihres Lebens

1. So entwickeln Sie die richtige Einstellung zur Zeit

Schätzen Sie Ihr Leben? Gewiß werden Sie diese Frage bejahen. Kein Mensch lebt jedoch ewig. Die wenigen Jahre, die uns gegeben sind, vergehen so schnell. Der Ablauf Ihres Lebens ist unmittelbar mit der Zeit verbunden. Jede Minute, jede Stunde, jeder Tag Ihres Lebens, die verstreichen, sind unwiderrruflich vorbei – ein Teil Ihres Lebens ist vorbei. Verlorenes Geld läßt sich wiedergewinnen, verlorene Zeit jedoch nie. Die Kunst, seine Zeit richtig zu verwenden, gehört daher zur Kunst, sein Leben zu meistern. Vielleicht wollen Sie über diesen Abschnitt hinweglesen, weil Sie meinen, Sie hätten keine Zeit dafür. »Ich habe keine Zeit«, ist ein Satz, den man heute sehr oft hören kann. Haben Sie aber tatsächlich gelernt, mit Ihrer Zeit und somit mit Ihrem Leben richtig umzugehen?

Ich kenne keine Universität oder Ausbildungsstätte, an der dem Menschen beigebracht wird, wie er seine Zeit einteilen soll. Ihr Leben wird aber weitgehend davon bestimmt, ob Sie die Kunst des Zeithabens beherrschen.

Sind Sie sich bewußt, wieviel Zeit Sie noch haben?

Gewiß verfallen Sie – wie so viele Menschen – in den Fehler zu denken, Sie hätten für Ihr ganzes Leben noch Zeit im Überfluß. Wieviel Zeit steht Ihnen aber tatsächlich zur Verfügung? Wieviel Zeit bleibt Ihnen noch?

Nehmen wir einmal an, Sie wollen die meisten Ihrer Ziele bis zu Ihrem 65. Lebensjahr erreicht haben. Wieviel Zeit haben Sie dafür vor sich? Wir wollen diese Frage einmal gemeinsam beantworten. Das Jahr hat 365 Tage. Niemand vermag aber 365 Tage voll tätig zu sein. Ziehen wir den Urlaub und die Sonn- und Feiertage ab, so verbleibt Ihnen pro Jahr ein Zeitkapital von 250 Tagen. Nehmen wir an, Sie seien 35 Jahre alt. Dann verbleibt für Sie ein Zeitkapital von 30 x 250 Tagen = 7500 Tage. Vielleicht sind Sie jünger, vielleicht aber auch älter. Die Ihnen zur Verfügung stehende Zeit können Sie ja selbst ausrechnen. Halten

Sie das Ergebnis schriftlich fest und tragen Sie die Zahl im folgenden Satz ein.

Das für die Verwirklichung meiner Pläne vermutlich zur Verfügung stehende Zeitkapital beträgt …… Tage.

Zugegeben, die Beantwortung dieser Frage wird bei den meisten Menschen ein sehr unangenehmes Gefühl auslösen. Zu leicht gibt man sich nämlich der falschen Vorstellung hin, im Leben noch Zeit im Überfluß zu haben. Doch es hilft nichts, die Wahrheit zu verdrängen. Es hat auch keinen Sinn, an dieser Zahl Manipulationen vorzunehmen. Nichts führt an der Tatsache vorbei, daß die meisten Ihrer Ziele in dieser Zeit erreicht werden müssen. Sie wollen Ihr Leben meistern. Sie wollen Glück, Gesundheit, Erfolg und Zufriedenheit im Leben erreichen. Das alles zu verwirklichen, hängt aber ganz entscheidend davon ab, ob es Ihnen auch gelingt, Ihre Zeit zu nutzen. Vergeuden Sie daher nicht Ihre Zeit. Entwickeln Sie Zeitbewußtsein, denn Ihre Zeit ist kostbar – sie ist Ihr Leben.

Niemand kann für alles Zeit haben

Ich hatte einen Studienkollegen, der neben seinem Studium offenbar für alles Zeit hatte. Er machte weite Reisen, hatte die vielfältigsten Interessen. Er beschäftigte sich mit allem intensiv, nur nicht mit seinem Studium. Da er verheiratet war und seine Frau sehr gut verdiente, war für ihn keine Notwendigkeit gegeben, sein Studium in der normalerweise üblichen Zeit abzuwickeln. Er brauchte dafür das Dreifache der Zeit, die als Mindestzeit angesetzt war. Nach seinem Diplom begann er mit der Doktorarbeit. Mein Bekannter hatte in der Zwischenzeit viel gelernt, nur eines immer noch nicht: seine Zeit richtig einzuteilen und damit hauszuhalten.

Nach einigen Jahren starb sein Professor, ohne daß mein Bekannter seine Arbeit beendet hatte. Der neuberufene Professor war nicht so großzügig wie der verstorbene. Er setzte seinem Doktoranden eine Frist, seine Arbeit zu beenden. Er ließ sie ungenutzt verstreichen. Mein Bekannter war nun schon Anfang Vierzig, und kein Unternehmen, keine Behörde wollte ihn mehr einstellen.

Heute ist er Fünfzig, seine Frau arbeitet und verdient das Geld, während er den Haushalt erledigt. Einst hatte er das Abitur mit hervorragenden Noten bestanden, und seine Lehrer hatten große

Erwartungen in ihn gesetzt. Doch alle Hoffnungen wurden nicht erfüllt. Woran ist er gescheitert? Er hatte einfach nie gelernt, sich Zeit für das Wichtige zu nehmen.

Was will ich mit dieser Geschichte zum Ausdruck bringen? Trennen Sie sich von der Illusion, daß Sie für alles Zeit haben können. Wer das glaubt, wird schließlich für das Wichtige keine Zeit finden.

Wieviel Zeit verbleibt Ihnen für eigene Initiativen?

Wenn Sie keinen selbständigen Beruf haben, wird ein erheblicher Teil der Anstöße zu Ihrer Arbeit von Vorgesetzten, von Behörden oder von anderen Menschen kommen. Es bleibt also wenig Zeit für solche Dinge, die Sie aus eigenem Antrieb tun möchten. Man schätzt, daß Berufstätige während ihrer Arbeitszeit im Durchschnitt bis zu etwa achtzig Prozent »gearbeitet werden«, das heißt, Tätigkeiten »im Auftrag« ausführen.

Haben Sie sich schon einmal überlegt, wieviel Prozent Ihrer Arbeitszeit Sie allein durch Arbeitsdruck »gearbeitet werden«? Sie sollten diese Frage für Ihre Freizeit stellen, denn auch hier werden Sie nur zu oft von anderen gestört. Denken Sie zur Beantwortung dieser Frage nur einmal an den gestrigen Tag. Also nochmals: Wieviel Prozent Ihrer Zeit arbeiten Sie von anderen bestimmt?

Sie machen dann von Ihrer Zeit den richtigen Gebrauch, wenn es Ihnen gelingt,

- nur etwa fünfzig Prozent Ihrer Zeit mit von anderen bestimmten Aktivitäten zu verbringen und
- etwa fünfzig Prozent Ihrer Zeit für Ihre eigenen Initiativen zu verwenden.

Mehr als fünfzig Prozent ihrer gesamten Zeit haben leider nur ganz wenige von uns für ihre Eigeninitiative zur Verfügung. Es sind Menschen in freien Berufen wie Künstler, Anwälte, Ärzte und andere.

2. Womit Menschen ihre Zeit vergeuden

Viele Menschen, die behaupten, sie hätten keine Zeit, vergeuden sie in Wahrheit mit Fernsehen, Klatsch und angeblichen gesellschaftlichen Verpflichtungen. Es ist wohl überflüssig, hier noch Worte darüber zu verlieren, warum man sich vor zuviel Fernsehen und Klatsch hüten sollte. Auch die meisten sogenannten »gesellschaftlichen Verpflichtungen« sind purer Zeitverlust.

Man kann auch einen Teil seiner Zeit damit vergeuden, daß man für die Lektüre von Tageszeitungen, Illustrierten oder Unterhaltungsliteratur zuviel Zeit aufwendet. Das meiste des Gelesenen hilft Ihnen jedoch nicht weiter, und nach zwei bis drei Tagen wissen Sie ohnehin nicht mehr, was Sie zuvor gelesen haben. Um Zeit zu sparen, sollte man nicht nur darauf achten, was man liest, sondern sich auch eine zeitsparende Lesetechnik aneignen. Darauf möchte ich im nächsten Kapitel eingehen.

Mit anderen Dingen, die Ihnen die Zeit rauben, haben wir uns schon in den vorangegangenen Kapiteln dieses Buches beschäftigt. Es sind dies: Angst, Ärger, Sorge, Zorn, Haß und Grübeleien. Da Sie wissen, wie Sie damit fertig werden, und jetzt natürlich auch nach diesem Wissen verfahren, sparen Sie eine Menge Zeit.

Konzentrierte Aufmerksamkeit spart Zeit

Es gibt viele Menschen, die voller Hektik und Ungeduld durchs Leben gehen. Sind sie bei einem Spaziergang, so denken sie an die Arbeit. Arbeiten sie, dann sehnen sie sich nach der Natur; essen sie, dann denken sie an etwas anderes. Bei allem, was sie tun, sind sie nie ganz, sondern nur zum Teil bei der Sache. Die Ursache dieser mangelnden Aufmerksamkeit, der fehlenden Konzentrationsfähigkeit und inneren Unruhe ist nur zu oft Angst. Im einzelnen spielt sich dabei folgender Prozeß ab, den Sie vielleicht auch gelegentlich an sich selbst beobachten können:

- Während Sie sich mit der Sache B beschäftigen, fällt Ihnen die Angelegenheit A ein. Sie machen sich Gedanken, ob Sie die Angelegenheit A auch richtig erledigt haben.
- Weil Sie voll Angst an die schon erledigte Angelegenheit A denken, können Sie nicht mit voller Konzentration arbeiten. Die Folge ist, daß Sie die Sache B ebenfalls nicht optimal erledigen.
- Widmen Sie sich schließlich dem Problem C, so können Sie wegen Ihrer Befürchtungen um die richtige Erledigung der Angelegenheiten A und B noch weniger konzentriert arbeiten. Sie müssen obendrein für die Erledigung von C noch mehr Arbeit und Zeit aufwenden, als dafür normalerweise anzusetzen wäre, weil Ihre Gedanken dauernd abschweifen.

Mit den in Kapitel 2 dargelegten Techniken wird es Ihnen immer besser gelingen, innere Ängste abzubauen. Indem Sie Ihre Konzentrationsfähigkeit während der Meditation und im Alltag schulen und sich Ihrer abirrenden Gedanken bewußt werden, vermögen Sie Unkonzentriertheit langsam abzubauen. So sollte es Ihnen bald gelingen, in wenigen Minuten mehr aus Ihrer Zeit herauszuholen, als es mancher vielleicht in einer Stunde vermag.

Einst wurde ein Schüler eines bedeutenden Weisheitslehrers gefragt: »Was war für euren Lehrer das Wichtigste?« Der Schüler besann sich eine Weile und gab dann zur Antwort: »Womit er sich gerade abgab.«

In seiner berühmten Lehrrede von den Grundlagen der Aufmerksamkeit wies Buddha schon vor zweieinhalb Jahrtausenden darauf hin, von welcher fundamentalen Bedeutung die Achtsamkeit ist.

Achten also auch Sie stets auf das, was Sie gerade tun, und tun Sie es mit ganzer Hingabe. Lernen Sie, sich zu konzentrieren. Nur so nutzen Sie Ihre Zeit optimal. Wer nur ständig voller Unruhe auf die Uhr sieht und nicht konzentriert zu arbeiten versteht, wird seine Zeit vertun und sich wundern, warum er im Leben nicht weiterkommt.

3. Was machen Sie mit Ihrer Zeit?

Gewiß kontrollieren Sie wie so viele Menschen mindestens einmal im Monat Ihre Kontoauszüge und den Kontostand. Auf diese Weise bleiben Sie sich immer Ihrer finanziellen Situation bewußt; Sie verfallen nicht in den Fehler, zuviel Geld auszugeben und über Ihre finanziellen Verhältnisse zu leben. Sind Sie aber auch zeitbewußt? Vielleicht meinen Sie, dies sei überflüssig, Sie hätten ja ohnehin keine Zeit zur Verfügung. Aber ist das auch tatsächlich wahr? Machen Sie zur Beantwortung dieser Frage zwei Wochen täglich folgendes:

1. Schreiben Sie jeden Abend auf, was Sie am Tage gemacht haben.
2. Notieren Sie die dafür benötigte Zeit.

Natürlich läßt sich hierbei ein kleiner Aufwand nicht vermeiden. Überdies sollten Sie dabei gewissenhaft vorgehen. Eines kann ich Ihnen aber schon jetzt als Ergebnis Ihrer Bemühungen garantieren: Wenn Sie sich nach zwei Wochen anschauen, wie Sie Ihr Zeitkapital ausgegeben haben, so erkennen Sie ganz klar, wieviel Zeit dabei verschwendet wurde.

Überprüfen Sie nachträglich Ihre Zeitaufwendungen, so wird Ihnen sehr wahrscheinlich bewußt:

1. Sie haben sehr viel Zeit für unwichtige Dinge verschwendet.
2. Sie haben zu lange oder zuwenig gearbeitet.

Um sich aber Ihres Umgangs mit der Zeit bewußt zu werden, ist es unumgänglich, daß Sie Ihre »Zeitaufwendungen« aufschreiben. Sie müssen dabei offen und ehrlich sein. Nur dann werden Sie »zeitempfindlich«. Ob Sie Ihr Leben zu meistern verstehen, hängt, wie gesagt, ganz davon ab, ob Sie Ihr – bemessenes – Zeitkapital richtig nutzen.

Gehen Sie die Liste durch, in der Sie aufgeschrieben haben, wie und wofür Sie Ihre Zeit verwendeten. Wenn Sie Zeit gewinnen wollen, stellen Sie sich folgende Fragen:

- Tun Sie etwas, was Sie nicht wirklich wollten?
- Entspricht Ihre Zeiteinteilung Ihren Fernzielen und Ihren eigenen Bedürfnissen?
- Welche Ihrer Tätigkeiten nehmen zuviel Zeit in Anspruch?
- Wie kann Ihre Zeit in Zukunft besser aufgeteilt werden?

Nur so finden Sie heraus, ob Sie Ihre Zeit richtig genutzt haben. Natürlich sollten Sie sich keine Vorwürfe machen, wenn das bisher nicht so war. Jetzt haben Sie die Möglichkeit, Ihr Verhalten zu ändern. Ergreifen Sie die Chance. Machen Sie diese Übung. So wird Ihnen die gefährlichste aller Verschwendungen, die Zeitverschwendung, wirklich bewußt. Nur so schaffen Sie die Voraussetzung, ein verläßliches Gefühl dafür zu entwickeln, welchen Wert jede Tätigkeit für Ihr Leben hat und wieviel Zeit Sie dafür maximal aufwenden sollten.

4. Welche Ziele haben Sie?

Sie wissen, wieviel Zeit in etwa für Sie noch zur Verfügung steht. Wenn Sie von ihr den richtigen Gebrauch machen wollen, müssen Sie wissen, was für Sie wichtig ist. Es gibt ein altes Sprichwort: »Wer sein Ziel nicht erkennt, kann den Weg nicht wissen.« Sie können es sich überhaupt nicht erlauben, Ihr Ziel nicht zu kennen und in den Tag hineinzuleben. Sonst ergeht es Ihnen eines Tages wie so vielen älteren Menschen, die sich ständig Vorwürfe machen oder davon reden: »Hätte ich doch damals, hätte ich doch nur ....« Was ist also für Sie wichtig? Haben Sie schon einmal über diese Frage nachgedacht?

Viele Menschen wünschen sich:

- O Reichtum;
- O Karriere im Beruf;
- O Einfluß und Macht über Menschen;
- O ein Einfamilienhaus;
- O und noch viele andere Dinge.

Nun wurde schon im ersten Kapitel darauf hingewiesen, daß Macht und Sachwerte allein den Menschen nicht glücklich machen. Daher sollten Sie sich vor Einseitigkeiten hüten und auch folgende Ziele in Ihren Lebensplan einbeziehen:

- O Verborgene Talente zu entwickeln;
- O die Kraft des Unter- und Überbewußtseins zu nutzen, um so in Ihrer Entwicklung nicht stillzustehen;
- O Ihre Liebesfähigkeit zu entfalten;
- O Gelassenheit und inneren Frieden zu finden;
- O im eigenen Leben einen Sinn zu entdecken.

Natürlich sind Sie ein Individualist. Außerdem hängt es ganz von Ihrer Lebenssituation ab, was für Sie im Moment wichtig ist. Sie haben Ihre ganz besonderen Wünsche. Kennen Sie aber Ihre individuellen Wünsche tatsächlich? Wissen Sie, wofür Sie arbeiten? Was ist für Sie in diesem Jahr wirklich wichtig? Beantworten Sie daher die Frage: Welche Dinge sind für mich in diesem Jahr besonders wichtig? Schreiben Sie diese in die vier leeren Zeilen:

1. ______________________________
2. ______________________________
3. ______________________________
4. ______________________________

Vielleicht fallen Ihnen die Antworten nicht auf Anhieb ein. Führen Sie zur Unterstützung eine Meditationsübung durch. Indem Sie sich von der Alltagshektik zurückziehen, sammelt sich Ihr Geist. Sie werden fähig, Ihre ins Unterbewußtsein verdrängten Wünsche zu erkennen. Niemand anderer als Ihre innere Stimme kann Ihnen sagen, was für Sie wichtig ist. Horchen Sie in sich hinein. Fragen Sie sich stets, ob das, worum Sie sich gerade bemühen, auch tatsächlich Ihr innerster Wunsch ist. Auf das »Ich will« und nicht auf das »Ich muß« kommt es an. Also nochmals: Was sind Ihre ganz konkreten Ziele? Schreiben Sie in Stichworten vier Ziele auf, an denen Ihnen wirklich liegt, und bemühen Sie sich, diese genauer zu umschreiben.

Meine Ziele sind:

1. ____________________
2. ____________________
3. ____________________
4. ____________________

Wiederholen Sie die Übung an verschiedenen Tagen, bis Sie die nötige Zielklarheit haben. Finden Sie jene Ziele, die Sie im Beruf oder in Ihrem privaten Leben verwirklichen wollen. Scheuen Sie den Aufwand für diese Überlegung nicht. »Wünsche sind die Vorboten der Fähigkeiten, die in uns liegen«, sagte Goethe. Nur wenn Sie Ihre Absichten kennen, können Sie sie verwirklichen. Erst wenn Sie sicher sind, Ihre Ziele gefunden zu haben, beenden Sie die Übung.

Nun wissen Sie, was für Sie wichtig ist und was nicht. Sie kennen Ihr Zeitkapital, Sie kennen Ihre Wünsche. Nun sollte Ihr Zeitgefühl Ihnen bestimmen helfen, welchen Aufwand an Zeit Sie jeder Tätigkeit zubilligen wollen. Natürlich bedeutet dies nicht, daß Sie in nervöse Hektik verfallen und sich zu Tode schinden sollen. Es wurde schon darauf hingewiesen: Pausenloses Arbeiten und Hektik sind ein Zeichen für innere Unsicherheit, Furcht und ein Davonlaufen vor sich selbst. Nur wenn Sie bei der Verfolgung Ihrer Pläne auch genügend innere Ruhe aufbringen, schaffen Sie die Voraussetzung, Ihr Ziel zu erreichen.

5. Hüten Sie sich vor Zeitdieben

Herr Meyer kommt am Montag von der Arbeit nach Hause. Er hat sich vorgenommen, nach dem Essen etwas für seine Fortbildung zu tun. Frau und Kinder wissen von seinem Vorhaben. Um ihren Mann ungestört arbeiten zu lassen, fährt die Ehefrau mit den Kindern in das städtische Hallenbad.

Nachdem Herr Meyer etwa zwanzig Minuten gearbeitet hat, schrillt das Telefon. Sein bester Freund ist am Apparat und fragt: »Hast du gestern das Spiel um die Tischtennismeisterschaft gesehen? Mein Favorit hat sehr gut gespielt. Stell dir vor, wen dieser Mann schon alles besiegt hat.« Und nun folgt die genaue Schilderung der ganzen Lebensgeschichte des Tischtennischampions. Da Meyer auch begeisterter Tischtennisspieler ist, hört er gern zu. Schließlich haben sich beide Männer fast eine Stunde lang unterhalten.

Nachdem sein Freund den Telefonhörer aufgelegt hat, beginnt Meyer wieder zu arbeiten. Als nach einer weiteren halben Stunde seine Frau mit den Kindern zurückkehrt, findet sie einen mißmutigen Mann vor. Meyer ist wütend auf sich, weil er seine Arbeit nicht beendet und so sein Teilziel nicht erreicht hat.

Überlegen Sie bitte einmal, ob Sie anders gehandelt hätten! Freundlich aber bestimmt hätten Sie Ihren Freund unterbrechen müssen: »Ich muß jetzt unbedingt eine wichtige Arbeit fertigmachen. Wir sehen uns ja am Donnerstag. Dann können wir das Spiel im Detail diskutieren. Ist dir acht Uhr recht, wie üblich?«

Wer zeitbewußt ist, hätte so gehandelt. Hüten Sie sich also vor Zeitdieben. Nicht nur aus eigenem Interesse, auch im Interesse Ihrer Angehörigen müssen Sie zeitbewußt und zeitsensibel werden. Wieviel Zeit geht Ihnen verloren, wenn Sie täglich eine Stunde mit Freunden oder Bekannten verschwatzen! Hüten Sie sich auch vor Kollegen, die geschickt Arbeit auf Sie abwälzen, weil sie an Ihr Geltungsbedürfnis zu appellieren verstehen. Wehren Sie sich also, wenn man Ihnen Ihre Zeit stehlen will.

Hier noch eine Hilfe, wie Sie mehr Entschlossenheit gegen Zeitdiebe aufbringen: Schreiben Sie die Ihnen für eine Arbeit zur Verfügung stehende Zeit auf einen Zettel und legen Sie diesen auf Ihren Arbeitsplatz. So werden Sie auch sensibilisiert für Leerläufe und Unterbrechungen, die nichts einbringen.

6. Mehr aus seiner Zeit machen durch aktives Nichtstun

Wer die Kunst, das Leben zu meistern, beherrschen will, muß natürlich nicht nur Zeit für die Arbeit, sondern auch Zeit für die Muße haben. Sie brauchen also:

- Zeit zu Ihrer eigenen Entfaltung;
- Zeit für Ihre Familie;
- Zeit für die Stille und die Meditation;
- Zeit für Ruhe und Erholung.

Wer sich nicht die Zeit für Stille, Ruhe und Erholung nimmt und auch keine Pausen macht, verfällt bald in Hetzerei. Hast schadet aber nicht allein Ihrer Gesundheit. Hast bringt Sie bald dazu, Ihre Arbeit nicht mehr optimal zu erledigen. Hetzen Sie sich von früh bis spät ab, sinkt

Ihre Leistung ab. Sie verkrampfen sich und machen nicht den richtigen Gebrauch von Ihrer Zeit.

Kürzlich durchgeführte Versuche ergaben Folgendes: Die Verlängerung der täglichen Arbeitszeit um nur eine Stunde führt zu einer durchschnittlichen Leistungssenkung von etwa zehn Prozent. Die Arbeitsverlängerung wird also von der Effizienz her praktisch wieder aufgehoben. Sie haben sich in einem solchen Fall völlig erfolglos eine Stunde mehr angestrengt und diese Zeit vergeudet, die Sie besser für Ihre Erholung hätten nutzen können. Zur Kunst, Zeit zu haben, gehört es daher, Pausen einzulegen und Perioden der inneren Ruhe einzuschieben. Sie brauchen diese Abschaltphasen, damit sich Körper, Geist und Seele erholen können. Wer ohne Pause arbeitet, ermüdet bald. Der Ermüdete braucht aber mindestens das Dreifache an Zeit und Kraft für seine Arbeit. Hüten Sie sich also vor der Hetzerei. Der Gelassene wird in wenigen Minuten mehr erledigen als der Gehetzte in einer ganzen Stunde.

Nur wenn Sie sich Zeit für sich selbst nehmen, wird es Ihnen gelingen, über dem Ärger und den Nichtigkeiten des Alltags zu stehen. Gewiß wird es Ihnen wie so vielen anderen Menschen ergehen: in den Zeiten der Ruhe kommen meist die besten Gedanken.

Nehmen Sie sich daher auch stets Zeit für sich selbst, sonst werden Sie ihr Sklave. Nur wenn Sie das tun, schaffen Sie für sich Freiraum. Ihr ausgeruhter Geist sieht die Dinge und Probleme klarer und findet so immer die beste Lösung. Schieben Sie auch während des Tages mehrere kurze Pausen ein. Machen Sie nach Möglichkeit Ihre Entspannungs- und Meditationsübung. Wenn Sie sich nicht im Laufe des Tages mehrmals kurze Zeit erholen, brauchen Sie später wesentlich längere Zeit, um Ihre verbrauchte Spannkraft wieder herzustellen. Nehmen Sie sich also jeden Tag auch Zeit für sich selbst.

Ich gestehe offen, daß auch ich mich früher manchmal zur Hektik verleiten ließ und meinte, ich könne mir für mich selbst einfach keine Zeit leisten. Was war die Folge? Ich arbeitete zwar mehr, doch der Nutzen der Arbeit war geringer. Diesen Fehler habe ich abgestellt. Heute habe ich nicht nur mehr Zeit für mich; ich erreiche auch in weniger Zeit mehr.

Nehmen auch Sie sich mehr Zeit für sich selbst! Trennen Sie sich von schädlicher Betriebsamkeit. Lernen Sie, von der Ihnen zur Verfügung stehenden Zeit den richtigen Gebrauch zu machen. So werden Sie wirklich produktiver.

Zusammenfassung

1. Jede Minute, jede Stunde, jeder Tag Ihres Lebens, die verstrichen sind, sind unwiderruflich vorbei. Die Kunst, das Leben zu meistern, ist eng damit verbunden, daß man mit der Zeit richtig umzugehen versteht.
2. Das für Sie vermutlich noch zur Verfügung stehende Zeitkapital beträgt ..... Tage.
3. Nutzen Sie Ihre Zeit, um Ihre Zielvorstellungen zu verwirklichen.
4. Niemand kann für alles Zeit haben. Sie müssen wissen, wofür Sie Zeit haben und wofür nicht.
5. Lesen Sie nur das für Sie Wichtige.
6. Aufmerksamkeit und Konzentration helfen Zeit sparen.
7. Indem Sie sich von Angst, Sorgen und Ärger befreien, gewinnen Sie Zeit.
8. Schreiben Sie zwei Wochen lang gewissenhaft und ehrlich auf, was Sie mit Ihrer Zeit machen. Der Aufwand zahlt sich aus. So werden Sie »zeitempfindlich« und erkennen, ob Sie vielleicht zuviel Zeit für unwichtige Dinge opfern.
9. Ihre persönlichen Ziele sind das für Sie Wichtige. Bemühen Sie sich daher, diese Ziele zu erkennen. Wer in die falsche Richtung läuft, wird nie seine Pläne verwirklichen.
10. Ihre Kunst, Zeit zu haben, besteht auch darin, sich Leute fernzuhalten, die Ihnen die Zeit stehlen.
11. Mit Hast und Hetze leben Sie an Ihrer Zeit vorbei.
12. Legen Sie schöpferische Pausen ein. Der Ermüdete braucht das Dreifache und mehr für seine Arbeit.
13. Bemühen Sie sich lieber um mehr Effizienz in Ihrer Arbeit als um längere Arbeitszeit.
14. Vergessen Sie nicht: Ihre Einstellung zur Zeit entscheidet über Ihr Leben.

Mit Hilfe dieser Techniken gewinnen Sie Zeit

1. Warum gute Arbeitstechniken so unentbehrlich sind

Herr Meyer erhält von seinem Vorgesetzten Müller den Auftrag, innerhalb von drei Wochen genaue Vorschläge zu machen, wie der Umsatz zu steigern sei. Herr Meyer hält sich für einen besonders kreativen Menschen, und jede Systematik ist ihm fremd. Er meint, er könne sich allein auf seine Intuition verlassen. Mit dieser Einstellung macht er sich an die Arbeit. In vielen Diskussionen legen ihm Kollegen dar, warum nach ihrer Meinung der Umsatz zurückgegangen sein könnte. Bei so manchem Gespräch hat Meyer einen Einblick in die Ansichten der Mitarbeiter gewonnen. Die Kollegen sind aber der vielen Diskussionen schon müde. Die Drei-Wochen-Frist ist fast verstrichen, und Meyer weiß immer noch nicht, welche Vorschläge er zur Umsatzsteigerung unterbreiten soll. Er wird langsam nervös, denn der Termin mit seinem Vorgesetzten rückt immer näher.

Das ist ein Beispiel aus der Arbeitswelt. Genauso hätte man aber auch eine Situation aus dem privaten Bereich schildern können. Was hat nun Herr Meyer falsch gemacht, und was hätte er tun sollen?

Herr Meyer macht den gleichen Fehler, wie mein schon erwähnter Studienkamerad und wie so viele andere Menschen: Er arbeitet ohne Plan! Wie wäre es richtig gewesen? Herr Meyer hätte zuerst einige Überlegungen anstellen und dann genau nach Methode vorgehen müssen. Dazu hätte er sich eine Reihe von Fragen stellen sollen.

Fragen, die Sie beantworten müssen, um Ihr Ziel in möglichst kurzer Zeit zu erreichen:

1. Was ist mein Ziel?
2. Welche Wege müssen zum Erreichen des Ziels eingeschlagen werden?
3. Welche Einzelschritte sind notwendig?
4. Was muß getan werden, um die Einzelschritte durchzuführen?
5. Bis wann müssen die Vorarbeiten erledigt sein?
6. Bis wann muß die Hauptarbeit geschafft sein?
7. Welche Hilfen werden benötigt?

8. Wie kann die richtige Durchführung der Teilpläne am besten kontrolliert werden?

Gehen Sie dieses Schema vor Beginn einer größeren Arbeit durch. All diese Fragen zielen darauf ab, Sie zur systematischen Arbeit anzuhalten. Zugegeben, es gibt auch gelegentlich Situationen, da Sie von Ihrem Plan abweichen müssen, was aber keineswegs bedeutet, daß Sie deshalb von vornherein auf jede Planung völlig verzichten sollen. Sie werden nur dann Zeit sparen und Ihre Aufgabe zur rechten Zeit erledigen, wenn Sie Arbeits- und Ablaufpläne erstellen und sich auch an sie halten. Wer ohne Plan arbeitet, wird viel Zeit vergeuden. Planen Sie, machen Sie sich vor Arbeitsbeginn Gedanken, wie Sie Ihr Ziel erreichen. So schaffen Sie sich eine gute Übersicht über Ihre Situation und vermögen sich jederzeit Rechenschaft darüber zu geben, ob Sie Ihren Plan zeitgerecht erfüllen, und wie weit Sie mit Ihrer Arbeit gekommen sind. Sie können dann auch jederzeit die richtigen weiteren Schritte einleiten.

Halten wir fest: Der schnellste Weg, Ihre Ziele zu erreichen, besteht darin, durch systematisches Überlegen die richtigen Teilschritte zu finden und diese auch nach Plan durchzuführen. Sie sparen Zeit, wenn Sie nach dem Acht-Punkte-Programm vorgehen.

2. Überwinden Sie Widerstände gegen ein neues Zeitverhalten

Vielleicht versuchen Sie, diese Seiten zu überschlagen. Das wäre auch nicht zu verwundern, denn jede Änderung des eigenen Verhaltens löst beim Menschen Unlustgefühle aus. Die Ursache liegt einfach darin: Wir fürchten uns vor einem ungewohnten, neuen Verhalten, weil es uns noch fremd ist. Vor dem Neuen haben wir meist Angst. Wir kennen es nicht. Daher wollen wir lieber alles beim alten lassen als unser Verhalten ändern. Außerdem erschweren Trägheit und menschliches Beharrungsstreben jede Änderung. Vielleicht haben Sie aber auch Scheinargumente zur Hand, wie zum Beispiel:

- Das kenne ich alles schon.
- Ich lasse mich nicht durch einen Plan versklaven.
- So einfach kann das doch alles nicht sein.
- Wäre das wirklich so einfach, würde doch niemand mehr Zeit vergeuden.

Zugegeben, Techniken für Zeiteinsparung sind nicht neu. Die Erfolgreichen haben sich schon immer solcher Arbeitsweisen bedient, denn ohne Systematik im Denken und Handeln und ohne Selbstdisziplin könnten sie die Zeit nicht optimal nutzen. Wollen auch Sie erfolgreich sein, so müssen Sie Ihre Widerstände gegen einen neuen Umgang mit der Zeit aufgeben. Halten Sie jedoch weiterhin an Ausreden und Scheinargumenten fest, so wird sich nichts in Ihrem Leben ändern. Begnügen Sie sich aber nicht nur mit dem Lesen dieser Zeilen; ändern Sie Ihr Verhalten!

3. Tagespläne schützen Ihre Gesundheit und vermitteln Ihnen Erfolgsgefühle

Machen Sie jeweils schon am Vorabend für den nächsten Tag einen Plan. Nehmen Sie sich verschiedene Aufgaben vor. Beschäftigen Sie sich am nächsten Tag zunächst nur mit einer Aufgabe. Haben Sie diese erledigt, so haken Sie sie in Ihrem Plan ab; dann gehen Sie zum nächsten Punkt der Tagesordnung über.

Es ist eine alte Erfahrung: Denkt jemand ständig an all das, was er erledigen will, so führt dies nicht selten zu Magenbeschwerden und Herzbeklemmungen. Wenn sich jemand aber immer nur einer einzigen Aufgabe zuzuwenden und nicht auch noch an die übrigen Tagesarbeiten zu denken braucht, hat er beste Aussichten, nervöse Störungen zu vermeiden.

Haben Sie Ihren Tagesablauf in präziser Klarheit vor Augen, so wird Sie am Abend auch kein schlechtes Gewissen quälen, weil Sie vielleicht meinen, nicht genug gearbeitet zu haben. Sie werden vielmehr die Freude erleben, alle Ihre geplanten Aufgaben auch tatsächlich erledigt zu haben – ein äußerst angenehmes Erfolgserlebnis.

4. Hüten Sie sich davor, im Kleinkram zu ersticken

Am Sonnabend möchte ich meine Steuererklärung endlich fertigmachen, denkt Herr Hohmann. Den ganzen Tag reserviert er sich dafür. Doch am Morgen des Sonnabends fällt ihm ein, daß sein Wagen unbedingt gewaschen werden muß. Als der Wagen endlich sauber ist, kommt der Postbote und bringt mehrere Briefe. Sofort beantwortet

Herr Hohmann die eingegangene Post, obwohl dazu keine Dringlichkeit vorliegt. Nach dem Essen bittet ihn seine Frau um einen Gefallen. Gern hilft er ihr, denn er ist ein freundlicher Mensch. Dann fällt ihm ein, daß er den Rasen eigentlich schon heute mähen könnte, weil es ja nicht regnet....

Beenden wir schon hier die Aufzählung der diversen Tätigkeiten des Herrn Hohmann. Bis abends hat er jedenfalls gearbeitet, obendrein noch ohne Pause; nur die Steuererklärung hat er nicht fertiggestellt. Mit einem unerquicklichen Gefühl der Unzufriedenheit schläft er ein. Was ist mit Herrn Hohmann geschehen? Er ist von einer ungeplanten Tätigkeit zur anderen gesprungen. Er hat nicht auf sein eigentliches Ziel hingearbeitet.

Gewiß haben auch Sie es schon oft erlebt: Es wird immer wieder Dinge geben, die Ihnen im Moment wichtiger erscheinen als die Arbeit, die Sie gerade erledigen sollten. Nur zu oft versuchen auch andere Menschen, Sie von Ihren Zielen abzubringen und für ihre eigenen Zwecke einzuspannen. Wie in den erwähnten Beispielen sind wir jedoch meist selbst schuld, wenn wir nicht an unserem Vorhaben festhalten. Unzufriedenheit über uns selbst und über den verlorenen Tag ist dann die Folge. Was hätten Sie an der Stelle des Herrn Hohmann gemacht? Wie bewahren Sie sich davor, im Kleinkram zu ersticken? Hier mein Vorschlag.

So ersticken Sie nicht im Kleinkram:

- Lassen Sie sich auch durch angeblich noch so wichtige Dinge nicht von Ihrem Ziel abbringen, wenn Sie dies einmal klar festgelegt haben.
- Schätzen Sie die für die Arbeit benötigte Zeit wenigstens ungefähr ein.
- Rechnen Sie mit kleinen Verzögerungen.

Nur wenn Sie so verfahren, werden Sie die erwähnten Fehler vermeiden. Arbeiten Sie konsequent auf das Ziel hin, das Sie sich vorgenommen haben. Wer seine Zielsetzungen jeden Tag erreicht, gewinnt zusätzlich Zeit und hat gute Chancen, auch seine Lebensziele zu verwirklichen.

5. Ordnen Sie Ihre Tätigkeiten nach Dringlichkeit

Herr Kirsch ist ein fleißiger, hilfsbereiter Mann und möchte gern befördert werden. Eines Morgens wird er zu seinem Chef gerufen. Dieser bittet ihn, binnen einer Woche eine Wirtschaftlichkeitsrechnung und eine Kalkulation zu erstellen. Gleichzeitig landen aber auch vier Arbeiten auf seinem Tisch, die nach Meinung der Kollegen alle wichtig sind. Obendrein rufen zwei weitere Kollegen an, die ihn bitten, zwei sehr dringende Aufgaben zu erledigen, da nur er die dafür notwendige Sachkenntnis besitze. Herr Kirsch überlegt nun hin und her, was am wichtigsten sei.

Wüßten Sie, wie Sie in dieser Situation handeln würden? Was fehlt Herrn Kirsch? Jedermann braucht eine Dringlichkeitsordnung, nach der er vorgehen muß. Es ist unmöglich, alles gleichzeitig zu machen. So würde nur Zeit vergeudet werden. Hier ein Vorschlag, wie Sie klarer entscheiden können, was für Sie im Moment das Wichtigste ist.

Eine Dringlichkeitsordnung, um Arbeitsabfolgen zu klären:

1. Was muß ich tun, um mein Ziel zu erreichen?
2. Was will mein Chef schnell erledigt haben?
3. Kann durch diese Arbeit viel Geld gewonnen oder verloren werden?
4. Entstehen Schwierigkeiten, wenn die Sache verschoben wird?
5. Muß sie getan werden, damit andere weiterarbeiten können?

Gehen Sie möglichst immer nach diesen Kriterien vor, wenn es gilt, die dringendste Arbeit herauszufinden. Im geschilderten Fall ist es sehr einfach: Herr Kirsch hat mit der Arbeit für seinen Chef zu beginnen. Sie erfüllt Frage Nummer eins, denn Kirsch möchte befördert werden. Außerdem ist die Dringlichkeit auch von Frage Nummer zwei aus gegeben. Verfallen Sie nicht in den Fehler zu denken, Sie könnten alles auf einmal tun. So übernehmen Sie sich nur. Sie überarbeiten sich, machen vieles unnötig doppelt, vielleicht sogar falsch und verschwenden Zeit. Hüten Sie sich ebenso davor, zuerst das zu tun, was Sie am liebsten machen. Erstellen Sie daher für Ihre Tätigkeiten einen Dringlichkeitsplan. Teilen Sie sich die zu erledigenden Sachen nach Ihrer Rangordnung ein. Reagieren Sie nicht auf Phrasen wie »Das ist dringend«, wenn es nicht Ihrem Dringlichkeitsplan entspricht.

Vielleicht sind Sie eine Hausfrau, und es fällt Ihnen schwer, in Ihrem Lebensbereich mit dieser Technik etwas anzufangen. Doch auch Sie haben eine solche Technik dringend nötig. Mir haben schon manche

Hausfrauen geschrieben, daß sie in Arbeit geradezu ersticken, weil andere Familienmitglieder alle Arbeit auf sie abwälzen. Schaffen Sie daher Verantwortungsbereiche für jedes Familienmitglied. So werden Sie entlastet und fördern auch die Selbständigkeit Ihrer Kinder, die das letztlich sehr zu schätzen lernen. Planen Sie die Zeit ein, die für Ihre Persönlichkeitsentfaltung und für Ihre Liebhabereien nötig ist.

Ihre Fragenliste könnte dann so aussehen:

1. Was muß ich tun, um meine Arbeit zu erledigen? Was muß ich einkaufen?
2. Was ist für meine Familie besonders wichtig?
3. Was muß ich tun, um meine Ziele zu erreichen?
4. Fällt die Arbeit in den Verantwortungsbereich eines Familienmitgliedes?
5. Was muß ich tun, damit meine Kinder und mein Mann ihre Verantwortung wahrnehmen?
6. Helfe ich meinen Nachbarn und anderen Leuten nur dann, wenn ich alle anderen Arbeiten erledigt habe?

Auch eine Hausfrau kann also eine Rangordnung ihrer Tätigkeiten festlegen und hin und wieder Arbeit abgeben. Tun Sie es, wenn Sie Hausfrau sind! So gewinnen Sie Zeit, und das Leben geht nicht an Ihnen vorbei. Sie haben Zeit für Ihre persönliche Entfaltung und gewinnen dadurch die Ihnen zustehende Achtung Ihres Mannes und Ihrer Kinder.

6. Überwachen Sie die Durchführung Ihrer Pläne

Sie haben sich nun dazu entschieden, für jeden Tag einen Plan zu machen. Etwa zehn Minuten verwenden Sie jeden Abend darauf, sich die Arbeit für den nächsten Tag einzuteilen. Manchen Abend haben Sie allerdings keine Lust dazu. Vielleicht sind Sie auch der Ansicht, Sie hätten einen solchen Aufwand nicht mehr nötig. Natürlich können Sie sich dann am nächsten Abend keine Gedanken machen, ob Sie Ihren Plan auch durchgeführt haben. Oder sind Sie gar der Meinung, Sie brauchten überhaupt keine Kontrolle?

Wenn Sie darauf verzichten, sich und andere, die mit der Ausführung Ihrer Anordnungen beauftragt sind, zu kontrollieren, so werden Sie zwangsläufig die Erfahrung machen, daß die Systematik Ihrer Arbeit in Gefahr gerät. Sie müssen bei der Arbeit plötzlich feststellen, daß Ihre

Untergebenen sich nicht mehr nach Ihren Anweisungen richten. Als Hausfrau sind Sie enttäuscht, weil Ihre Kinder zum Beispiel die einfachen Pflichten nicht mehr ausführen, die ihnen übertragen wurden usw.

Die Folge ist, daß sich bei Ihnen Verärgerungen aufstauen, die bald zu Auseinandersetzungen führen und das zwischenmenschliche Verhältnis belasten. Außerdem werden Sie auch Ihr gesetztes Ziel nicht erreichen.

Wie lassen sich nun solche Fehler vermeiden? Sich selbst zu kontrollieren ist eine Frage der Selbsterziehung. Wenn Sie jedoch Mitmenschen zur Arbeit bewegen wollen, müssen Sie geschickt vorgehen. Plumpes Antreiben und Kontrollieren haben wenig Erfolg. Kontrollieren Sie daher geschickt. Arbeiten Sie mit Ihrem Mitarbeiter die Pläne für die Durchführung gemeinsam aus. Lassen Sie ihn also auch selbst planende Aktivitäten entwickeln. Unterhalten Sie sich dann mit ihm über die Durchführung seiner Arbeit; er wird Ihre Hilfe anerkennen. So haben Sie ein vorzügliches Kontrollinstrument, das aber nicht als solches empfunden wird, da Sie die Unterhaltungen über den Arbeitsfortgang ja nur im Interesse der Sache und nicht wegen möglicher fehlender Arbeitsleistung führen.

Wenn Sie in dieser Weise verfahren, dann können Sie getrost auf Formulierungen wie »Ich glaube, Sie erledigen die Sache nicht schnell genug« und ähnliche verzichten. So vermeiden Sie aufreibende Auseinandersetzungen, erhalten die Motivation Ihres Mitarbeiters und bringen das Erreichen des Ziels nicht in Gefahr. Verzichten Sie auf vage Formulierungen, arbeiten Sie vielmehr stets mit konkreten Zahlen oder Zielangaben. Das können Sie aber nur, wenn Sie mit Ihrem Mitarbeiter gemeinsam einen Arbeitsplan erstellen. Er kann sich dann nicht hinter Ausreden verstecken; und nicht er dirigiert Sie, sondern Sie lenken ihn. Wenn Sie so vorgehen, werden Sie sich viel Ärger ersparen und Zeit gewinnen.

7. Mit der Technik für den richtigen Arbeitsbeginn überwinden Sie die Hemmung vor dem ersten Schritt

Nicht wenige Menschen haben am Morgen Angst, mit der Arbeit zu beginnen. Sie fürchten sich vor dem, was der Tag bringen wird, und vielleicht auch davor, daß sie das Geplante nicht schaffen. Aus Furcht bringen sie nicht die Energie auf, sofort mit der Arbeit anzufangen. Kostbare Zeit wird vertrödelt.

Stärken Sie daher vor Beginn Ihrer Arbeit durch zwei oder drei Minuten Selbstbejahung Ihr Selbstvertrauen.

Selbstbejahungstext zur Steigerung der Arbeitslust

Aus der Tiefe meines Unter- und Überbewußtseins entwickelt sich Kraft. Sie erfaßt und durchdringt mich und hilft mir, meine vorgenommene Arbeit zu erledigen. Ich führe konsequent durch, was ich mir vorgenommen habe. Mit dieser Kraft erreiche ich mein Ziel. Die Kraft durchdringt mich ganz. Mit dieser Kraft erledige ich heute folgende Arbeiten... Ich fange sofort damit an.

Sprechen Sie diesen oder einen ähnlichen Text zweimal in Gedanken. Führen Sie dann ein oder zwei kurze Erledigungen aus, die insgesamt höchstens zehn Minuten dauern. Das kann ein Anruf sein, eine Notiz oder etwas Ähnliches. So verlieren Sie die Angst vor dem ersten Schritt und entwickeln Energie für die Arbeit.

Bemühen Sie sich auch, jeden Arbeitstag befriedigend abzuschließen. Das kann das Erledigen einer kleinen, längst geplanten Arbeit sein, das Fällen einer Entscheidung oder was es auch immer sein mag. So haben Sie noch abschließend ein Erfolgserlebnis und kommen mit guter Laune nach Hause. Sie werden zufrieden einschlafen und den nächsten Tag mit positiven Gefühlen beginnen. Am nächsten Tag teilen Sie sich dann Ihre Arbeit ebenso gut oder sogar noch besser ein und gewinnen Zeit, um alles das zu erledigen, was Sie sich vorgenommen haben.

8. Stellen Sie realistische Tagespläne und Aktionsprogramme auf

Nichts führt zu mehr Enttäuschung und Arbeitsunwilligkeit als Pläne, die nicht eingehalten werden können. Machen Sie daher stets realistische Pläne. Setzen Sie nicht zuviel auf Ihr Programm. Nehmen Sie sich täglich vor, drei Dinge zu erledigen, und arbeiten Sie dann mit ganzer Kraft darauf hin. Versuchen andere, Ihren Plan durcheinanderzubringen, so lernen Sie, nein zu sagen. Vergessen Sie nicht: Das Wichtigste ist vorrangig!

Es gibt viele Menschen, die gute Ideen haben, sie aber nie in die

Wirklichkeit umsetzen können. Ein bekannter Betriebswirtschaftsprofessor erklärte einmal: »Der Akademiker hat viele Ideen, führt aber meistens keine aus. Der Volksschüler hat nur einen Gedanken, doch den verwirklicht er konsequent.« Auch der Erfolg Ihrer Ideen hängt ganz davon ab, ob Sie diese auch durchsetzen können. Stellen Sie daher Aktionsprogramme auf. Hierzu können Sie sich ebenfalls einer sehr erfolgreichen Technik bedienen:

1. Halten Sie Ihre wichtigen Ideen und Ihre Gedanken, wie Sie Ihre Ziele verwirklichen können, schriftlich fest. Sie können dazu ein »Ideenbüchlein« benutzen.
2. Was muß zur Durchführung Ihrer Ideen getan werden? Legen Sie die Teilziele fest.
3. Welche Arbeit kann anderen delegiert werden und wem? Die für die einzelnen Teilziele aufzuwendenden Zeiten werden festgelegt.
4. Welche Zwischenergebnisse sind bei der Detaildurchführung erreicht worden? Es werden Ergebnis- und Zeitkontrollen vorgenommen.
5. Welche Arbeit muß nach Erreichen eines Teilziels als nächste getan werden?

Vielleicht erscheinen Ihnen die angeführten Punkte selbstverständlich. Sie gewinnen aber nichts, wenn Sie einfach darüber hinweglesen. Nur wenn Sie Ihr Aktionsprogramm schriftlich erstellen, die Termine und Zwischenergebnisse Ihrer Planung in ein Notizbuch eintragen und stets den Ist-Wert mit dem Soll-Wert vergleichen, lernen Sie, Ihre Zeit besser zu nutzen und wirkungsvoll auf ein Ziel hinzuarbeiten.

9. Ordnung am Arbeitsplatz und zu Hause spart viel Zeit

Wer hat schon zur Arbeit Lust, wenn an seinem Arbeitsplatz alles durcheinanderliegt. Da sich auf dem Tisch nicht allzu hohe Papierberge aufschichten lassen, wird der eine Brief hierhin, die andere Notiz dorthin gelegt. Wenn man diese Unterlagen schließlich braucht – vorausgesetzt, man erinnert sich überhaupt noch daran –, beginnt ein langes Suchen. Es werden dann im Eifer des Gefechts sogar Arbeitskollegen oder Familienmitglieder verdächtigt, die Sachen verlegt zu haben.

Mir selbst gingen früher auf diese Weise mehrere Stunden im Monat verloren. Mein Tisch und die Schränke waren Verschiebestationen. Als mir bewußt wurde, wieviel Zeit ich jede Woche damit verlor, begann ich endlich, alles genau zu ordnen. Ich mußte dazu natürlich auch mein Verhalten ändern und Notizen und Schriftstücke sofort in die richtigen Ordner ablegen. Durch Ordnung am Arbeitsplatz verliere ich jetzt keine wertvolle Zeit mehr; sie steht mir nun für andere Dinge zur Verfügung.

Schaffen Sie daher Ordnung an Ihrem Arbeitsplatz und zu Hause. Sie brauchen dafür vielleicht zwei oder drei Tage. Sie werden jedoch erstaunt sein, wieviel Zeit Sie in Zukunft in jeder Woche sparen. Rechtfertigen Sie sich nicht mit Zeitmangel, um alles beim alten Chaos zu lassen. Beschaffen Sie sich ein gutes Buch über die Organisation am Arbeitsplatz. Selbst wenn Ihrer Meinung nach bei Ihnen in dieser Hinsicht schon alles zum besten steht, werden Sie wertvolle Anregungen finden und durch sinnvolle Verwirklichung viel Zeit gewinnen.

Sparen Sie Zeit durch Prüflisten

Stellen Sie ein schriftliches Ablaufprogramm für Vorgänge auf, die sich oft wiederholen. Sie brauchen dann auf dieser Liste immer nur abzuhaken, was Sie schon erledigt haben. So haben Sie außerdem noch eine gute Übersicht darüber, was noch zu tun ist.

10. Nutzen Sie Ihre besten Zeitphasen

Es gibt Morgen- und Abendmenschen. Die einen haben ihre produktiven Stunden am Morgen, die anderen am Nachmittag oder vielleicht noch später. Wer ein Abendmensch ist, wird sehr viel Zeit und Kraft verlieren, wenn er seine wichtigsten Aufgaben am Morgen zu erledigen versucht.

Wissen Sie, wann Ihre guten und schlechten Zeiten sind? Finden Sie Ihre Perioden höchster Leistungsfähigkeit heraus und bemühen Sie sich, Ihre wichtigsten Arbeiten auf diese Zeitphasen zu verlegen. Die anderen Tageszeiten können Sie dann mit Routinearbeiten ausfüllen. Schöpferische Menschen vermögen meist am frühen Morgen oder am späten Abend am produktivsten zu arbeiten. Dann kann das Unterbewußtsein am besten tätig werden, weil die wenigsten äußeren Störungen auf uns einwirken.

Bemühen Sie sich, wichtige Gespräche in die für Sie besten Zeiten zu verlegen, wenn dies möglich ist. Reservieren Sie Ihre wichtigsten Arbeiten für Ihre besten Stunden, dann werden Sie nicht nur leichter arbeiten, sondern auch mehr schaffen.

11. Wenden Sie die Techniken der persönlichen Beeinflussung an

Sie werden auch dadurch Zeit gewinnen, daß Sie Ihre Mitmenschen richtig behandeln. Nur dann beseitigen Sie Widerstände und verlieren keine Zeit. Ich bin auf die Techniken der persönlichen Beeinflussung sehr detailliert in meinem Buch *Die Kunst zu überzeugen* eingegangen. An dieser Stelle sei nur kurz auf das Folgende hingewiesen:

1. Versuchen Sie geschickt, den anderen zu motivieren und auf seine Interessen hin anzusprechen.
2. Schenken Sie Ihren Mitmenschen stets Anerkennung für geleistete Arbeit. Man wird dann gern für Sie arbeiten.
3. Kritisieren Sie sachlich ohne persönliche Angriffe. Kritisieren Sie immer nur die Sache, nie die Person. Verbinden Sie Kritik stets mit einer Anerkennung, damit sich der Kritisierte nicht herabgesetzt fühlt.

12. Sie gewinnen Zeit, wenn Sie Ihr eigenes Verhalten analysieren

Eine noch fast jugendlich aussehende Dame, die nach ihren eigenen Ausführungen jedoch schon über Sechzig war, kam nach einem Vortrag zu mir und berichtete mir über ihr Erfolgsrezept. »Konnte ich einmal jemanden nicht überzeugen oder hatte ich einen anderen Mißerfolg, so stellte ich mir immer die Fragen: 1. Welche Fehler haben zu meinem Mißerfolg geführt? 2. Wie verhindere ich diese Fehler beim nächsten Versuch? 3. Wie mache ich es beim nächsten Mal richtig?«

Die meisten Menschen gehen aus verständlichen Gründen dieser Eigenanalyse aus dem Weg. Sie geben lieber dem anderen die Schuld und versuchen das gleiche immer wieder, ohne je ihre Taktik zu ändern. So wird sehr viel Zeit unnötig vergeudet. Verschwenden Sie vor allem keine Zeit dafür, Ihr Verhalten vor sich selbst zu rechtfertigen. Fragen Sie sich: Welchen Fehler habe ich gemacht? Analysieren Sie Ihr Verhalten.

Ändern Sie es lieber Ihren neuen Einsichten entsprechend, und Sie werden das nächste Mal wesentlich erfolgreicher sein.

13. Wer das Leben meistern will, muß sich Wissen aneignen

Ich kenne einen Krankenpfleger, dessen sehnlichster Wunsch es ist, Arzt zu werden. Der junge Mann ist fünfundzwanzig Jahre alt, und ihm fehlt das Abitur, um Medizin zu studieren. Er könnte es durchaus schaffen, wenn er drei bis vier Jahre eine Abendschule besuchte. Doch harte Arbeit will er vermeiden. Vergeblich versuchte er, sich an einer ausländischen Hochschule einschreiben zu lassen. Sein letzter, mir bekannter Versuch bestand darin, zur Hochbegabtenprüfung zugelassen zu werden; er könnte sich mit dem Bestehen der Prüfung die drei bis vier Jahre intensiven Lernens ersparen. Doch auch dieser Anlauf scheiterte. Hätte er von vornherein versucht, sein Abitur an einer Abendschule zu machen, so hätte er sein Ziel wahrscheinlich schon erreicht.

Was immer Sie auch erreichen wollen, Sie werden nicht darum herumkommen, sich ausreichendes Wissen anzueignen. Ob es sich um Ihren Beruf oder um Ihre Liebhabereien handelt, spielt hierbei keine Rolle. Hüten Sie sich aber davor, Interesse und Zeit in jedes Gebiet zu investieren. So verzetteln Sie sich nur und erreichen am Ende nichts. Fragen Sie sich also stets gewissenhaft:

- Womit muß ich mich intensiv beschäftigen, um meine Ziele zu erreichen?
- Welches Wissen muß ich mir aneignen?
- Befasse ich mich nicht zu lange mit Dingen, die für meine Ziele nicht notwendig sind?

Sammeln Sie Informationen. Sortieren Sie diese in Ordnern. Verlassen Sie sich nicht nur auf Ihr Gedächtnis. Mit Ihrem Archiv schaffen Sie eine hervorragende Möglichkeit, Wissen sofort griffbereit zu haben. Doch nicht nur das. Mit wenig Mühe können Sie Ihr Archiv stets auf dem neuesten Stand halten, eine geradezu unersetzliche Hilfe für erfolgreiches Arbeiten auf allen Sie interessierenden Gebieten.

14. Mit der richtigen Lesetechnik gewinnen Sie Zeit

Beobachten Sie sich einmal, während Sie ein Buch lesen. Sprechen Sie womöglich den Text sogar mit den Lippen mit? Das wird Sie daran hindern, schnell zu lesen. Selbst wenn Sie den Text nur in Gedanken mitsprechen, ist Ihre Lesegeschwindigkeit vermutlich gering. Bemühen Sie sich in erster Linie darum, Texte zu lesen, ohne sie in Gedanken mitzusprechen; Ihre Lesegeschwindigkeit steigt dadurch bereits erheblich an.

Ihre Augen suchen beim Lesen Fixpunkte

Wenn Sie Ihr Verhalten beim Lesen noch genauer beobachten, werden Sie eine weitere Feststellung machen. Ihre Augen wandern nicht kontinuierlich von links nach rechts über jede Zeile. Ihre Augen springen und bleiben im Schnitt viermal in der Zeile stehen. Bewegt sich Ihr Auge, so ist das Blickfeld unklar. Nur wenn das Auge an einem Fixpunkt anhält, lesen Sie den Text.

Versuchen Sie nun, Ihre Blickspanne zu erweitern. Lesen Sie dazu die folgende Wortpyramide von oben nach unten, so daß Ihr Blick an der Mittelsenkrechten entlangläuft, ohne nach links oder rechts abzugleiten:

Vorsorgeuntersuchungsgrundlage
Laborhilfskräfteausfall
Industrieproduktionsüberwachung
Verlagsgeschäftsführung
Auslandshilfsorganisation
Progressionssteuersatz
Linsenkorrekturfaktor
Bindegewebehautentzündung
Kalkulationsabteilungsleiter
Kunststoffspritzmaschine

Üben Sie aber auch Ihre Blickspanne für kurze Sätze zu erweitern:

Ein Mann war durch das Auto verletzt.
Das Unterbewußtsein ist fast allmächtig.
Er ging in das nahegelegene Theater.
Nur wer groß denkt, bleibt nicht klein.
Mehr Zeit für das Wichtige.

Techniken sind für jeden Menschen wichtig.
Mit der Zeit verrinnt das Leben.
Es ist wichtig für Sie, Arbeiten zu delegieren.
Lassen Sie sich von anderen keine Zeit stehlen.
Verstehen Sie mit der Zeit zu rechnen.

Versuchen Sie, mit weniger Fixpunkten auszukommen

Versuchen Sie nun, mit zwei Fixpunkten pro Zeile auszukommen. Falten Sie hierzu eine Seite mit Text in der Mitte senkrecht. Die Falte des Blattes trennt dann jede Seite in zwei Hälften. Springen Sie beim Lesen immer von der linken Mitte einer Zeilenhälfte zur rechten. So erfassen Sie den Text jeder Zeile mit nur zwei Fixpunkten.

Lesen Sie rationell

Suchen Sie Stoff zu einer bestimmten Fragestellung, so überschlagen Sie im betreffenden Buch all das, was nicht zum Thema gehört. Lesen Sie auch nur jenes, was Sie noch nicht kennen. So verhindern Sie, daß Sie sich »festlesen« und wertvolle Arbeitszeit dadurch verlieren, daß Sie Dinge lesen, die für Ihre augenblickliche Arbeit völlig ohne Bedeutung sind.

15. Geben Sie Arbeit an andere ab

Vielleicht meinen Sie, zum Beispiel als Hausfrau, nur dann Ihren Pflichten in der rechten Weise nachzukommen, wenn Sie allen Angehörigen die Arbeit abnehmen. Die Folge ist, daß Sie Ihre Kinder zur Unselbständigkeit erziehen. Darauf wurde schon hingewiesen. Mit großer Wahrscheinlichkeit fühlt sich darüber hinaus Ihr Ehemann vernachlässigt, da Sie ja für ihn keine Zeit mehr haben. Unter Umständen gefährden Sie mit diesem Verhalten sogar Ihre Ehe. Auch mancher Mann kommt sich besonders unentbehrlich vor, wenn er sich im Beruf jede Arbeit aufhalsen läßt. Die Kollegen sind froh, die Arbeit loszusein und halten den Unermüdlichen insgeheim für einen Trottel, mit dem man alles machen kann.

In welche Situation jemand gerät, der unbedingt alles allein machen will, mußte schon Moses erfahren. Er wurde von den Israeliten bestürmt, in Streitfällen den Schiedsrichter zu spielen und sie die Weisungen Gottes wissen zu lassen. Das Volk stand vor Moses vom Morgen bis zum Abend, und trotz seiner vielen Arbeit konnte er nicht alles schaffen. Sein Schwiegervater sprach zu ihm:

»Es ist nicht gut, was du machst. Du reibst dich vollständig auf, dich selbst und das Volk, das bei dir steht, denn die Aufgabe überschreitet deine Kräfte, du kannst sie allein nicht bewältigen. Höre auf mich. Ich will dir einen Rat geben: Gott möge mit dir sein. Vertritt du das Volk Gott gegenüber und bringe du die Anliegen vor Gericht. Schärfe ihnen die Weisungen und Gesetze ein und laß sie den Weg wissen, den sie zu gehen haben, und die Werke, die sie tun sollen. Du aber suche dir aus allen Leuten tüchtige, gottesfürchtige und zuverlässige Männer aus, die der Bestechung nicht zugänglich sind. Setze sie über jene als Vorsteher über je tausend, über je hundert, über je fünfzig und über je zehn. Sie sollen unter dem Volke immer als Richter wirken. Nur alle wichtigen Sachen sollen sie vor dich bringen, alles Geringfügige aber sollen sie selbst entscheiden. Entlaste also dich selber und laß jene mit dir die Verantwortung tragen. Wenn du es so machst und es auch Gott dir also befiehlt, dann kannst du bestehen, und dieses ganze Volk wird befriedigt heimgehen.« (2. Moses, 18, 18–22).

Wir können daraus lernen: Geben Sie Arbeit ab, damit Sie Ihre eigenen Pflichten um so besser wahrnehmen können.

Ich habe in der Industrie allerdings auch einige Menschen kennengelernt, die sich einer ganz besonderen Variante der Arbeitsabgabetechnik bedienten. Sie verstanden es geschickt, nur solche Arbeiten auszuführen, mit denen sie bei Vorgesetzten positiv auffallen konnten. Die übrigen Arbeiten, die nicht ihr Ansehen förderten, gaben sie an Kollegen ab. Immer war ihrer Meinung nach nur irgendein Kollege dafür qualifiziert, solche »verantwortungsvollen« Aufgaben zu erledigen, die nicht in ihr Konzept paßten. Hüten Sie sich also davor, zum Opfer einer solchen Weitergabemethode »superschlauer« Kollegen zu werden, und lehnen Sie kühl ab, was nicht in Ihre Kompetenz fällt.

Suchen Sie aber immer nach Möglichkeiten, Arbeit an andere abzugeben, wenn sich dafür ein vernünftiger Grund anbietet. So sparen Sie viel Zeit. Doch nicht nur das. Sie übertragen damit auch die Verantwortung auf andere, die nun der Aufgabe mit Freude nachgehen werden. Die Kunst, das Leben zu meistern, beherrschen Sie dann, wenn Sie verstehen, Arbeit abzugeben und sich nicht überbürden zu lassen.

Zusammenfassung

1. Nur wer sich vernünftiger Arbeitstechniken bedient und nicht einfach wild drauflos arbeitet, gewinnt Zeit.
2. Es handelt sich bei diesen Techniken um Verhaltensweisen, mit denen Sie sicher und schnell Ihr Ziel erreichen.
3. Sinnvolle Techniken versklaven Sie nicht und lassen Ihnen immer noch genügend Freiraum für eigene Ideen.
4. Geben Sie Ihre Widerstände auf, sich erprobter Techniken zu bedienen, um Zeit zu gewinnen. Handeln Sie nach erfolgreichen Prinzipien, so gewinnen Sie mehr Freiheit.
5. Indem Sie Arbeitspläne aufstellen, machen Sie sich schon vor der Arbeit Gedanken, wie Sie Ihr Ziel erreichen. Nur mit Systematik im Denken und Handeln nutzen Sie Ihre Zeit optimal.
6. Sie verhindern, im täglichen Kleinkram zu ersticken, wenn Sie sich an Ihren Tagesplan halten und die Rangordnung oder Dringlichkeitsstufe der einzelnen Arbeiten beachten. So schützen Sie sich vor nervös machenden Störungen.
7. Sie finden eine klare Rangordnung, wenn Sie sich stets folgende Fragen stellen: Hilft die betreffende Handlung, mein Ziel zu erreichen? Steht in der Angelegenheit viel Geld auf dem Spiel? Muß ich die Arbeit tun, damit andere weiterarbeiten können?
8. Ihre Zeiteinteilung entscheidet darüber, ob Sie von Ihrer Zeit den richtigen Gebrauch machen.
9. Erstellen Sie nur Tagespläne, die auch zu verwirklichen sind. Planen Sie diese immer am Tag vorher.
10. Geben Sie Arbeit ab. Erarbeiten Sie Pläne mit allen Beteiligten. Tun Sie dies nicht nur am Arbeitsplatz, sondern auch in der Familie. Sie vermögen dann eine gute Hilfestellung zu geben, ohne daß der Eindruck der Überwachung und Kontrolle erweckt wird.
11. Mit Hilfe einer Selbstbejahungsübung verlieren Sie die Angst vor dem Beginn Ihrer Arbeit.
12. Sie werden nur dann erfolgreich sein, wenn Sie Ihre Ideen auch ausführen.
13. Um Ziele zu verwirklichen, müssen Sie Aktionsprogramme schriftlich aufstellen. Dazu sind Ihre Ziele in Teilziele zu zerlegen, und die dafür benötigte Zeit ist realistisch vorzugeben. Vergleichen Sie aber auch in bestimmten Abständen Soll und Ist und nehmen Sie stets eine Teilergebniskontrolle vor.
14. Mit Kontrollen verstärken Sie Ihr Zeitgefühl.
15. Wenn Sie sich selbst Fristen setzen, haben Sie mehr Zeit für das Wichtige und lassen sich nicht so leicht ablenken. Nur wenn Sie auch die Durchfüh-

rung Ihres Planes kontrollieren, werden Sie sich darüber klar, ob Sie über Ihr Zeitbudget richtig verfügt haben.

16. Ordnen Sie Ihren Arbeitsplatz nach Grundsätzen der wirtschaftlichen Organisation. Verfahren Sie ebenso danach, wenn es sich um die Ordnung in Ihrem häuslichen Arbeitsbereich handelt. Sie werden erstaunt sein, wie diese Umgestaltung sich auf Arbeitskraft und Wohlbefinden auswirkt.
17. Haben Sie ein schriftlich festgehaltenes Ablaufprogramm für oft wiederkehrende Arbeitsvorgänge, so brauchen Sie auf dieser Liste nur jedesmal abzuhaken, ob Sie auch alles erledigt haben. So haben Sie immer eine gute Übersicht und sparen Zeit.
18. Sie gewinnen Zeit, wenn Sie wichtige Arbeiten auf Ihre produktivsten Stunden legen. Beginnen Sie Ihre Arbeit und beenden Sie sie mit kleinen Erledigungen, die Ihnen Erfolgserlebnisse bescheren.
19. Sie vermeiden Ärger und sparen Zeit, wenn Sie die Techniken der persönlichen Beeinflussung anwenden.
20. Nur wenn Sie Ihr eigenes Verhalten analysieren, werden Ihnen Fehler bewußt, die Ihnen bei der Verwirklichung Ihrer Ziele unterliefen. Wiederholen Sie nämlich stets die gleichen Fehler, so vergeuden Sie nur Zeit und Mühen. Suchen Sie nach neuen Wegen.
21. Archivieren Sie alle Unterlagen der für Sie wichtigen Wissensgebiete. So haben Sie immer eine gute Übersicht und verlieren keine Zeit durch umständliches Suchen.
22. Erweitern Sie zur Erhöhung Ihrer Lesegeschwindigkeit Ihre Blickspanne. Trainieren Sie, mit nur zwei Fixpunkten pro Zeile auszukommen.
23. Lesen Sie rationell, also grundsätzlich nur das, was für Sie wirklich wichtig ist. Hüten Sie sich vor Abschweifungen.
24. Geben Sie soviel wie möglich von Ihrer Arbeit ab und behalten Sie sich nur Entscheidungen in besonders wichtigen Sachen vor.
25. Denken Sie stets daran: Ihre Zeit – das ist Ihr Leben.

Kapitel 9

So nutzen Sie »Rolltreppeneffekte«

1. Gibt es einen »Segen der Faulheit«?

Gewiß sind Sie schon einmal auf einer Rolltreppe gefahren. Sie kamen mühelos nach oben, ohne sich anzustrengen. Natürlich war es schon immer der Traum vieler Menschen, mit Rolltreppen – allerdings ganz anderer Art – gleichsam wie von selbst zu Glück und Erfolg zu gelangen. Muß es nicht auch Ihr Ziel sein, sich dieser traumhaften Rolltreppeneffekte zu bedienen, um die eigenen Sehnsüchte schneller und einfacher zu verwirklichen? Gibt es nun aber solche Rolltreppeneffekte im menschlichen Leben? Wenn ja, wie können Sie sie für sich nutzen? Gehen wir bei der Beantwortung dieser Frage langsam voran. Stellen wir zunächst die Frage, ob das Geheimnis des erfolgreichen Lebenskünstlers vielleicht in ständiger Faulheit liegt.

Wollte man einigen Romanschriftstellern glauben, so liegt die Schönheit menschlichen Lebens im ewigen Nichtstun. So läßt zum Beispiel André Couteaux in seinem Buch *Man muß nur zu leben wissen* den Helden seines Romans folgende Erfahrung von sich geben: »Einige Ärzte haben mir kürzlich einreden wollen, Faulheit beruhe auf einer Drüsenstörung und könne durch eine Hormonbehandlung geheilt werden ... Ein Arzt hätte mir Spritzen gegeben, und ich wäre vielleicht ein eifriger Beamter oder mustergültiger Angestellter geworden, aber gewiß kein König. Auch würde ich nicht das seltene Glück genießen, die Menschen, denen ich mich einst auf tausenderlei Arten zu nähern versuchte, von allen Enden der Welt zu mir kommen zu sehen.« Der Roman endet mit dem Satz: »Schon seit vielen Jahren – genaugenommen seit jener Nacht damals in Paris, als ich draußen im Freien auf dem Luftschacht der Metro lag – bin ich in die ewige Ruhe eingegangen.«

Es bedarf wohl keiner Erwähnung, daß Ihre Chance gleich Null ist, auf diese Weise ein König oder auch nur halbwegs erfolgreich zu werden. Hätte Couteaux die Worte »ewige Ruhe« durch »Stumpfsinn« und »seelischen und geistigen Tod« ersetzt, so wäre er der Wahrheit wesentlich nähergekommen. Couteaux' Held hat also gewiß nicht die Kunst, das Leben zu meistern, beherrscht, er gibt höchstens einige fragwürdige »Weisheiten« über das langsame Absterben des Geistes und der Persönlichkeit von sich.

Der weise Konfuzius sagte: »Nicht die Wahrheit macht den Menschen groß, sondern der Mensch macht die Wahrheit groß.« Man kann diesen Satz etwas abwandeln und sagen: »Es ist nicht das Leben, das den Menschen groß macht, sondern es ist der Mensch, der das Leben zur Entfaltung bringt.« Sie brauchen zwar die Ruhe, um die Verbindung mit Ihrem göttlichen Urgrund immer wieder zu erneuern. Doch nur wenn Sie die so gewonnene Kraft auch dazu nutzen, etwas damit anzufangen, vermögen Sie Ihre Zielsetzungen zu verwirklichen und ein erfülltes Leben zu leben.

2. Seelische Kräfte werden durch Einsatz gesteigert

Ich kenne eine junge Dame, die nach einer gescheiterten Ehe und anderen Enttäuschungen völlig die Lust am Leben verloren hatte. Sie wurde in eine Nervenklinik eingeliefert, wo sie zunächst mit Psychopharmaka »ruhig gestellt« wurde. Während der Behandlung verspürte sie ein tiefes Unbehagen in sich. Ihr wurde bewußt, daß sich ihr Leben nur dann positiv verändern könnte, wenn sie es selbst in die Hand nähme. Auf ihren dringlichen Wunsch holten sie ihre Eltern endlich aus der Klinik. Von nun an widmete sie sich ihrer Selbstentfaltung und dem Weiterkommen im Beruf. Drei Jahre sind nach dem Klinikaufenthalt vergangen. Die junge Frau hat mittlerweile ihre Meisterprüfung gemacht und leitet heute eine Abteilung in einem großen Warenhaus. Sie hält vor Menschen, die in seelischer Not sind, Vorträge und Seminare, um ihnen zu helfen. Niemand würde vermuten, daß sich die selbstbewußte junge Frau vor drei Jahren in einer ähnlich verfahrenen Situation befunden hat wie die Hilfesuchenden, die sie nun berät.

Entfalten auch Sie Ihre geistig-seelischen Kräfte

Kommen wir auf die ursprünglich gestellte Frage zurück: Gibt es »Rolltreppeneffekte«, die Sie für Ihr Leben nutzen können? Das Beispiel der jungen Frau beweist ganz deutlich: es gibt sie tatsächlich. Beginnen auch Sie mit planmäßiger Selbstentfaltung, so werden Ihre seelischen und geistigen Kräfte wachsen. Hat dieses Anwachsen aber einmal begonnen, dann nutzen Sie die Rolltreppeneffekte des Lebens für sich. Fangen Sie noch heute damit an. Setzen Sie die Technik der kleinen Schritte ein, und Sie werden erstaunt sein, wo Sie bereits in einigen Monaten stehen werden. Der Reichtum in Ihnen – Ihre seelischen Kräfte und Fähigkeiten – wächst.

Ganz nebenbei wird sich auch Ihr sichtbarer äußerer Reichtum, Ihr materieller Wohlstand, vergrößern. Voraussetzung für dieses innere Wachsen ist, daß Sie sich auch Ihrer geheimen Verbündeten bedienen, die in Kapitel 4 dieses Buches beschrieben worden sind. Bemühen Sie sich vor allem um Selbsterkenntnis. Vergessen Sie nicht: Schwäche ist kein unabänderlicher Zustand. Vielmehr vermögen Sie durch den natürlichen Entwicklungsprozeß jene Fähigkeiten in sich und an sich zu entwickeln, die Sie sich wünschen.

Entfalten Sie Ihre inneren Kräfte, so verschleudern Sie keine Energien. Der brennende Dornbusch, der sich nicht verzehrt, ist das biblische Symbol für dieses Paradoxon. Sie steigern Ihre Kräfte durch den richtigen Einsatz. Sie haben Erfolgserlebnisse, und das erhöht wiederum Ihre Kräfte. Verschanzen Sie sich dagegen hinter Ängstlichkeit, übertriebener Vorsicht und Mißtrauen, so entfalten Sie Ihre Kräfte und Fähigkeiten nicht. So trennen Sie sich nur vom Fluß des Lebens ab.

Sie nutzen den Rolltreppeneffekt optimal, wenn Sie Ihre Kräfte in Gang halten. »Wer rastet, der rostet«, sagt schon der Volksmund. Jeder braucht ein gewisses Maß an Problemen und Aufgaben, um seine Kräfte in sich zu entfalten. Nehmen Sie daher alle Kraftreserven zu Hilfe, die Sie besitzen – und springen Sie auf die Rolltreppe, die Sie nun mit Leichtigkeit emportragen wird.

3. Die paradoxe Methode

Heute ist die Kärntner Burg Hochosterwitz, die auf einem weithin sichtbaren, gewaltigen Felskegel liegt, ein beliebtes Besuchsziel vieler Urlauber. Im Jahre 1334 wurde die Burg von den Truppen der Herzogin Margarete Maultasch von Tirol umzingelt und belagert. Da die Festung nicht zu stürmen war, konnte man sie nur durch Aushungerung der Belagerten bezwingen. Nach vielen Wochen gingen den Verteidigern tatsächlich die Vorräte aus. Am Ende hatten sie nur noch einen Ochsen und zwei Sack Gerste. Zur selben Zeit war aber auch die Kriegsmoral der Belagerungstruppen zermürbt. Schließlich war noch kein Ende der Belagerung in Aussicht.

In dieser Situation wandte der Kommandant der Feste der Überlieferung nach eine Kriegslist an. Er ordnete an, den letzten Ochsen zu schlachten und dessen Bauch mit der restlich vorhandenen Gerste vollzustopfen. Dann befahl er, den Ochsen über die Mauer auf die Feinde zu werfen. Bei erster und oberflächlicher Betrachtung erscheint das Verhalten des Kommandanten vollkommen paradox. Was war aber die Folge dieser Handlung? Die Belagerer erschraken und dachten: Welchen Überfluß an Nahrungsmitteln mögen unsere Feinde noch haben, daß sie sogar einen Ochsen auf uns werfen! Da nach dieser Geste kein Ende der Belagerung in Aussicht schien, zogen die Truppen der Herzogin ab.

Was ist das Prinzip dieser Methode? Wenn ein Problem so arg wird, daß es schon gefährliche Ausmaße annimmt, kann man versuchen, die bisherigen erfolglosen Bemühungen einfach umzukehren. Wir wollen diese Technik die »paradoxe Methode« nennen. Mit erheblich weniger Aufwand, als gerechtfertigt erscheint, wird hierbei häufig das Ziel wie von selbst erreicht. Die paradoxe Methode ist daher auch zu den Techniken der Lebensmeisterung zu rechnen, die sich eines Rolltreppeneffektes bedient. In der Politik wird die paradoxe Methode immer wieder angewandt. Gegen die scheinbar unbezwingbare Macht der Engländer setzte Gandhi passiven Widerstand ein und hatte damit Erfolg. Mit Kämpfen und feindseligen Aktionen hätten die Inder wohl noch Jahrzehnte nichts erreicht; die Methoden eines alten Mannes besiegten jedoch eine Kolonialmacht, die sich kaum einer Armee, paradoxerweise aber einer Idee geschlagen geben mußte.

Die gezielte Untertreibung

Die gezielte Untertreibung (das berühmte britische »Understatement«) ist eine weitere paradoxe Methode. Von der großen Wirkung des gezielten Tiefstapelns wußte schon Wilhelm Busch zu berichten:

Die Selbstkritik hat viel für sich.
Gesetzt den Fall ich tadle mich,
So hab ich erstens den Gewinn,
Daß ich so hübsch bescheiden bin.

Zum zweiten denken sich die Leut,
Der Mann ist lauter Redlichkeit.
Auch schnapp' ich drittens diesen Bissen
Vorweg den anderen Kritiküssen;
Und viertens hoff' ich außerdem
Auf Widerspruch, der mir genehm.
So kommt es denn zuletzt heraus,
Daß ich ein ganz famoses Haus.

Obwohl man mit dieser Methode »tiefstapelt«, versucht man in Wirklichkeit das genaue Gegenteil, nämlich »hochzustapeln«. Gute Psychologen, Verkäufer und Pädagogen wissen, wie man die Wirkung statt durch Übertreibung durch Untertreibung steigern kann. Die scheinbare Untertreibung wird zu einem Hintergrund, vor dem die eigentliche Aussage dann um so wirksamer wird, selbst wenn sie in einem Nebensatz erscheint. Ein Verkäufer, der seine Ware zum Beispiel allzusehr lobt, fordert den Widerspruch des Kunden heraus. Beginnt er jedoch mit den Worten: »Natürlich, es gibt bessere, teurere«, so fühlt der Kunde instinktiv den Wunsch, die vorgelegte Sache zu verteidigen.

Weitere paradoxe Techniken und erfolgreiche Verhandlungsmethoden:

1. Nehmen wir einmal an, Sie geben ein Gesuch bei einer Behörde ab. Der Beamte fragt Sie vielleicht nach Einzelheiten, die er noch wissen will. Enthalten Sie ihm die Informationen vor mit der Bemerkung, dies gehe ihn nichts an, so wird er nur um so neugieriger und hartnäckiger. Das Beste ist es also, wenn Sie die Frage des Beamten kurz und bündig beantworten.
2. Sie überzeugen Mitmenschen um so leichter, wenn Sie bei Meinungsverschiedenheiten in Diskussionen zunächst Gemeinsamkeiten herausstellen und erst dann auf den Punkt eingehen, in welchem Sie eine andere Ansicht vertreten.
3. Sie vermögen einen Kontrahenten manchmal schon dadurch schachmatt zu setzen, ohne sich anzustrengen, daß Sie ihn fragen: »Können Sie den Sachverhalt nicht in ganz einfachen Worten ausdrücken?«
4. Ein geschickter Angriff ohne großen Aufwand besteht darin, einem Gegner nach seinen Ausführungen an passender Stelle die einfache

Frage zu stellen: »Warum?« Ihr Gegenspieler ist durch die notwendige Beantwortung gezwungen, sein Gedankengebäude durcheinander zu bringen, und er verliert an Boden.

5. Eine Schwäche wird zum Teil schon dadurch überwunden, daß man sie sich selbst eingesteht. Wird ein Fehler anderen gegenüber eingestanden, so wird er eher vergessen. Auch im Verhalten der eigenen Person gegenüber spielt die Taktik eine Rolle. Wer seine negativen Gefühle nicht leugnet, sondern bewußt wahrnimmt, vermag sich leichter von ihnen zu distanzieren.
6. Schlaf läßt sich am sichersten dadurch vertreiben, daß man ihn erzwingen will. Sobald man aber gleichmütig an die Frage denken kann, wieviel man schläft, leidet man nicht mehr unter dem Zwang, nur ja genug schlafen zu wollen – und man schläft auf einmal wesentlich besser und länger.
7. Wer eine Sache ständig betont, erweckt nicht den Eindruck, sich ihrer auch sicher zu sein.
8. In stiller Meditation kommen Sie mit den unerschöpflichen Kräften Ihres Inneren in Berührung. Das Unterbewußtsein arbeitet für Sie auch im Schlaf. »Den Seinen gibt's der Herr im Schlaf.«
9. Wer von dem Drang abläßt, sich ständig in alles einmischen zu wollen, gewinnt Freiheit. »Es gibt nichts Köstlicheres als Innehalten«, sagt das alte chinesische Weisheitsbuch der Wandlungen I-Ging.
10. Auch folgendes chinesische Sprichwort kann manchmal eine schwierige Lage klären helfen: »Befinde ich mich in einer aussichtslosen Situation, so habe ich zwei Möglichkeiten. Entweder ändere ich die Situation oder meine Einstellung dazu.« Die Technik, sich selbst zu ändern, um Mitmenschen zu beeinflussen, entspricht dieser Methode.

4. Träume – Rolltreppeneffekte im Unterbewußtsein

Im Traum haben Sie eine beachtliche Möglichkeit, in die Schatzkammer Ihres Unterbewußtseins vorzudringen. Zwar meinen manche Menschen, sie träumten nie. Heute ist aber wissenschaftlich erwiesen, daß jeder Mensch pro Nacht mehrmals träumt, das heißt an die tausend Träume im Jahr hat. Ich habe schon viele Seminare über Traumdeutung durchgeführt. Dabei habe ich folgende Erfahrung gemacht: Jeder Mensch vermag nach kurzer Zeit zu lernen, seine Träume selbst richtig zu entschlüsseln. Welche Möglichkeiten bieten uns die Träume? Ihr Nutzen ist sehr vielfältig:

- Träume lassen Sie Tageserlebnisse nacherleben. Hierbei erinnern sie Sie oft an eine wichtige Tatsache, der Sie im Wachzustand keine Beachtung schenkten.
- Träume informieren Sie manchmal über Sie selbst und über andere Menschen. Träume können Ihre verborgensten Wünsche aufzeigen. Sie offenbaren Ihnen Konflikte und deren mögliche Lösungen.
- Im Traum vermögen Sie auch ausgezeichnete Einfälle zur Lösung von Problemen zu entwickeln.
- Träume können Ihnen Möglichkeiten zeigen, wie Sie bessere Geschäfte machen und Ihre finanzielle Situation verbessern.
- Im Traum öffnet sich manchmal eine Pforte zum Überbewußtsein. Sie vermögen dann den Strom des Göttlichen in sich zu erfahren.

Probleme der Traumdeutung

Traumereignisse sind deshalb für uns nicht einfach zu deuten, weil das Traumgeschehen in Symbole gekleidet ist und in Bildern abläuft. Die Traumdeutung besteht nicht allein darin, die Symboldeutungen in einem Traumbuch nachzuschlagen und sie auf eigene Träume anzuwenden. Sie müssen sich ebenso bemühen, mehr über den Träumer, also über sich selbst, herauszufinden. Stille Meditation wirkt sich hierbei besonders förderlich aus.

Träume erinnern Sie an Tatsachen, denen Sie im Wachzustand keine Beachtung schenkten

Eine Frau träumte, daß die Gartentür nicht verschlossen war und an den Pfosten schlug. Die Träumerin wachte auf und ging zur Gartentür. Draußen war es windstill. Die Gartentür war fest verschlossen. Dafür stand die Haustür offen.

Eine andere Frau träumte, sie hätte ihren Reisepaß nicht bei sich, als sie ihn beim Passieren der Landesgrenze vorzeigen mußte. Am Morgen suchte sie ihn. Als sie ihn endlich gefunden hatte, war sie beruhigt. Beim zufälligen Herumblättern stellte sie jedoch fest, daß seine Gültigkeitsdauer noch vor dem Reisebeginn abgelaufen wäre.

Ein Mann träumte, sein neuer Geschäftsfreund habe ihn zum Essen eingeladen und ihm Gemüse serviert, in dem viele Würmer herumkrochen. Der Träumer vermutete, der Traum wolle ihn warnen. Bei genauer Überlegung fand er sein Mißtrauen berechtigt. In dem Vertrag, den er beinahe schon abschließen wollte, saß tatsächlich »der Wurm«. Er schloß den Vertrag nicht ab. Natürlich war es in diesem Falle wichtig, die Vernunft zu Hilfe zu nehmen, denn der Traum hätte ja auch eine real nicht begründete Furcht widerspiegeln können.

Träume informieren Sie über Konflikte und verborgene Wünsche

Eine junge Frau träumte, sie liege in einem langen weißen Hemd auf einem Bett. Auf dem Nachttisch standen brennende Kerzen. Sie war der Meinung, sie müsse sterben.

Dieser Teil des Traumes ist jedoch kein Grund zur Befürchtung, wie man leicht annehmen könnte. Das Sterben im Traum ist nämlich meist nicht als Hinweis auf einen leiblichen Tod aufzufassen. Vielmehr deutet es symbolisch auf einen inneren Wandlungsprozeß hin: Altes stirbt ab, um Neuem Platz zu machen.

In der zweiten Szene des Traumes traten Männer in die Stube. Sie stellten einen Sarg auf, holten die schönsten Kleider der Frau aus dem Schrank und legten sie in den Sarg. Wie war dies zu deuten? Offenbar sollte sich die durch das Sterben symbolisierte seelische Wandlung der Frau auf ihre Einstellung zu Kleidern beziehen. In ihrer Ehe hatte es schon oft Auseinandersetzungen gegeben, weil ihr Mann ihr oft vorwarf, daß sie für Äußerlichkeiten zuviel Geld ausgebe.

Aber der Traum ging noch weiter. Nun hörte die Frau ein Klingeln. Sie ging an die Tür und öffnete sie. Vor ihr stand ihr Mann. Da er in der ersten und zweiten Szene noch nicht aufgetreten war, ergab eine nähere Interpretation, daß die Putzsucht der Frau sich als ihr eigenes Problem darstellte, nicht als das ihres Partners.

Fahren wir mit der Deutung des Traumes fort. In der Traumsymbolik stellt das Haus meist die eigene Person dar. Der Ehemann vor der Tür bedeutet so gesehen, daß sie den Gatten weniger in ihr Leben einbezogen hatte, als sie meinte. Erst vor einigen Tagen hatte sie noch einer Freundin geschildert, ihr Mann habe nicht genug Zeit für sie. Doch offenbar stellte sie die Situation nur sehr einseitig dar. In Wirklichkeit ließ sie ihn »vor der Tür« stehen.

Mit der vierten Szene ist der Traum zu Ende. Der Ehemann freute sich und rieb sich die Hände. Über seinen Grund zur Freude brauchte die junge Frau nun nicht lange nachzudenken. Er war froh, weil sich ihm seine Gattin innerlich öffnete, weil sie sich ihm gegenüber nicht länger »wie tot« verhielt.

Dieses Beispiel zeigt ganz deutlich, wie wichtig es ist, nicht nur etwas über die Bedeutung von Personen und Symbolen des Traums zu wissen, sondern die ganze Traumhandlung zu deuten. Dies war der Frau jedoch ohne Hilfe gelungen.

Nun zu einem weiteren Traum. Ein etwa dreißigjähriger Mann träumte, er sei schwanger. Verständlicherweise war er darüber nicht wenig erschrocken. Er interpretierte den Traum insgeheim als die Äußerung einer verborgenen homosexuellen Neigung. Um den Traum richtig zu verstehen, müssen wir von der Lebenssituation des jungen Mannes ausgehen. Sein Chef wollte ihn zum Leiter der Lehrlingsausbildung machen. Hier steckt der Schlüssel zur Lösung seines Traumproblems. Als künftiger Leiter der Lehrlingswerkstatt steckte er voller Ideen. Viele Verbesserungen warteten in seinen Gedanken darauf, »geboren« zu werden. Mit der Geburt des Kindes im Traum signalisierte ihm sein Unterbewußtsein, daß er schöpferische Ideen gebären könne. Als der junge Mann diese Traumdeutung hörte und in Betracht zog, überwand er seine Bedenken und nahm die angebotene Position an.

5. Träume sind Ihre verborgenen Helfer

Im vergangenen Abschnitt haben Sie bei der Schilderung verschiedener Träume auch solche kennengelernt, die den Betroffenen ermöglichten, durch Ablegen von Fehlhaltungen ein besseres Leben zu führen. Hier wollen wir uns damit befassen, wozu Sie sich Ihrer Träume außerdem bedienen können.

Träume vermögen Ihnen geistige Problemlösungen und neue Ideen zu bescheren

Otto Loewis Theorie zur chemischen Übertragung von Nervenimpulsen und August Kekulés Vision von der Schlange, die sich in den Schwanz beißt und die ihm zur Erkenntnis der Ringstruktur der Kohlenstoff- und Wasserstoffatome des Benzols verhalf, sind im Traum entstanden. Denken Sie aber nicht, »geniale« Träume seien ein Vorrecht von wenigen hervorragenden Menschen, und Sie hätten nicht ebenfalls die Möglichkeit, gute Ideen im Traume zu entwickeln.

Nach einem Vortrag, kam ein junger Konstrukteur zu mir und berichtete: »Wissen Sie, ich wagte nicht in Gegenwart der anderen Zuhörer darüber zu sprechen. Ich finde die Sache selbst unheimlich. Tagelang habe ich mich einmal damit abgequält, die Lösung eines Konstruktionsproblems zu finden. Eines Morgens war mir beim Erwachen die Lösung klar. Ich hatte sie geträumt. Wie kann das möglich sein?«

Ich erläuterte dem jungen Mann, daß im Traum das Unterbewußtsein besonders aktiv ist. »Im Traum«, antwortete ich ihm, »ist die Anzahl der gedanklichen Assoziationen viel größer, als es sonst der enge Rahmen gewohnheitsmäßiger Routinelogik erlaubt. Das führt sogar soweit, daß bedeutende Mathematiker die Lösung schwieriger mathematischer Probleme im Traum gefunden haben. Es dauerte dann allerdings manchmal noch Wochen, bevor der betreffende Mathematiker die Richtigkeit der Lösung mit logischer Beweisführung zeigen konnte.«

Nach meinen Ausführungen war der junge Mann beruhigt. Er nahm sich vor, in Zukunft seine Träume gezielt für die Entwicklung guter Ideen zu nutzen.

Von dieser Möglichkeit wird noch viel zuwenig Gebrauch gemacht. Auch Sie können die intuitiven Möglichkeiten, die Ihr Unterbewußtsein im Traum eröffnet, nutzen und sich so in Ihnen schlummernder Energien bedienen. Selbst wenn Sie keine großen Werke der Musik oder Dichtkunst schaffen und auch keine neuen wissenschaftlichen Theorien aufstellen, liegen in Ihnen schöpferische Talente verborgen. Wenn Sie sich von destruktiven zwischenmenschlichen Emotionen wie Ärger, Haß, Neid und anderen Belastungen befreien, wird sich im Traum Ihr Unterbewußtsein weniger mit solchen belastenden Konflikten befassen, sondern vielmehr schöpferische Gedanken liefern. Eines muß jedoch beachtet werden: Die schöpferische Inspiration tritt im allgemeinen nicht ohne Vorarbeit auf. Sie müssen schon am Tag Wissen und eine Vielzahl von Tatsachen zusammengetragen haben, um Ihrem Unterbewußtsein die Voraussetzungen und das Material für eine erfolgreiche Tätigkeit »im Schlaf« bereitzustellen.

Ich setze schon seit einigen Jahren meine Träume für meine wissenschaftliche und schriftstellerische Tätigkeit ein. Zunächst trage ich viele Fakten zusammen und versuche, Sachverhalte gedanklich zu erfassen. Vor dem Einschlafen lasse ich mein Unterbewußtsein »wissen«, daß es mir im Traum gute Gedanken bescheren möge. Nach dem Aufstehen habe ich dann oft sehr viele gute Gedanken. Gelegentlich werde ich auch in der Nacht wach, wenn ich im Traum gute Ideen habe. Ich notiere sie dann sofort auf einem Block, der stets auf meinem Nachtkästchen bereitliegt. Die Erfahrung hat mir nämlich gezeigt, daß diese Einfälle sonst am nächsten Morgen unwiderruflich aus meinem Gedächtnis verschwunden waren.

Träume zeigen oft Möglichkeiten auf, wie Sie Ihre geschäftliche und finanzielle Situation verbessern können

Ich träumte vor einiger Zeit davon, ich solle unbedingt Silber kaufen. Da die Spanne zwischen Ankaufs- und möglichem Wiederverkaufspreis relativ hoch ist, hätte das Silber im Wert schon beträchtlich steigen müssen, damit ich bei einem Wiederverkauf keinen Verlust zu erwarten gehabt hätte. Daher schenkte ich dem Traum keine Beachtung. Und wer beschreibt meine Überraschung: Vier Wochen später schon hätte ich das Silber mit hundert Prozent Gewinn verkaufen können. Allerdings hielt sich der Silberpreis nur etwa zehn Tage auf dieser extremen Höhe und fiel dann wieder stark.

Nun fällt dieser Traum, ebenso wie der folgende Traum einer meiner Seminarteilnehmerinnen, schon in die Gruppe der hellseherischen Träume. Diese Dame träumte eines Nachts fünf Zahlen, die sie am nächsten Tag auf einem Lottoschein ankreuzte. Nach der Ziehung ergab sich, daß die Frau fünf Zahlen richtig getippt hatte. Sie gewann mehrere tausend Mark.

Auch Sie können im Traum gute Gedanken entwickeln, wie Sie Ihre geschäftliche und finanzielle Lage verbessern können. Wenn Sie von unvorhersehbaren geschäftlichen Entwicklungen träumen, können Sie allerdings nie sicher sein, ob es sich tatsächlich um eine vorweggenommene Darstellung künftiger Entwicklungen handelt. Es bleibt immerhin ein großes Wagnis, nur aufgrund eines Traumes eine große Summe Geldes zu riskieren. Niemand gibt Ihnen nämlich die Sicherheit, daß es sich tatsächlich um einen hellseherischen Traum handelt.

Der Traum enthält bisweilen Informationen, denen außersinnliche Wahrnehmung zugrunde liegt

Es ist wissenschaftlich belegt: Viele Menschen erleben im Traum Dinge, die sich an irgendeinem entfernten Ort ereignen oder die erst später Wirklichkeit werden. Der amerikanische Präsident Abraham Lincoln, zum Beispiel, träumte von seiner Ermordung. Zehn Tage später wurde er das Opfer eines tödlichen Attentats. Der ungarische Bischof Lanyi sah im Traum die Ermordung des österreichischen Thronfolgers voraus, die zwölf Stunden nach dem Traum, am achtundzwanzigsten Juni 1914, in Sarajewo stattfand. Dieses Attentat löste bekanntlich den Ersten Weltkrieg aus.

Die in jedem Menschen schlummernden Fähigkeiten der außersinnlichen Wahrnehmung können durch geeignete Meditationstechniken geweckt werden. Schon seit über zwei Jahrtausenden ist bekannt, daß meditative Vertiefung die Sensibilität für die Fähigkeit der außersinnlichen Wahrnehmung steigert.

Ich konnte bei einer Reihe von meditierenden Personen und auch an mir selbst folgende Feststellung machen: Längere Meditation vor dem Einschlafen führt gelegentlich zu Wahrträumen. Meditation bewirkt weiterhin, daß Sie sich Ihrer Träume nach dem Erwachen besser erinnern. Nicht selten erinnert man sich sogar während einer Meditation an Traumereignisse, die schon Tage, Wochen oder Jahre zurückliegen.

Im Traum eröffnet sich den Menschen manchmal ein Blick auf das Göttliche

Sogenannte »Großträume« sind sehr selten und von ganz besonderer Art. Der Träumende erlebt dabei überzeitliche, kosmische Bilder. Es kann sich zum Beispiel um das alles überstrahlende Licht einer gewaltigen Sonne, um herrliche Landschaften oder um Begegnungen mit nie gesehenen Menschen oder menschlichen Wesen handeln. Solche Träume zeichnen sich dadurch aus, daß man sie nicht für sich behalten kann, sondern den inneren Drang verspürt, anderen Menschen davon Mitteilung zu machen.

Wenige Tage nach dem Tode meiner Mutter hatte ich selbst einen solchen Großtraum. Ich erblickte einen nie erlebten Lichterglanz von unzähligen Sternen. Ich hörte die Stimme meiner Mutter, die mir sagte, daß es ihr gut gehe. Dieser Traum war für mich von einer solchen Eindringlichkeit und Tiefe, daß ich ihn nie als einen »kompensatorischen« Traum bezeichnen würde, also als den Versuch meines Unbewußten, mit dem Tode meiner Mutter fertig zu werden.

In Großträumen können Menschen auch die Botschaft empfangen, daß sie einen neuen Lebensweg einschlagen sollen. Manchmal empfindet der Mensch bei solchen Traumerlebnissen auch Furcht. So haben Propheten und Verkünder oft nur unter Erschrecken ihren Auftrag wahrgenommen, den sie in Visionen und Großträumen hatten.

6. So erinnern Sie sich an Ihre Träume

Viele Menschen vergessen ihre Träume so vollständig, daß sie der Ansicht sind, überhaupt nie zu träumen. Um mit Ihren Träumen zu arbeiten, müssen Sie sich daher zunächst an diese erinnern. Verfahren Sie wie folgt:

1. Stellen Sie einen Kassettenrekorder oder ein Tonbandgerät auf Ihrem Nachttisch bereit. Um in der Nacht Ihr Tonband bequem bedienen zu können, sollten Sie die Möglichkeit haben, das Licht einer nicht zu grellen Lampe vom Bett aus anzuschalten.
2. Beeinflussen Sie Ihre Erinnerungsfähigkeit an Träume, indem Sie sich vor dem Einschlafen sagen: »Ich werde nach dem Traum aus dem Schlaf erwachen. Ich werde mich an meinen Traum erinnern.«
3. Wenn Sie zu den Menschen gehören, die sich an ihre Träume nicht erinnern können, dann stellen Sie einen Wecker auf zwei, vier oder sechs Stunden nach Ihrer normalen Einschlafzeit. Das ist zwar noch keine Erfolgsgarantie, auch eine Traumphase zu erhaschen. Vor allem gegen Morgen wird Ihre Chance größer, eine sogenannte REM-Phase zu erfassen, da diese dann länger werden. (Während dieser REM-Phasen dürfte die intensivste Traumtätigkeit vor sich

gehen. REM ist die Abkürzung für »rapid eye movement«, schnelle Augenbewegung: die Augenbälle des Schlafenden bewegen sich während dieser Phasen bei geschlossenen Lidern so heftig, daß ein Betrachter dies deutlich erkennen kann.)

4. Erwachen Sie in der Nacht, so lassen Sie den Traum noch einmal in Gedanken vor sich ablaufen. Knipsen Sie das Licht an und sprechen Sie die Erlebnisse auf Tonband.
5. Geben Sie den Traum so genau wie möglich zu Protokoll. Sprechen Sie auch auf das Tonband, was Ihnen als erstes zu dem Traum einfällt. Das mögen Ereignisse des vergangenen Tages sein oder andere Dinge. Sprechen Sie auch über Ihre Empfindungen, die Sie während des Traumes hatten.
6. Springen Sie am nächsten Morgen nicht sofort aus dem Bett. Versuchen Sie sich Ihrer Träume zu erinnern. Sprechen Sie die Traumerlebnisse wenigstens jetzt auf Tonband, wenn Sie es nicht schon in der Nacht getan haben. Machen Sie das, solange Sie noch im Bett sind. Sind Sie nämlich erst einmal aufgestanden, so entziehen sich die Träume gänzlich Ihrer Erinnerung.
7. Meditieren Sie regelmäßig. Sie vermögen sich dann am Morgen um so besser Ihrer Träume zu erinnern. Das hat für Sie den Vorteil, daß Sie nicht ständig Ihren Schlaf unterbrechen müssen.
8. Heben Sie die Tonbandkassetten mit Ihren Träumen auf. Anhand dieser Aufzeichnungen vermögen Sie Ihre Fortschritte in der Traumdeutung sehr gut zu registrieren. So können Sie die Protokolle zu solchen Träumen wieder abspielen lassen, die um ein Grundthema kreisen und deren Bedeutung besonders wichtig ist.

7. So deuten Sie Ihre Träume

Beschaffen Sie sich ein gutes Lexikon der Traumsymbole, aber achten Sie darauf, daß man Ihnen nicht vielleicht ein altes »Traumbuch« verkauft, wie es unsere Großmütter gerne noch verwendeten. Ein solches Lexikon wird Ihnen bei der Traumdeutung hilfreiche Dienste leisten. Ich empfehle Ihnen zum Beispiel das *Lexikon der Traumsymbole* von Hanns Kurth.

Gehen Sie bei dem Versuch der Interpretation eines Traumes in folgenden Schritten vor:

1. Untersuchen Sie Ihren Traum zunächst auf solche Inhalte, die Ihnen vielleicht am Tage vorher nicht zu Bewußtsein gekommen sind. Fragen Sie sich also: Enthält der Traum eine Tatsache, die von mir nicht bewußt wahrgenommen wurde? Ist im Traum ein ganz reales Ereignis enthalten? Der Traum muß sich aber nicht allein darauf beschränken. Er kann mit dem realen Ereignis eine ganze Traumhandlung einleiten und Ihnen weitergehende Einsichten bescheren.
2. Nach diesem Blick nach außen wenden Sie sich nun nach innen. Gehen Sie von Ihrer Lebenssituation aus und prüfen Sie, ob sich diese nicht im Traume spiegelt. So kann zum Beispiel jemand, der vor einem Gerichtsprozeß steht, von einer Bombe träumen. Die Bombe signalisiert eine Gefahr. Es wäre aber falsch, den Traum unter allen Umständen als Warntraum oder als Zukunftstraum zu deuten. Vielleicht leben im Traum nur Ihre am Tage gehegten Befürchtungen und Ängste über den Ausgang des Prozesses wieder auf.
3. Überprüfen Sie dann, ob Ihnen der Traum nicht einen Einblick in Ihr verborgenstes Ich gibt. Äußern sich vielleicht geheime Sehnsüchte? Schon Ralph W. Emerson schrieb, daß ein aufgeschlossener Mensch seine Träume zur Selbsterkenntnis nutzen sollte.

Nun noch einige Worte dazu, wie Sie Ihre Traumsymbole entschlüsseln. Sie werden im Traumlexikon natürlich nicht alle Traumsymbole finden. Außerdem hat jeder Mensch zu einem Teil auch eine ganz individuelle Traumsymbolik. Wie kommen Sie nun hinter das Geheimnis dieser Symbole? Schreiben Sie auf, was Ihnen zu einem solchen Symbol einfällt. Lassen Sie sich bei solchen Assoziationen nur von Ihrem Gefühl und nicht vom Verstand leiten. Eine große Hilfe für die Entschlüsselung individueller Traumsymbole besteht darin, den eigenen Traum schauspielerisch darzustellen und ihn so noch einmal nachzuerleben. Diese Methode hilft sehr oft, wenn das direkte Verfahren der freien Assoziation zu keinem Ergebnis führt.

Achten Sie auf Ihre Träume und verdrängen Sie diese nicht. Nutzen Sie die in Ihrem Inneren verborgenen Energien. Die Beschäftigung mit Ihren Träumen ist ein Weg dazu. Die meisten Menschen arbeiten jedoch nicht mit ihren Träumen. Sie verwenden vielmehr viel Zeit und Aufwand darauf, ihren inneren Kräften davonzulaufen. An der mangelnden Bereitschaft vieler Menschen, mit ihren Träumen zu arbeiten, ist sicher auch das Ammenmärchen schuld, man bringe sich in Gefahr, wenn man versuche, in die Tiefe unterhalb seines Bewußtseins vorzustoßen. Einige

Menschen befürchten sogar, man könne dadurch auch schädigende Kräfte beschwören und womöglich in Wahnsinn verfallen. Das gilt aber höchstens für psychisch kranke Menschen, die mit dem Leben überhaupt nicht zurechtkommen. Dem gesunden Menschen erwächst überhaupt keine Gefahr, wenn er seine Träume zu deuten und mit ihnen zu arbeiten versucht.

Nutzen daher auch Sie das in Ihnen verborgene Kräftereservoir. Erinnern Sie sich Ihrer Träume und interpretieren Sie ihre Inhalte. Sie können mit etwas Sachverständnis (aus einem Lexikon der Traumsymbole) und Zeitaufwand Ihre Träume auch ohne die Hilfe eines Psychoanalytikers zu verstehen versuchen. Mit Ihren Träumen stoßen Sie in unbekannte Bereiche Ihrer Persönlichkeit vor und erkennen Konflikte, die Sie unglücklich machen. Arbeiten Sie mit Ihren Träumen; so nutzen Sie verborgene Quellen psychischer Energien.

8. Verwechseln Sie den Rolltreppeneffekt nicht mit dem Leistungskarussell

Schon das Kind lernt, daß es nur anerkannt und geliebt wird, wenn es fleißig und erfolgreich ist. Ist es jedoch unwillig und hat womöglich keinen Erfolg, so straft seine Umwelt es mit Verachtung. So macht sich der Mensch bald von der Meinung anderer abhängig und strebt ständig nach Anerkennung. Immer wieder will er sich aufs neue beweisen. Dabei verliert er schließlich den Blick dafür, was ihm noch nützt und was nicht. Er befindet sich auf einem Leistungskarussell, das sich immer schneller dreht und überhaupt nicht mehr zum Stillstand kommt.

Das Leistungskarussell darf aber auf keinen Fall mit der Rolltreppe verwechselt werden. Auf der Rolltreppe des Lebens zu stehen bedeutet keineswegs, sich immer größerem Leistungsdruck auszusetzen. Wie kann man sich aber davor schützen, ständig zu höheren Anstrengungen getrieben zu werden, ohne selbst noch etwas davon zu haben? Wie kann man sich davor bewahren, zum Opfer dieses Leistungskarussells zu werden? Stellen Sie sich dazu folgende Fragen:

- Lasse ich mich nur durch die Hoffnung auf mehr Prestige zu noch mehr Arbeit bewegen?
- Habe ich von meiner Leistung auch selbst einen Nutzen?

Viele Menschen können sich vom Leistungsdruck deshalb nicht befreien, weil sie diesen Fragen aus dem Wege gehen. Die Folge davon ist, daß sie zuviel arbeiten; das Leben aber geht praktisch an ihnen vorbei, ohne daß sie seine schönen Seiten kennenlernen. Ständig treiben sie sich selbst zu immer mehr Leistungen an und kommen nicht dazu, ihren Erfolg auch jemals zu genießen. Zugegeben, der Drang nach Anerkennung ist ein elementares Bedürfnis des Menschen. Das Streben danach sollte jedoch nicht dazu führen, daß die eigene Persönlichkeit völlig unterdrückt wird. Erst recht sollte man sich nicht davon abhalten lassen, die Früchte der eigenen Leistung auch zu genießen.

Nicht wenige Menschen jagen dem Geldverdienen nach, ohne jedoch von den Möglichkeiten Gebrauch zu machen, die das Geld ihnen bieten könnte. Erst in ihrer Todesstunde stellen sie fest, was sie falsch gemacht haben. Doch dann ist es zu spät. Nutzen Sie also den in den vorstehenden Abschnitten erwähnten Rolltreppeneffekt, hüten Sie sich aber davor, zum Opfer des Leistungswahns unserer Zeit zu werden. Setzen Sie die Grenze selbst fest, bis zu der Ihre Leistungsbereitschaft geht. Denken Sie darüber nach, ob sich der Aufwand für eine bestimmte Anstrengung für Sie lohnt. Lernen Sie, auf ständig wachsenden Prestigegewinn zu verzichten und sich dafür Ihrer Selbstentfaltung zu widmen. Durch Entfaltung der wahren Bedürfnisse Ihrer Persönlichkeit entziehen Sie sich dem gefährlichen Leistungsdruck, der Sie nur davon abhält, ein wahrer Lebenskünstler zu werden.

9. Wie Sie die natürliche Entwicklung der Dinge nützen können

Ein Mann tritt eine neue Arbeitsstelle an. Er ist ängstlich bedacht, sich im Kollegenkreis möglichst rasch durchzusetzen. Er zeigt übertrieben forsches Auftreten und legt einen ständigen Drang zum Argumentieren an den Tag. Er will Sicherheit beweisen und bei seinen Kollegen Eindruck machen. Doch sein Verhalten wird von den anderen abgelehnt. Was hat der Mann falsch gemacht? Hätte er nicht ständig versucht aufzutrumpfen und sich zu beweisen, wäre er von den Kollegen mit der Zeit ganz problemlos akzeptiert worden.

Das bedeutet nun aber keineswegs, daß man ein Duckmäuser werden und sich ständig anpassen sollte. Rechthaberei darf jedoch nicht mit Selbstsicherheit verwechselt werden. Rechthaberisches Verhalten ist immer ein deutliches Zeichen für persönliche Unsicherheit. Wer ständig seine Meinung in den Vordergrund rückt, erweckt sehr bald den Eindruck, sich und anderen nur etwas einreden zu wollen. Man kann zu seinem Standpunkt auch stehen, ohne ihn ständig lauthals zu demonstrieren. Echte Selbstsicherheit überzeugt auch ohne lärmendes Getue. Mit innerer Sicherheit werden Sie in den meisten Fällen von selbst überzeugend wirken.

Machen Sie sich die natürliche Entwicklung der Dinge zunutze. Handeln Sie immer nach der Devise: Am Anfang nicht übertreiben, dafür aber ständig Aktivitäten zeigen.

Auf jedes Tief folgt wieder ein Hoch

Ich kenne einen sehr dynamischen und sympathischen jungen Mann, der vor einigen Jahren eine Versicherungsagentur eröffnete und in seinem Geschäft schon mehrere Angestellte beschäftigte. Er hatte mehrere Erfolgsbücher durchgearbeitet und ging auch nach dem Gelernten vor. Die Umsätze seines Geschäftes stiegen ständig, so daß er weitere Mitarbeiter einstellen konnte. Doch dann kam die Aufwärtsbewegung seines Geschäftes plötzlich zum Stillstand. »Obwohl ich weiter an meinen Erfolg und an mich glaube, hält die Aufwärtsentwicklung meiner Geschäfte nicht an«, meinte er zu mir. Sein Selbstvertrauen war schon etwas angeschlagen, weil er so sicher gewesen war, es könne für ihn nur Erfolge geben. Da zu jener Zeit die Erdölkrise auf einem Höhepunkt angelangt war und auch die Möglichkeit eines Kriegsausbruchs befürchtet wurde, hatten die Menschen verständlicherweise andere Gedanken, als eine Lebensversicherung abzuschließen. Ich machte dem jungen Mann klar, daß manchmal auch ein Stillstand oder Rückschritt zu den Wechselfällen des Lebens gehört.

Das bedeutet aber keineswegs, daß auch Sie sich schon von vornherein auf Niederlagen einstellen sollten. Ergibt sich jedoch einmal ein Mißerfolg, so ist das noch kein Grund zur Panik und zu Selbstmitleid. Auch wenn Ihr Lebensbarometer für längere Zeit auf »Sturm« stehen sollte, denken Sie immer daran: Auf jedes Tief folgt ein Hoch!

Wenn Sie versuchen, die natürliche Entwicklung der Dinge zu überspringen, schaden Sie sich selbst

Ich ließ mich vor Jahren dazu überreden, ein Fertighaus zu kaufen. Für meinen Entschluß war damals entscheidend, daß ich mit dem Kaufvertrag für das schlüsselfertige Haus eine Festpreisgarantie in der Hand hatte. Ich dachte, ich sei so davor geschützt, einer unübersehbaren Kostenlawine gegenüberzustehen, wie sie bei konventioneller Bauweise üblich ist. Natürlich spielte auch meine Bequemlichkeit eine Rolle. Später habe ich diesen Schritt bitter bereut. Hätte ich die Planung des Hauses nach meinen eigenen Vorstellungen organisiert, so hätte es später in vielen Punkten meinem Geschmack wesentlich besser entsprochen. Natürlich hätte dann der Hausbau auch länger gedauert. Doch das wäre mir die Sache – von meinem heutigen Standpunkt aus gesehen – wert gewesen.

Stören Sie Ihre Liebesbeziehungen nicht durch Ungeduld

Ein junger Mann berichtete mir vor kurzem: »Wenn ich für ein Mädchen wirklich entflammt war, konnte ich es nicht für mich gewinnen. Ganz anders sah die Situation jedoch meistens bei solchen jungen Damen aus, denen ich zu Anfang wenig Interesse entgegenbrachte.«

Welchen Fehler hatte der junge Mann gemacht? Anstatt den natürlichen Verlauf bei der Entwicklung einer Zuneigung zu nutzen, konnte er nicht abwarten und wollte die Liebe des Mädchens innerhalb kürzester Zeit gewinnen. Doch sein Ungestüm rief nur Ablehnung hervor.

Auch viele Ehemänner zerstören durch Ungeduld ihre Ehe. In vielen Partnerschaften sind die sexuellen Beziehungen schon längst Routine und daher ziemlich unbefriedigend geworden, weil sie entweder nur mehr eine Art Pflichterfüllung darstellen oder allein auf die Befriedigung eines sexuellen Bedürfnisses gerichtet sind. Wer jedoch in der Ehe den Partner nicht mit Phantasie ständig neu zu erobern sucht, wird nie die erhoffte Befriedigung erlangen, nach der er sich innerlich sehnt. Nehmen Sie sich für die Liebe Zeit wie zu Beginn Ihrer Beziehung. Lassen Sie Ihre Phantasie spielen! Erobern Sie Ihren Partner! Ihre ehelichen Beziehungen werden dann wieder um so harmonischer sein.

Nehmen Sie auf den Entwicklungsstand Ihrer Mitmenschen und vor allem Ihrer Kinder Rücksicht

Erwarten Sie von Ihren Mitmenschen nicht mehr, als zumutbar und angemessen ist. So ersparen Sie sich und dem anderen viel Ärger. Es hat auch keinen Zweck, Ihren Kindern jedes Hindernis und jede unangenehme Erfahrung aus dem Weg räumen zu wollen. In der Entwicklung Ihrer Kinder lassen sich nämlich Entwicklungsphasen nicht einfach überspringen. Selbst wenn es den Eltern anfangs zu gelingen scheint, ihre Kinder vor allen Fallen zu bewahren, machen diese Kinder nur zu oft in späteren Jahren die so ängstlich vermiedenen Fehler, und diese wirken sich dann um so negativer aus. So, wie Sie nicht Stufen Ihrer Entwicklung überspringen konnten, gilt das gleiche auch für Ihre Kinder. Gehen Sie von dieser realistischen Einstellung aus. Dann sind Sie auch nicht enttäuscht, wenn die Entwicklung Ihrer Kinder vielleicht zur Zeit nicht so verläuft, wie Sie es wünschen.

Zusammenfassung

1. Jedermann kann Rolltreppeneffekte nutzen, um seine Kräfte und Fähigkeiten leichter zu entfalten.
2. Seelische Kräfte und Fähigkeiten verzehren sich nicht, sondern steigern sich durch ihren Gebrauch.
3. Die »paradoxe Methode« besteht darin, die bisherigen Bemühungen umzukehren oder von vornherein anscheinend paradox vorzugehen, um so leichter Erfolg zu haben.
4. Folgende Techniken gehören zu den paradoxen Methoden: die gezielte Untertreibung; bei Meinungsverschiedenheiten zunächst Gemeinsamkeiten herzustellen; sich eigene Schwächen einzugestehen; andere ohne Einengung zu überzeugen; die Stille zu nützen; durch weniger Aktivität mehr Freiheit zu erlangen und sich selbst umzustellen, um das Verhalten der Mitmenschen zu ändern.
5. Ihre Träume liefern Ihnen die Lösungen für geistige Probleme, neue Ideen und sogar Hinweise für eine bessere Abwicklung Ihrer Geschäfte. Zusätzlich eröffnen sich Ihnen im Traum Bereiche, die Ihnen sonst verschlossen blieben.
6. Träume zeigen Ihnen Ihre geheimen Sehnsüchte und verborgenen Wünsche. Sie sind der Schlüssel zu mehr Selbsterkenntnis. In »Großträumen« erfahren Sie etwas vom Geheimnis des Göttlichen.
7. Sie erinnern sich Ihrer Träume mit dem in Abschnitt 6 angegebenen Programm.
8. Sie deuten Ihre Träume am besten, wenn Sie diese vom Hintergrund Ihrer Lebenssituation betrachten. Verfahren Sie bei der Trauminterpretation so, daß Sie Ihren Blick zunächst auf die Außenwelt und dann auf die Innenwelt lenken.
9. Entschlüsseln Sie Ihre individuellen Traumsymbole, indem Sie aufschreiben, was Ihnen dazu einfällt. Lassen Sie sich dabei von Ihrem Gefühl und nicht von der Vernunft leiten. Eine weitere Hilfe zur Erfassung eines Symbols besteht darin, den Traum schauspielerisch darzustellen und gefühlsmäßig nachzuerleben.
10. Sie verhindern, auf einem Leistungskarussell festgebunden zu sein, wenn Sie sich fragen: Treibt mich nur der Drang nach Anerkennung? Habe ich von meiner Leistung außer dem Prestigegewinn selbst einen Nutzen?
11. Indem Sie die natürliche Entwicklung der Dinge nutzen, vermeiden Sie überflüssige Anstrengungen, die nur Schaden und Mißerfolge verursachen.

Wie Sie sich zur Freude aufschwingen können

[illegible]

[illegible] darauf aus sind, so bald wie möglich die ungeliebte Schule zu verlassen und wieder nach Hause zu kommen.

In einer Illustrierten las ich neulich einen Bericht über einen Landschaftsfotografen, der mit seiner Arbeit sehr glücklich ist. Das war

Kapitel 10

Wie Sie sich zur Freude aufschwingen können

1. Die Macht der Freude

Zu meinen Bekannten gehört der Direktor eines Industrieunternehmens. Neulich fragte ich ihn: »Es muß doch viel Freude bereiten, einer solch verantwortungsvollen Tätigkeit nachzugehen?« »Freude soll ich empfinden?« antwortete er mißbilligend und schüttelte dabei den Kopf. »Den ganzen Tag schufte ich von früh bis spät. Ich habe fast keine Freizeit mehr. Der einzige Grund, warum ich den Betrieb leite, ist das viele Geld, das ich für die Arbeit erhalte.«

Die Meinung, berufliche Arbeit könne keine Freude vermitteln, ist heute sehr verbreitet. Auch die oft gebrauchte Redewendung: »Dienst ist Dienst, und Schnaps ist Schnaps« spricht dafür. Muß das so sein? Gibt es denn tatsächlich keine Möglichkeit, in der Arbeit mehr zu sehen als nur ein Mittel, zu viel Geld und Anerkennung zu gelangen?

Mein Junge besucht gerade die zweite Klasse der Grundschule. Sein Lehrer ist voll und ganz von seinem Beruf begeistert. »Wissen Sie«, sagte er einmal zu mir, »es gibt keine schönere Tätigkeit, als jungen Menschenkindern zu helfen, sich geistig und menschlich zu entwickeln. Die richtige Hilfestellung hierbei ist besonders wichtig. Ich bin mir meiner Verantwortung durchaus bewußt. Ich bemühe mich nicht nur darum, den Kindern Lesen, Schreiben, Rechnen und anderes Wissen zu vermitteln; ich versuche auch, auf jeden einzelnen gemäß seiner Veranlagung einzugehen. Besonderen Wert lege ich darauf, die Entwicklung der Kinder zu Selbständigkeit zu fördern, ohne daß die Disziplin leidet.«

Die Begeisterung des Lehrers erweckt großen Widerhall bei den Kindern. Alle mögen ihn. Seine Lebensfreude steckt die Kinder an. Wenn mein Sohn von der Schule nach Hause kommt, dann singt er oft so laut, daß man ihn schon von weitem hören kann.

Denken Sie nicht, daß es am Beruf des Lehrers allein liegt, wenn er so viel Freude an seiner Arbeit empfindet. Ich kenne auch Lehrer, die nur darauf aus sind, so bald wie möglich die ungeliebte Schule zu verlassen und wieder nach Hause zu kommen.

In einer Illustrierten las ich neulich einen Bericht über einen Landschaftsfotografen, der mit seiner Arbeit sehr glücklich ist. Das war jedoch offenbar nicht immer so. Früher dachte er bei jedem Bild, das er knipste, nur an das Geld, das er damit verdienen konnte. Bald fühlte er sich jedoch mit einer solchen inneren Einstellung sehr unglücklich. Tiefste innere Bedürfnisse – wie die Sehnsucht nach schöpferischer Arbeit – meinte er so nicht befriedigen zu können.

Wie aber schaffte es der Mann dann doch, mit seiner Arbeit glücklich zu werden? Er versuchte mehr über die Landschaft, die er fotografierte, in Erfahrung zu bringen. Er las in geologischen, botanischen und zoologischen Büchern Ausführungen über Gebirgsstrukturen, über Tiere, Bäume und Pflanzen. So stellte er langsam zwischen sich und seinen Motiven tiefere Beziehungen her. Die Landschaften begannen ihn zu faszinieren. Es gelangen ihm nun auch künstlerisch wertvolle Bilder. Sein höchster Gewinn war aber die innere Befriedigung, die ihm nun die Arbeit schenkte, und die Freude, die er dabei empfand.

2. So entwickeln Sie Freude an Ihrer Arbeit

Freude an der Arbeit können Sie gewiß nicht dadurch entwickeln, daß Sie sich sagen: Ich muß die Arbeit tun, denn ich erhalte Geld dafür. Nach Feierabend kann ich dann endlich das tun, was mir wirklich Freude macht. Wer so denkt, dem wird nicht nur bald die Arbeit zur Qual. Wahrscheinlich wird er in Kürze auch nach Feierabend von Unlust geplagt. Das Unbehagen bei der Arbeit bewirkt in vielen Fällen auch ein schlechtes körperliches Befinden. Selbst nach Feierabend kann sich der Mensch schwer davon freimachen. Auf die Wechselwirkung zwischen Körper und Stimmungslage wurde schon an anderer Stelle hingewiesen. Doch zurück zu der Frage: Wie kann man aus seiner Arbeit mehr Freude herausholen?

Sie gewinnen am sichersten dann Freude an der Arbeit, wenn Sie sich bemühen, Ihr Wissen und Ihre Kenntnisse darüber zu vertiefen und Ihre eigene Phantasie soviel wie möglich einzusetzen. Versuchen Sie es einmal! Sie werden erstaunt sein, wie bald Ihnen die gleiche Arbeit Spaß macht, die Ihnen vorher unerträglich langweilig erschien.

Wenn Sie zum Beispiel als Hausfrau des routinemäßigen Kochens schon längst überdrüssig sind und es Ihnen keine Freude mehr bereitet, so beschaffen Sie sich Bücher über gesunde Ernährung. Sehr bald wird

Ihnen bewußt werden, welch große Verantwortung Sie für sich und Ihre Familie bei der Nahrungszubereitung haben.

Der Sekretärin mag das Schreiben von Briefen mit der Maschine längst lästig sein. Vielleicht macht sie dabei auch Fehler, so daß der Chef sie rügt. Dann wird ihre Abneigung gegen das Schreibmaschinenschreiben noch größer werden. Wie könnte sie diesen Zustand ändern? Sie sollte sich fragen: Wie muß ein Brief geschrieben werden, damit er beim Empfänger den gewünschten Zweck erreicht? Wenn sie sich diese Frage stellt, sind für sie die Briefe keine tote Materie mehr, zu der sie keine Beziehung hat. Sie wird sich bemühen, ihr Einfühlungsvermögen in ihre Mitmenschen zu steigern. So sollte sie schließlich fähig sein, Briefe nicht nur zu tippen, sondern auch selbst zu formulieren. Ihr Chef wird sich glücklich schätzen, eine wendige und tüchtige Sekretärin zu haben, die nach wenigen Stichwörtern die nötigen Briefe selbst aufsetzen kann. Die Sekretärin wiederum wird sich jetzt auch über ihre Arbeit freuen, denn diese bedeutet nun eine Herausforderung und die Möglichkeit zur Selbstbestätigung.

Arbeit kann also auch Freude bereiten. Geben Sie die Vorstellung auf, Arbeit sei notwendigerweise eine Plage und bloß unerläßlich, um Geld zu verdienen. Sie haben es vielmehr selbst in der Hand, aus Ihrer Arbeit auch Freude zu gewinnen. Sie brauchen dazu nur eine echte Beziehung zu Ihrer Tätigkeit herzustellen.

Öffnen Sie sich Ihrer Arbeit innerlich. Setzen Sie Ihre Phantasie ein. Versuchen Sie neue Aspekte in allem zu entdecken, was Sie tun.

3. Die Leere des Vergnügens

Vielleicht vertreten Sie die Ansicht, Freude und Vergnügen seien dasselbe, und die Kunst, das Leben zu meistern, bestehe darin, im Leben möglichst viel Vergnügen zu erfahren. Was ist nun aber eigentlich Vergnügen? Der Psychoanalytiker Erich Fromm definiert es als »Befriedigung eines äußeren Verlangens, das nicht unbedingt einer Aktivität im Sinne von Lebendigkeit bedarf«. Solche Vergnügen können etwa darin bestehen, mehr Geld zu verdienen, in der Lotterie zu gewinnen, nach Herzenslust zu essen, sadistisch Macht auszuüben, sexuelle Befriedigung zu erlangen oder jenen euphorischen Zustand zu erreichen, der durch den Genuß von Alkohol und Drogen hervorgerufen wird. Hat der Mensch dieses Ziel erreicht, dann ist er zwar erregt, doch wirkliche Freude erfährt er dadurch nicht. Dem Vergnügen folgt immer ein Gefühl der Leere und der Traurigkeit. Das kommt daher, weil der Mensch instinktiv erkennt, daß sich in seinem Innern nichts geändert hat. Seine inneren Kräfte haben nicht zugenommen: im Gegenteil. Dem kurzen Triumph, sein trügerisches Ziel erreicht zu haben, folgt bald bittere Niedergeschlagenheit.

Wahre Freude empfinden Sie nur dann, wenn Sie den Weg der Selbstverwirklichung gehen. Erich Fromm definiert Freude so: »Freude ist kein Erlebnis, das kulminiert und abrupt endet, sondern eher ein Plateau, ein emotionaler Zustand, der die produktive Entfaltung der essentiellen Fähigkeiten des Menschen begleitet. Freude ist nicht die Ekstase, das Feuer des Augenblicks, sondern die Glut, die dem Sein innewohnt.«

Entfalten Sie daher Ihre Fähigkeiten. Entwickeln Sie die Ihnen innewohnenden Kräfte der Liebe, des Mitleids und des Verständnisses. Sehr bald wird dann Ihre innere Lebendigkeit Freude auslösen.

Haben Sie sich schon einmal die Gesichter der Menschen in einer belebten Geschäftsstraße oder einem Bahnhof genau angesehen? Sie werden kaum jemanden finden, dessen Gesicht Freude ausstrahlt. Dennoch haben all diese Menschen sicher ihre Vergnügungen und jagen ihnen weiter ständig nach.

Vergnügungen allein werden niemals die ersehnte Freude in Ihr Leben bringen. Nehmen Sie sich zu Herzen, was Sie in diesem Kapitel gelesen haben. Wenden Sie die Methoden in Ihrem eigenen Leben an und Sie werden spüren, wie die Freude in Ihr Leben kommt.

4. Das jahrtausendealte Wissen von der Freude

Die chassidische Bewegung innerhalb des Judentums entwickelte einen Lebensstil, in dem die Freude eines der Hauptelemente darstellte. Trauer und Niedergeschlagenheit wurden als Anzeichen für geistige Verwirrung und Sünde betrachtet. In den Erzählungen der Chassidim sagt der Rabbi Berditschew über das Wesen der Freude: »Wem's an Wesen fehlt, und er verspürt es in seiner leeren Lust nicht und sorgt nicht, es zu erfüllen, der ist ein Tor. Der wahre Freudige aber ist wie einer, dem das Haus verbrannte und der seine Not in der Seele litt, dann aber begann er ein neues zu bauen, und über jeden Stein, der gelegt wird, freut sich sein Herz.«

Auch im Gesetz des Talmud ist Freude als fundamentales Element enthalten. Nach dem Talmud muß die Trauer um einen Verwandten, der vor weniger als einer Woche gestorben ist, durch die Freude des Sabbats unterbrochen werden.

Das Buch der Psalmen aus dem *Alten Testament* endet mit fünfzehn Gesängen, in denen die Freude im Vordergrund steht.

»Der Himmel freue sich, es jauchze die Erde,
es brause das Meer und was es erfüllet,
Die Flur frohlocke und alles auf ihr,
da jubeln die Bäume des Waldes vor dem Ewigen.«

Mit der Bezeichnung »Frohbotschaft« für die Evangelien des *Neuen Testaments* wird ebenfalls auf die große Bedeutung von Freude und Frieden hingewiesen, wie man Jesu Worten entnehmen kann: »Dies habe ich zu euch geredet, damit meine Freude in euch sei und eure Freude vollkommen werde« (Johannes 15, 11).

Nicht nur im Judentum und im Christentum wird der Freude eine derartige Bedeutung eingeräumt. Obwohl der Buddhismus in erster Linie die Vergänglichkeit aller Dinge betont, sind dennoch nicht Zerstörung und Nihilismus, sondern vielmehr Friede und Freude die wesentlichen Elemente seiner Religion. Der Buddhismus lehnt leere Vergnügungen ab. Das Nirwana, das höchste und letzte Ziel des Buddhisten, wird als Zustand der Freude beschrieben.

Das jahrtausendealte Wissen um die große Bedeutung der Freude für unser Leben ist allen großen Religionen gemein. Nutzen Sie dieses Wissen auch für sich selbst. Machen Sie die Freude zum wesentlichen Element Ihres Lebens!

5. Es liegt an Ihnen, ob Ihr Leben von Freude erfüllt ist

Vor einigen Jahren machte ich eine Reise nach Nepal. Nachdem ich die Hauptstadt Katmandu besichtigt hatte, entschloß ich mich dazu, einen Sonnenaufgang in den Bergen zu erleben. Da zwei weitere Touristen, eine Dame und ein Herr, die gleiche Absicht hatten, beschlossen wir, das Unternehmen gemeinsam durchzuführen. Schon am frühen Morgen, wenige Stunden nach Mitternacht, fuhren wir mit einem Taxi vom

Hotel ab. Das Auto sollte uns in die Nähe des Berges bringen, den wir besteigen wollten, um den Sonnenaufgang zu erleben. Unser Begleiter begann schon während der Fahrt zu schimpfen. »Das Hotel läßt ja sehr zu wünschen übrig«, meinte er verbittert, »und erst das Frühstück«, fuhr er gequält fort. »Übrigens habe ich auch schon einmal in einem besseren Wagen wesentlich bequemer gesessen«, ging es dann weiter. Als wir den Wagen verließen und uns mit einem Führer auf den Weg machten, hatte sich unser Begleiter immer noch nicht von seiner negativen Einstellung freigemacht. Leise, doch unüberhörbar quengelte er vor sich hin: »Wäre ich doch nur bei diesem Wetter im Hotel geblieben!«

Ganz anders verhielt sich dagegen die Dame, die mit uns den Aufstieg machte. »Ist es nicht sehr romantisch, schon in der Dämmerung des frühen Morgens auf einen Berg zu steigen?« fragte sie mich. »Schauen Sie doch, wie der Nebel fließt. Man könnte meinen, eine gewaltige Fee komme auf uns zu. Sehen Sie nach links, da! Da reißt der Nebel auf. Zeichnet sich der Fels nicht gespenstisch gegen die Nebelwand ab?«

Als wir schließlich den Gipfel des Berges erreicht hatten, lag der Nebel tief unter uns. Unser Bergführer erklärte uns, welche Achttausender in unserem Blickfeld lagen. Es dauerte nur noch wenige Minuten, und die Sonne stieg langsam hinter den gewaltigen Gipfelmassiven dieser höchsten Berge unseres Planeten empor. Ich hatte noch nie ein derartiges Naturereignis gesehen. Man hatte das Gefühl, Zeit und Raum entrückt zu sein.

Unser nörgelnder Begleiter jedoch schien gegenüber dieser überwältigenden Schönheit unempfindlich zu sein. Mürrisch machte er sich an seinem Schuhwerk zu schaffen. Er hatte sich der Schönheit dieses Naturschauspiels von vornherein verschlossen, und daher vermochte ihn auch jetzt kein Gefühl der Freude zu ergreifen – ein bedauernswerter Mensch.

Wer Freude empfinden will, muß verstehen, sich der Wirklichkeit zu öffnen. Lassen Sie mich das in einem Gleichnis ausdrücken. Die Sonne hat nicht die Macht, in eine Blume einzudringen, wenn diese sich ihr nicht zuwendet und öffnet. Auch Sie müssen sich dem Leben »öffnen«, um mehr »Sonnenschein« zu empfangen. Um Freude zu empfinden, müssen Sie Ihren Blick auf die schönen Dinge des Lebens richten. Sie werden bald feststellen, wieviel Anlaß es zur Freude gibt. Die Freude, zu der Sie fähig sind, ist ein Maßstab dafür, wie sehr Sie am Leben teilhaben und die Kunst zu leben beherrschen.

Wenn Sie Leid erfahren, ist die Freude nicht fern

Viele Menschen werden gegenüber den Freuden des Lebens aufgeschlossener, wenn sie persönliches Leid erfahren haben. Wer einmal selbst nur einige Tage in einem Krankenhaus liegen mußte, ist vermutlich nach seiner Entlassung wesentlich empfänglicher für die Freuden des Lebens. Es wird ihm vielleicht der aromatische Geschmack einer Erdbeere oder Kirsche, die er ißt, von neuem bewußt. Er entdeckt wieder viele Schönheiten des Lebens, die er vorher schon nicht mehr wahrnahm. Woran liegt das?

Im Krankenhaus ist der Mensch weitgehend von ablenkenden Umwelteinflüssen abgeschirmt. Angesichts des eigenen und fremden Leides wird die verhärtete Ichstruktur des Bewußtseins aufgeweicht. Der Mensch wird wieder aufnahmefähiger. Er öffnet sich innerlich und kann so die Freuden des Lebens wieder leichter erkennen und schätzen.

Natürlich müssen Sie nicht erst ein Krankenhaus aufsuchen, um wieder bewußter auf die Freuden des Lebens zu achten. Öffnen Sie sich den Schönheiten des Lebens bewußt und wo auch immer Sie sich befinden. Nehmen Sie mit wachen Sinnen Ihre Umwelt wahr. Dann werden Sie mehr Freude erfahren, als Sie es je für möglich gehalten hätten.

6. Wer von Freude erfüllt ist, hat keine Minderwertigkeitsgefühle

Einer meiner Bekannten, ein akademisch gebildeter Kaufmann, der es, wie er sich ausdrückt, »nur« bis zum Abteilungsleiter gebracht hat, stöhnte unlängst: »Im Betrieb habe ich wenig zu sagen. Die Arbeit macht mir keinen Spaß.« Seine Neigung, alle Situationen seines Lebens pessimistisch zu sehen, hat sich auch schon auf sein Familienleben ausgewirkt. Seine Frau und seine Kinder leiden bereits unter seinen Depressionen. Ich kann mir auch nicht denken, daß er mit dieser Einstellung gut arbeitet. Es dürfte meiner Ansicht nur eine Frage der Zeit sein, wann er von seinem Posten abgelöst wird.

Ganz anders lag die Situation im Falle eines jungen Laboranten, der in einer Untersuchungsanstalt Nahrungsmittelkontrollen durchführte. Er hatte keine leitende Position, dennoch war er von seiner Arbeit begeistert, weil der das Gefühl hatte, große Verantwortung zu tragen. Aus Freude an der Lebensmittelchemie begann er nach einigen Jahren sogar mit dem Studium der Chemie und ist heute als leitender Direktor der Chef eines großen Untersuchungsamtes. Er hat viel Freude an seiner Arbeit, führt eine vorbildliche Ehe, und Frau und Kinder sind mit ihrem Ehemann und Vater glücklich, soweit ich das beurteilen kann.

Können Sie aus der Schilderung dieser beiden so grundverschiedenen Charaktere Schlüsse für Ihr eigenes Leben ziehen?

7. Suchen Sie nach Anregungen

Als ich noch in Berlin studierte, kaufte ich mir eines Tages in einer Buchhandlung ein Buch über den Buddhismus. Nach der Lektüre nahm mein Interesse für den Buddhismus noch zu, und daher besuchte ich den buddhistischen Tempel in Berlin. Er steht auf einem Hügel in Frohnau, einem Vorort der Stadt. Das Grundstück ist etwas vier Hektar groß und mit hohen Kiefern bewachsen. Jeder Besucher ist überrascht, welche Stätte der Ruhe und des Friedens er hier am Rande einer hektischen Großstadt findet.

Nach mehreren Besuchen und nach Unterhaltungen mit den ceylonesischen Mönchen des Tempels faßte ich den Entschluß, die heiligen Stätten des Buddhismus in Ceylon (dem heutigen Sri Lanka), in Burma, Thailand und Nepal zu besuchen. Die Reise in diese Länder, die Gespräche mit den Menschen und die vielen landschaftlichen Schönheiten, die ich kennenlernte, haben mir viel Freude vermittelt. Später hat sich mein Interesse an den großen Weltreligionen auch noch auf das Judentum und den Islam ausgedehnt.

Möchten auch Sie mehr von Ihrem Leben haben? Möchten auch Sie ein tiefes Gefühl des Wohlbefindens und der inneren Harmonie erleben? Dann suchen Sie nach neuen Anregungen. Interessieren Sie sich für die Welt, in der Sie leben, öffnen Sie sich den Anforderungen und Angeboten des Alltags und schaffen Sie die Voraussetzung, daran teilzuhaben. Gute Bücher, Reisen, Kunst, Musik, Gespräche mit Menschen sind schon immer Anregungen zu einem Leben mit mehr Lebendigkeit gewesen. Es ist dies zusätzlich das beste Rezept, Trübsinn und Sorgen zu vertreiben. Es hilft Ihnen auch, Ihre körperliche Spannkraft zu bewahren. Ihre Augen werden bald vor Begeisterung strahlen. Das Wort »Langeweile« gehört nicht länger zu Ihrem Sprachschatz. Jedesmal, wenn Sie etwas Neues entdecken – ganz gleich wofür Sie sich interessieren –, werden Sie erneut mit Lebensfreude erfüllt. Je zahlreicher solche erfreuliche Augenblicke für Sie werden, um so größer wird Ihre Lebensintensität sein. Wer jedoch keinerlei Interessen pflegt, vergreist innerlich und nimmt nicht mehr aktiv am Leben teil.

Sorgen Sie für Anregungen in Ihrem Leben! Entwickeln Sie Interesse! Es mag vielleicht zu Anfang einer gewissen Willensanstrengung bedürfen, doch bald werden Sie sich von den Dingen, denen Ihr Interesse gilt, immer stärker angezogen fühlen, weil Sie immer mehr Neues entdekken. Die Faszination wächst. Sie aber gehen mehr aus sich heraus und werden immer aktiver.

Ich kenne einen netten freundlichen Herrn, der schon fast achtzig Jahre alt ist. Dennoch zögert man bei ihm immer wieder, das Wort »Alter« in den Mund zu nehmen. Er interessiert sich gleichermaßen für Parapsychologie, Raumfahrt, Astronomie und die Vogelwelt und weiß über alle diese Gebiete sehr viel. Gelegentlich treffe ich ihn bei einem Spaziergang im Wald, und wir unterhalten uns dann immer eine Weile. Erst neulich machte er mich auf eine Vogelart aufmerksam, die ich bisher im Wald noch nie gesehen hatte. Bei unserem letzten Gespräch erzählte er mir: »Ich bin glücklich, im Wassermannzeitalter zu leben, in das die Menschheit eingetreten ist. Laut Überlieferung soll in dieser Epoche das Streben nach spiritueller Ganzheit nicht mehr die Angelegenheit von nur wenigen sein. Ich kann es nur bestätigen. Unsere Jugend ist viel aufgeschlossener, als wir es früher waren.« Der alte Herr denkt und empfindet fast wie ein um Jahrzehnte jüngerer Mensch.

Leider hat sich nicht jeder ältere Mensch durch die Pflege seiner Interessen jung erhalten. In der Nähe meines Hauses befindet sich ein Altersheim. Wenn ich mit dem Wagen vorbeifahre, sehe ich immer einige der betagten Leutchen auf den Bänken der Gartenanlage sitzen. Die Gesichter der meisten wirken für mein Gefühl geradezu steinern und erstarrt. Es hat den Anschein, als ob nichts mehr wirklich ihr Interesse zu erregen vermag.

Lebensfreude kann sich aber nur dann einstellen, wenn Sie Ihr bisheriges negatives Denken aufgeben. Schon am Anfang dieses Buches wurde darauf hingewiesen, wie unendlich wichtig positives Denken ist.

Wie Ihre Innenwelt ist, so sehen Sie auch die Außenwelt. Schon der römische Kaiser Mark Aurel sagte vor fast zweitausend Jahren: »Niemand kann glücklich sein, wenn er nicht Gedanken der Zufriedenheit und des Glücks pflegt.«

Lieben Sie das Leben! Nehmen Sie daran teil! Entwickeln Sie Ihre Interessen und greifen Sie Anregungen auf. Öffnen Sie sich den Schönheiten des Lebens, dann erwächst Ihnen daraus die Kraft, auch die Schwierigkeiten des Lebens zu meistern.

8. Meditation erhöht Ihre Fähigkeit zur Freude

Sie wissen es nun schon: Die Fähigkeit, Freude zu empfinden, hängt in großem Maße davon ab, ob Sie es verstehen, immer wieder neue Dinge zu entdecken. Der deutsche Physiker und Schriftsteller Georg Christoph Lichtenberg stellte in diesem Zusammenhang fest: »Ich wollte, daß ich mich von allem entwöhnen könnte, daß ich von neuem sehen, von neuem hören, von neuem fühlen könnte. Die Gewohnheit verdirbt unsere Philosophie.«

Die in meinem Buch *Die universellen Kräfte Ihrer Psyche* genau dargelegte Meditationsmethode verhilft Ihnen zu einer wachen Empfänglichkeit der Sinne und zu nie ermüdender, frischer Sensibilität. Mit Hilfe dieser Meditationsmethode nehmen Klarheit und Intensität Ihres Bewußtseins zu. Nach der Meditation werden erfahrungsgemäß selbst wiederholt wahrgenommene Anblicke (wie zum Beispiel der einer Rose oder eines schönen Bildes) gleichsam »wie neu« und besonders eindrucksvoll empfunden.

Lassen Sie mich diesen Sachverhalt etwas näher erläutern. Wenn Sie zum Beispiel auf eine Rose blicken, so nehmen Sie zunächst nur einen Farbfleck mit groben Umrissen wahr. Details in Form und Farbe erfahren Sie durch weitere Wahrnehmungsprozesse, mit denen Sie den Gegenstand von allen Seiten visuell »abtasten«. Mit der Verfeinerung Ihres Bewußtseins durch die Meditation sehen Sie die Dinge umfassender, und sie offenbaren sich Ihnen mit größerer Beziehungsvielfalt. Sie vermögen so neue Beziehungen zu erfassen. Ihr Interesse wächst, und neue geistige Aktivitäten werden ausgelöst.

In der Meditation werden aber nicht nur die Fähigkeiten der Wahrnehmung, der Intuition und des Denkens angeregt. Sie wirkt sich auch sehr förderlich auf das Fühlen und auf Ihr inneres Erleben aus. Durch Praktizieren der höheren Stufen der Meditation nimmt der Mensch sogar eine ihm zuvor verborgene Wirklichkeit wahr. Er erlebt sublimste, feinst abgestufte Wahrnehmungen. Freude, Glücksgefühle und ein warmes menschliches Gefühl für alles, was lebt, erfüllt ihn. Nach solchen Erlebnissen verspüren Sie die Neigung, sich nur mehr wirklichen Freuden zu öffnen. Der Hang zu leeren Vergnügungen, die nach dem ersten Gefühlstaumel nur eine innere Ausgehöhltheit hinterlassen, nimmt ab.

Indem Sie sich in der Meditation dem Rhythmus Ihres Atems hingeben, ohne ihn durch willkürliches »Einmischen« zu stören, machen Sie Erfahrungen, die Ihnen sonst verschlossen blieben und die das Geheimnis des Lebens betreffen. Die Ruhe, die innere Harmonie und der Frieden, die Sie erleben, verhelfen Ihnen zu echter Lebensfreude – ich kann es nicht oft genug wiederholen.

Meditation regt jedoch nicht nur die Ebene des »passiven« Gefühls, sondern auch Ihre »aktive« Phantasie an. Über die bei der Meditation erfahrene Bewußtseinserweiterung sagt ein tibetanischer Meditationsmeister: »Wenn du diese Bewußtseinserweiterung erlebt hast, bist du imstande, einen feenhaften Palast aus kostbarem Stein in einem einzigen Grashalm zu erkennen; aber wenn du das Stadium der Bewußtseinserweiterung noch nicht erreicht hast, so kann ein einfacher Grashalm dir den Blick auf einen Riesenpalast verstellen.«

Da Meditation Ihre Aufmerksamkeit, Ihre Wachsamkeit verstärkt, vermögen Sie negative Bewußtseinszustände wie Ärger, negative Gedanken und andere leichter wahrzunehmen, ihnen Einhalt zu gebieten und sie schließlich daran zu hindern, daß sie überhaupt entstehen können. Betreiben Sie daher Meditation. Neue Welten werden sich Ihnen erschließen, und Sie werden feststellen, wie sich Ihr Leben verändert.

9. Schenken Sie anderen Freude, und Ihre eigene Freude wird wachsen

In einer Pause eines der von mir geleiteten Wochenendseminare unterhielt ich mich mit einem etwa vierzigjährigen Mann, der mir Folgendes berichtete:

»Gewiß erinnern Sie sich noch an mich. Ich habe auch schon an früheren Seminaren teilgenommen. Vor etwa einem Jahr habe ich mein Ziel erreicht, das ich schon seit langem anstrebte, und bin Betriebsleiter geworden. Für meine Beförderung war ausschlaggebend, daß ich sehr gut mit Menschen umgehen kann. Dazu hat wesentlich beigetragen, was ich damals lernte, abgesehen von der Tatsache, daß ich mich auch jeden Tag bemühe, die Grundsätze richtiger Menschenbeeinflussung in die Praxis umzusetzen. Beruflich habe ich nicht die geringsten Probleme. Ich habe ja mein Ziel erreicht. Dennoch verspüre ich in der letzten Zeit manchmal ein tiefes Unbehagen. Meine Ehe ist glücklich, obwohl wir keine Kinder haben. Woran kann es nur liegen, daß meine Lebensfreude in letzter Zeit so abgenommen hat?«

Im weiteren Gespräch stellte sich heraus, daß der sympathische Mann bisher immer nur an sich und seine Frau gedacht hatte. Wegen seiner eigenen Probleme hatte er sich bisher nie um die Sorgen anderer Menschen gekümmert. »Es überrascht mich nicht«, antwortete ich ihm, »wenn es Ihrem Leben an Freude mangelt. Indem Sie nur an Ihrem Vorwärtskommen interessiert waren, verschlossen Sie sich anderen Menschen gegenüber. Sie müssen lernen, aus sich herauszugehen. Wer sich immer nur mit sich selbst beschäftigt, läßt seine geistigen und seelischen Kräfte verkümmern. Mit großer Ichbezogenheit verzehren Sie Kräfte, gewinnen aber keine neuen. Schenken Sie also einen Teil Ihrer Zeit und Ihrer Energie solchen Menschen, die Sie dringend brauchen. Dann werden Sie wieder ein glücklicher Mensch werden.«

»Ich habe doch gar nicht die Zeit für solche Dinge«, entgegnete er. »Mein Tag ist von früh bis spät mit Arbeit ausgefüllt. So etwas kann ich mir bei meinen vielen Aufgaben überhaupt nicht leisten.« Ich erwiderte darauf: »Gewiß würde das auch einige Zeit kosten. Doch der innere Gewinn für Sie wird sehr hoch sein. Sie werden mehr Lebensfreude entwickeln. Dies wird wieder Ihre schöpferischen Kräfte anregen. Sie werden Ihre Arbeit besser und in kürzerer Zeit erledigen als bisher und haben somit in Wirklichkeit Zeit gewonnen. Ich empfehle Ihnen zum Beispiel, für ein indisches Kind oder ein Kind aus einem anderen asiatischen Land eine Patenschaft, zunächst vielleicht für ein Jahr, zu übernehmen. Der Geldbetrag, den Sie für dieses eine Jahr aufzuwenden haben, würde nur etwa zehn Prozent eines einzigen Monatsgehaltes ausmachen.«

Der geringe Einsatz und der von mir in Aussicht gestellte hohe ideelle

Gewinn überzeugten ihn. Eine karitative Organisation gab ihm die Anschrift einer Ausbildungsstätte in Indien, und der Betriebsleiter übernahm die Patenschaft für einen Jungen, zunächst nur für ein Jahr. Eine Schwester des von einer kirchlichen Organisation geleiteten Heims teilte ihm schriftlich den Dank des vierzehnjährigen Jungen mit. Als der Betriebsleiter vor wenigen Monaten in der Nähe von Gummersbach beruflich zu tun hatte, besuchte er mich. Stolz zeigte er mir das Bild des indischen Jungen, für den er sorgte. »Etwa alle sechs Wochen schreibe ich ihm einen Brief«, sagte er. »Nur wenige Menschen in Europa haben eine Vorstellung, mit welch geringen Mitteln man in Indien schon helfen kann. In einem halben Jahr machen meine Frau und ich eine Indienreise. Dabei werden wir den Jungen besuchen. Schon jetzt aber steht für uns fest, daß wir die Patenschaft verlängern werden, bis der Junge etwas ist.«

Auf eines möchte ich zum Abschluß der Geschichte noch hinweisen: Der Mann strahlte förmlich vor Lebensfreude und Begeisterung. Als ich ihn beim Abschied nach seinem früheren Unbehagen fragte, winkte er nur lächelnd ab.

Helfen Sie anderen Menschen, aber lassen Sie sich nie ausnutzen

Es war im Jahre 1947. Ich war damals zwölf Jahre alt und hatte von meiner Mutter Geld für einen Kinobesuch erhalten. Vor dem Kino saß ein Bettler, der offenbar im Krieg beide Beine verloren hatte. Er trug zerrissene Kleidung, war schmutzig und unrasiert. Neben ihm lag seine Mütze. Der Bettler erweckte mein Mitleid, und ich schenkte ihm mein Kinogeld. Natürlich konnte ich nun nicht mehr die Vorstellung besuchen. Ich kehrte um und ging wieder nach Hause. Ich war keineswegs traurig, vielmehr erfaßte mich ein großes, noch nie zuvor erfahrenes Glücksgefühl. Die Straße, die Bäume, die Menschen kamen mir völlig verändert vor. Ich habe dieses Gefühl bis heute noch nicht vergessen.

Tun auch Sie einem anderen Menschen etwas Gutes. Sie werden sich danach ungleich wohler fühlen.

In späteren Jahren wurde mir klar, daß die Unterstützung anderer Menschen, ganz gleich, ob durch einen Rat, durch Geld oder durch Verständnis, für den Helfenden selbst zu einer Quelle der Freude wird. Das ist aber nur die eine Seite unseres Lebens. Ich lernte daneben auch, mich zu behaupten und mich von anderen nicht ausnutzen zu lassen. Nächstenliebe besteht nämlich nicht darin, immer nur auf Forderungen der Mitmenschen einzugehen. Nächstenliebe und Selbstbehauptung sind zwei wichtige Pole in unserem Leben. Nur wenn Sie sich im Leben auch zu behaupten wissen, vermögen Sie sich zu entfalten. Selbstbehauptung und Selbstverwirklichung sind untrennbar miteinander verbunden. Sie meistern nur dann das Leben, wenn Sie sowohl anderen Freude schenken als auch verstehen, Ihre eigenen Interessen zu vertreten und sich durchzusetzen.

Schenken Sie Ihrer Familie in der gemeinsamen Freizeit Freude

Planen Sie nicht nur Ihre Arbeit, planen Sie auch Ihre Freizeit mit Sorgfalt. Überlegen Sie schon während der Woche, was Sie am kommenden Sonntag mit Ihrer Familie unternehmen werden. Denken Sie daran, was Ihre Kinder und Ihre Frau gern tun würden. Spielen Sie am Wochenende mit Ihren Kindern. »Wenn der Sohn den Vater anlacht, wird auch bald der Vater den Sohn anlachen, und aus dem Lachen beider entsteht Freude«, heißt es sinngemäß bei dem christlichen Mystiker Meister Eckart.

Natürlich setzt das voraus, daß Sie Ihrer eigenen Familie genügend Zeit widmen. Wenn Sie der Ansicht sind, am Sonntag Ihre sogenannte »Ruhe« zu brauchen, kommen Sie nicht in den Genuß einer solchen Freude. Wenn Sie jedoch zumindest am Wochenende Ihrer Familie Freude schenken, werden Sie sich viel besser erholen und viel mehr neue Kraft schöpfen, als wenn Sie Ihre Freizeit isoliert von der Familie verbringen.

10. Fangen Sie noch heute an, mit mehr Freude zu leben

»Liebst du das Leben?« fragte Benjamin Franklin, »dann verschwende keine Zeit, denn daraus ist das Leben gemacht.« Wer neu anfangen will, soll es also sofort tun. Wer sich nicht schon heute ändern will, wird morgen und übermorgen weitere Gründe finden, es nicht zu tun. Ergreifen Sie also die Chance und verschwenden Sie keine Zeit.

Ich kenne einen Verwaltungsangestellten, der jeweils schon am Morgen ein unglückliches Gesicht macht. »Ich habe wieder schrecklich schlecht geschlafen. Und dann noch dieses fürchterliche Wetter! Obendrein wird die Arbeit in der Verwaltung immer unerfreulicher!« So und ähnlich klingen seine ständigen Klagen. Vor einigen Wochen sprach er mich an und fragte ungläubig: »Meinen Sie tatsächlich, daß positives Denken ein Weg ist, um im Leben mehr Freude zu erfahren?« »Bemühen Sie sich ab jetzt, Ihre negativen Äußerungen zu unterlassen«, riet ich ihm. »Versuchen Sie, am Leben positive Seiten zu entdecken. Der Dichter Rainer Maria Rilke schreibt in seinen *Briefen an einen jungen Dichter*: ›Uns wird nichts widerfahren, das nicht im tiefsten Wesen zu uns gehört.‹ Und der Mahayana-Buddhismus (eine bestimmte Form des Buddhismus) vertritt die Anschauung, daß die Welt nur ein Produkt unseres Bewußtseins sei. Mit anderen Worten: Es lebt jeder in der Welt, die seinem Denken entspricht. Niemand kann vor der Welt fliehen. Er vermag aber sein Bewußtsein zu läutern und seine Gesinnung zu wechseln. Jeder kann diese Umkehr vornehmen, wenn er sich nur der Macht seines Unter- und Überbewußtseins bedient.« Dies alles erklärte ich dem Ratsuchenden.

Der Mann schaute mich überrascht und ein bißchen erschrocken an. Anscheinend hatte ich den Nagel buchstäblich auf den Kopf getroffen. Schnell verabschiedete er sich. Einige Tage später erklärte er mir, ihm sei nach meinen Worten erstmals bewußt geworden, wie sehr er seine pessimistisch bestimmte Innenwelt und seine negativen Gedanken schon in die Außenwelt projiziert habe. Er sei nun dabei, seine innere Einstellung zum Leben planmäßig zu ändern.

Zurück zu Ihnen und Ihren Problemen. Der französische Denker Marie Jean Guyau sagte: »Wer etwas weiß und nicht danach handelt, weiß es nur unvollkommen.« Fangen Sie also noch heute an, sich dem Leben gegenüber zu öffnen. Bemühen Sie sich, neue Dinge zu entdekken. Ihr positives Denken wird Ihnen dabei helfen. Dann entwickeln sich Harmonie und Gelassenheit, Freude und tiefes, echtes Empfinden in Ihrem von allem zersetzenden Denken befreiten Gemüt.

Zusammenfassung

1. Sie verstehen das Leben zu meistern, wenn Sie Freude am Leben haben.
2. Sie gewinnen Freude an der Arbeit, wenn Sie sich bemühen, tieferes Verständnis für das zu entwickeln, was Sie tun. Das erreichen Sie, indem Sie sich zum Beispiel mehr Kenntnisse darüber aneignen.
3. Freude ist ein Gefühl, das die Selbstentfaltung des Menschen begleitet.
4. Leere Vergnügungen aber bestehen zum Beispiel darin, mehr Geld nur um des Geldes willen zu verdienen, in der Lotterie zu gewinnen, nach Herzenslust zu essen, Macht auszuüben oder sich dem Genuß von Alkohol oder Rauschgift hinzugeben.
5. Schalem Vergnügen folgt immer ein Gefühl großer Leere und Traurigkeit, weil die inneren Kräfte des Menschen dadurch nicht zugenommen haben. Nur Freude stillt die geheimen Sehnsüchte, nach denen wir Menschen im tiefsten Wesen verlangen.
6. Das jahrtausendealte Wissen von der Notwendigkeit, ein freudvoller Mensch zu sein, ist ein wichtiger Bestandteil aller Weltreligionen.
7. Um Freude zu empfinden, müssen Sie sich der Wirklichkeit öffnen.
8. Im Leid werden oft verhärtete Ichstrukturen aufgeweicht. Danach ist der Mensch meist um so empfänglicher für Freude.
9. Der freudvolle Mensch hat keine Minderwertigkeitsgefühle.
10. Suchen Sie nach Anregungen, dann haben Sie bald Grund zur Freude. Gute Bücher, Gespräche mit Menschen, die Beschäftigung mit der Kunst liefern Ihnen genügend Anstöße zu einem Leben voll Lebendigkeit.
11. Eine Freude vertreibt viele Sorgen.
12. Die Pflege verschiedenster Interessen erfordert am Anfang meist eine gewisse Willensanstrengung. Doch bald wird Ihre Begeisterung wachsen, und Sie werden sich vom Gegenstand Ihres Interesses noch mehr angezogen fühlen. Sie gehen mehr aus sich heraus, werden aktiver, schenken und empfangen vielfache Freuden.
13. Meditation erhöht Ihre Fähigkeit zur Freude, denn sie lehrt Sie, Ihre Umwelt mit neuen Augen zu sehen.
14. Das Erlebnis von Harmonie, Freude und Glück sowie die Wahrnehmung einer »höheren« Wirklichkeit während der Meditation machen Sie den echten Freuden des Lebens gegenüber um so aufgeschlossener.
15. Ihre eigene Lebensfreude wächst, wenn Sie auch Ihren Mitmenschen Freude schenken. Christus sagte: »Wer an seinem Leben festhält, der wird es verlieren. Wer es aber aufgibt, der gewinnt es.«
16. Schenken Sie anderen Menschen Freude, so wachsen Ihre Lebensenergien, und Sie vermögen in weniger Zeit mehr zu leisten.

17. Schenken Sie auch Ihrer Familie Freude, dann empfinden Sie Ihr eigenes Leben vielfach bereichert.
18. Mit positivem Denken und gesteigerter Aufnahmefähigkeit werden Sie den Freuden des Lebens ungleich aufgeschlossener als bisher gegenübertreten.
19. Der französische Denker M.J. Guyau sagte: »Wer etwas weiß und nicht danach handelt, weiß es nur unvollkommen.« Ändern Sie daher noch heute Ihre Einstellung, fangen Sie ein neues Leben an, indem Sie verwerten, was Sie in diesem Buch gelernt haben.

Kapitel 11

Ihre Freiheit ist wichtiger als Überfluß

1. Lassen Sie sich vom Überfluß nicht blenden

Sie wissen es im Grunde Ihres Herzens, und es wurde auch schon an verschiedenen Stellen dieses Buches darauf hingewiesen: Materieller Besitz allein führt nicht zum Glück. Ein Leben im Überfluß hindert Sie eher daran, Ihr Leben zu meistern. Viele Menschen ließen sich schon von der Illusion täuschen, ihr Glück kaufen zu können. Doch diese Hoffnungen haben sich niemals erfüllt. Maßloser Konsum führt vielmehr zu immer größerer Angst, zu Unbehagen und Schuldgefühlen. Die Nervenkliniken in unseren Wohlstandszentren sind überfüllt. Der Mensch weiß schon längst nicht mehr, was ihm hilft und was nicht. Es gibt nur einen Weg, die Kunst, richtig zu leben, wieder zu erlernen: Der Mensch muß den Überfluß meiden, sich selbst entdecken und seine eigenen Kräfte entwickeln.

Der Lebenskünstler wird nicht zum Opfer von Lebenslügen

Die Österreicherin Susanne Kubelka lebte fünf Jahre mit einem um zwölf Jahre älteren Mann zusammen. Das Paar verkehrte regelmäßig in Luxusrestaurants, es schien an nichts zu fehlen. Die Frau wußte, daß sie sich auf ihren Mann verlassen konnte. Dennoch war es keine ideale Beziehung. Er versuchte nämlich ständig, sie dadurch fester an sich zu binden, daß er ihr Angst einjagte, sie sei allein und ohne ihn ein Niemand. Er versuchte sogar, ihr einzureden, daß sie ohne seine Hilfe nicht einmal ihren Lebensunterhalt verdienen könne.

Als Susanne eines Tages wegen ihres Studiums für einige Tage allein nach Wien fahren mußte, faßte sie den Entschluß, sich von dem Mann – der offensichtlich nicht ihre große Liebe war – und von ihrem bisherigen Leben im Überfluß zu trennen. »Lieber will ich verhungern als dieses Leben weiterführen«, sagte sie sich. Nun, Susanne Kubelka ist nicht verhungert. Sie schloß mit Erfolg ihr Studium ab und baute sich später eine Karriere als Schriftstellerin auf. Sie hat ihr Problem gelöst.

Wollen Sie Ihr Leben meistern, so hüten Sie sich vor den Verlockungen Ihrer Umwelt. Fallen Sie nicht auf billige Lebenslügen herein – etwa von der Art der folgenden:

- Glück sei etwas, das man kaufen könne.
- Die Sicherheit am Arbeitsplatz oder in der Ehe sei entscheidend wichtig.
- Das Leben in einem großen Haus oder ein teurer Wagen seien geeignet, Ihnen echtes Selbstwertgefühl zu verschaffen.
- Wer Probleme habe, brauche sich nur einen teuren Konsumartikel zu kaufen, der ihn sofort glücklich mache – schon seien die Probleme verschwunden.

Sind Sie auch schon einmal solchen Lebenslügen zum Opfer gefallen? Dann wird es Zeit, daß Sie sich von diesen falschen Vorstellungen trennen und Ihr Verhalten ändern. Horchen Sie in sich hinein und erkennen Sie, was für Sie das Richtige ist.

Zwei Ursachen für das Konsumverhalten in einer Überflußgesellschaft

»Wo beginnt nun eigentlich der Überfluß?« werden Sie sich vielleicht fragen. Sie können diese Frage nur für sich allein beantworten. Kein Autor, auch keine moralische Autorität kann dies für Sie tun. Sie müssen sich schon die Mühe machen, selbst herauszufinden, wo für Sie der Überfluß beginnt. Die Antwort finden Sie leicht, wenn Sie sich folgende Fragen stellen:

1. Hindert mich das, was ich gerade kaufen oder tun will, daran, so zu leben, wie ich es mir eigentlich wünsche?
2. Bin ich so frei, um so zu leben, wie ich es möchte?

Die Antworten auf diese Fragen werden Ihnen vielleicht ganz neue Einsichten in Ihr Leben bescheren. Eine Ursache, warum wir uns so leicht an überflüssigen Konsum verlieren, liegt in uns selbst. Sie fragen, warum das so ist? Versuchen wir den Sachverhalt an einem Beispiel zu beschreiben:

Sie machen vielleicht in einer Geschäftsstraße einen Spaziergang. In einem Fotogeschäft sehen Sie das neueste Modell einer Kamera. Sie stellen fest: »Dieses neue Modell hätte ich gern.« Dann fragen Sie sich: »Kann ich es mir überhaupt leisten?« »Ach was«, werden Sie sich wahrscheinlich beruhigen, »wozu arbeite ich denn von früh bis spät, wenn ich mir nicht einmal das leisten kann?« Vielleicht sagen Sie sich aber auch: »Eigentlich besitze ich schon eine Kamera. Sie ist zwar nicht das neueste Modell, aber ich kann doch ganz gute Aufnahmen mit ihr machen. Wenn ich es mir genau überlege, bin ich in den letzten Monaten überhaupt nicht zum Fotografieren gekommen.« Doch sehr oft wird dann die Vernunft unterdrückt – und die Kamera gekauft.

Ob es sich nun um eine Kamera, ein Auto, Kleidung oder um etwas anderes handelt, stets spielt sich der gleiche Prozeß ab:

- Der Mensch sieht eine Sache und findet sie begehrenswert.
- Dann kommt der Wunsch auf, den Gegenstand zu besitzen.
- Wenn das Objekt gekauft und »in Besitz genommen« wird, erreicht die Lust den Höhepunkt.
- Bald läßt der Reiz der Neuheit nach, andere begehrenswerte Objekte erregen das Interesse des Menschen, und der Prozeß beginnt von neuem.

Da der Mensch von heute oft unfähig ist, das erworbene Gut auch richtig und mit Freude zu genießen, treiben ihn Unruhe und Hektik dazu, wenigstens die kurze Begeisterung des Einkaufs von immer neuen Objekten zu erleben. Die Unfähigkeit zu genießen ist also einer der Gründe, der den Menschen in ein ganz typisches Konsumverhalten drängt.

Ein anderer Grund ist der, daß den Wohlstandsbürger mit den bereits früher gekauften Dingen keine echte Beziehung mehr verbindet. Vor einigen Jahren ließ ich mir zum Beispiel einen teuren Anzug einreden, der angeblich besonders modern und schick war. Nachdem ich den Anzug wenige Male getragen hatte, stellte ich fest, daß er nicht bequem genug war. Die Folge war, daß er die meiste Zeit im Schrank hing. Bald darauf kaufte ich mir einen anderen Anzug, der mehr meinen Bedürfnissen entsprach.

Vor einigen Tagen traf ich den Autoverkäufer, der mir mein jetziges Fahrzeug verkauft hatte. »Herr Professor«, sprach er mich an, »Sie fahren Ihren Wagen nun schon vier Jahre. Inzwischen ist schon längst wieder ein neues Modell auf dem Markt. Bei Ihrem Beruf sollten Sie immer das neueste Modell fahren. Verkaufen Sie doch Ihren Wagen und leisten Sie sich das neue Modell.« Ich winkte ab, denn ich hoffte, mein Auto würde noch einige Jahre ganz gut seine Funktion erfüllen. Außerdem ist es mir auch etwas ans Herz gewachsen.

Wer sich kein eigenes Urteil bildet, ist sehr leicht für die manipulativen Manöver anderer empfänglich. Wer sich aber etwas nicht aus eigenem Antrieb kauft, wird keinen Verlust empfinden, wenn er sich davon wieder trennt. Enttäuscht wendet sich der Mensch schnell etwas neuem zu, von dessen Besitz er sich eine größere Befriedigung erhofft. Doch wieder fühlt er sich bald enttäuscht, wenn er nicht nach seinem eigenen Werturteil ausgesucht hat, sondern sich bei der Wahl von Statussymbolen und flotten Werbesprüchen beeinflussen ließ. So wird die Versuchung groß, immer mehr zu kaufen. Fehlende Freude an allen leicht erworbenen Dingen soll durch Quantität ausgeglichen werden, um im Besitz von immer noch mehr Sachen endlich doch noch die erhoffte Befriedigung zu erlangen.

Achten Sie deshalb immer darauf, daß Ihnen die Dinge, die Sie erwerben, mehr Freude als Enttäuschung bereiten. Aus den vorangegangenen Kapiteln ist Ihnen bekannt, daß Sie das Glück nur in sich und durch sich selbst verwirklichen können. Dazu ist aber die erste Voraussetzung, daß Sie Ihre ganz individuellen Wünsche entdecken. Das allein wird Ihnen schon die Freude bereiten, nach der Sie sich sehnen. Verzichten Sie auf die ständige Gier nach immer mehr Besitz. Erst der Verzicht schafft die Voraussetzung, eigene Lebensvorstellungen zu verwirklichen. Indem Sie immer selbständiger werden, wächst echtes Sebstvertrauen in Ihnen. Sie haben außerdem das beglückende Gefühl, auf dem richtigen Weg zu sein. Derjenige, der weiß, wie er sein Glück verwirklicht, fällt nicht mehr auf Ersatzangebote in Schaufenstern herein.

2. »Gesten des Überflusses«, mit denen Menschen ein glückliches Leben vortäuschen

Die größte Gefahr für ein lebenswertes Leben ist nicht der Überfluß selbst, sondern die Folgen, die er uns beschert. Menschen, die im Überfluß leben, sind nämlich nicht mehr bereit, für ihr Glück zu kämpfen. Sie orientieren sich nur an den Angeboten Ihrer Umwelt und werden immer abhängiger. Es gibt verschiedene eingefahrene Verhaltensweisen, mit denen Menschen durch »Überflußgesten« etwas vortäuschen wollen, das in Wirklichkeit nicht existiert:

- Wer anderen ein erfolgreiches Leben vorgaukeln will, prahlt mit dem, was er sich alles leisten kann.
- Wer immer nur auftrumpfen will, hat wenig Selbstbewußtsein.
- Wer wenig zu sagen hat, redet meist viel.

- Wer gegenüber seinen Mitmenschen Minderwertigkeitsgefühle hat, versucht dies durch übertriebene Darstellung seiner Erfolge zu kompensieren.
- Wem es an echten Erfolgserlebnissen mangelt, der bemüht sich, dies durch viele schöne Worte vorzugeben.

Lassen Sie mich als Beispiel zum letzten Punkt ein Erlebnis schildern, das ich vor einigen Jahren bei der Ceylonreise hatte, von der ich schon erzählte. Nach der von mir und meiner Frau selbst organisierten Rundreise durch das Landesinnere trafen wir am Strand von Negombo ein Ehepaar. Die Eheleute hatten dort zwei Wochen Badeurlaub gemacht, ohne sich jedoch die Insel mit ihren vielen landschaftlichen Schönheiten anzusehen. Als wir beim Abendessen saßen, erzählten sie uns mehrere Geschichten von höchst abenteuerlichen »Erlebnissen«, die sie sich ausgedacht hatten, um ihre Freunde daheim zu beeindrucken.

Wer es so macht wie dieses Ehepaar, wird selbst bei der weitesten Reise nicht die Befriedigung finden, nach der er sich sehnt. Es gibt Millionen von Menschen, die vergeblich die Abenteuer ihrer Träume in Gruppenreisen suchen, die sie in die entferntesten Gegenden der Welt führen; es ist aber wenig befriedigend, wenn Leute dann ihr »Abenteuer« hauptsächlich darin finden, daß sie sich in klimatisierten Hotelräumen mit anderen Touristen unterhalten. Immerhin wird dann doch manchen bewußt, daß ihre wirklichen Bedürfnisse anderswo liegen.

Wer in seiner Arbeit nur eine Gelegenheit sieht, möglichst schnell möglichst viel Geld zu verdienen und dabei noch an die Erreichung des Pensionsalters denkt, wird nie ein Leben führen, das ihm Glücksgefühle beschert. Sie werden nur dann glücklich, wenn Sie Ihre wirklichen Ziele kennen und wenn Sie auch versuchen, diese mit ganzem Einsatz zu erreichen. In ständiger Arbeit daran finden Sie echte Selbstbestätigung und wahres Glück. Dann brauchen Sie sich nicht trauriger Überflußgesten zu bedienen, um Erlebnisse vorzutäuschen, die Sie nicht hatten. Wenn Sie wissen, was für Sie wichtig ist, werden Sie sich bei der Zielverwirklichung nicht nur mit halber, sondern mit ganzer Kraft einsetzen; und nur wenn Sie nicht zwischen verschiedenen Bedürfnissen hin- und hergerissen werden, vermögen Sie sich ganz mit Ihrem Ziel zu identifizieren.

Täuschen Sie daher mit Gesten des Überflusses kein Glück vor, das Sie nicht erfahren haben. So schaden Sie sich letztlich nur selbst. Nutzen

Sie vielmehr Ihre Energien, sich für Ihre Ziele einzusetzen, und Sie werden ein wahrhaft glücklicher Mensch, der solche Täuschungsmanöver nicht mehr nötig hat.

3. Nur Sie selbst wissen, was für Sie das Richtige ist

Schon in Kapitel 7 wurde darauf hingewiesen, wie notwendig es ist, Ihre eigenen Ziele zu kennen und zu wissen, was für Sie wichtig ist. Meditieren Sie, horchen Sie in sich hinein. So entdecken Sie Ihre Ziele und echten Bedürfnisse.

Vielleicht sind sie skeptisch und meinen: »Der Aufwand des In-Sich-hinein-Horchens lohnt sich nicht. Schließlich kenne ich meine Ziele ganz genau.« Bemühen Sie sich dennoch um diese »Innenschau«, und Sie werden erstaunt sein, was Sie dabei über sich selbst erfahren. Vor mir liegt der Brief eines jungen Schweizers. Er teilt mir darin mit, er habe während seiner Meditation einen ganz »neuen Menschen« in sich entdeckt. Meditieren auch Sie. Dann werden Sie den Unterschied feststellen zwischen dem, was aus der Tiefe Ihrer Seele spricht, und dem, was Sie sich bisher einreden ließen.

Haben Sie etwa Angst vor den eigenen Wünschen, weil Sie denken: »Was ich allein tue, wird ja doch nichts!«? Haben Sie Befürchtungen, zum verlachten Außenseiter abgestempelt zu werden? Denken Sie nur nicht, in noch so großen Menschengruppen läge die Sicherheit, nach der Sie sich sehnen. Ihre Furcht vor dem Risiko eines individuell geführten Lebens verlieren Sie, wenn Sie sich der in Kapitel 4, Abschnitt 7, beschriebenen Techniken bedienen.

Zugegeben, Ihr Leben wird sich auch durch Meditation nicht über Nacht völlig ändern. Indem Sie jedoch anfangen, sich Ihrer bisher verdrängten Vorstellungen bewußt zu werden, erfolgt in Ihrem Leben die entscheidende Wende. Entwickeln Sie Ihr eigenes Lebensprogramm. Stellen Sie sich folgenden Fragen:

1. Was gibt mir die Befriedigung, nach der ich mich im tiefsten Herzen sehne?
2. Welche Eigenschaften möchte ich entwickeln? Was kann ich dafür tun? Worauf kann ich verzichten?
3. Was kann ich tun, um meine Gesundheit so lange wie möglich zu erhalten?

Schreiben Sie alles, was Ihnen zu diesen Fragen einfällt, auf ein Blatt Papier. Bald werden Sie feststellen, daß Sie sich nicht nur mit Ihrem Lebensplan, sondern auch damit beschäftigen müssen, in welchen Dingen Sie sich einzuschränken haben. Sie wissen ja: Niemand kann alles tun.

Nur durch Verzicht machen Sie sich frei für das Leben, das Ihren wahren Vorstellungen entspricht

Haben Sie schon aufgeschrieben, was Ihnen zu den drei Fragen eingefallen ist? Wenn Sie lange genug in sich hineinhorchen, wird Ihnen zum Beispiel einfallen, was Sie von Ihren bisherigen Anschaffungen überhaupt nicht brauchen. Sie fragen, woher ich das weiß? Nun, gewiß nicht allein von mir. Hunderte Menschen, mit denen ich bisher über ihre Erfahrungen sprach, bestätigten mir das gleiche. Doch nicht die Erfahrungen anderer, nur Ihre eigenen sind für Sie wichtig. Lernen Sie, Ihre eigenen Erfahrungen – selbst die bittersten – höher zu bewerten als die vielen Gebote, Verbote, Meinungen und Ratschläge Ihrer Umwelt. Treffen Sie also Ihre eigene Lebensentscheidung.

Mit der Ausrede »Ich kann mein Leben nicht verbessern, allein bin ich machtlos und schaffe es nicht!« versuchen sich viele Menschen vor sich selbst zu rechtfertigen, wenn sie weiter ein unbefriedigendes Leben führen. Redewendungen wie »Ich trenne mich nicht mehr von dem, was ich besitze!« und »Was ich bekommen kann, das nehme ich!« sind Ausdruck einer solchen unbefriedigenden Lebensphilosophie. Um für Ihre eigene Lebensentscheidung frei zu werden, müssen Sie sich zunächst von jenen Dingen verabschieden, mit denen Sie Ihre Zeit bisher vergeudeten. Ihre Fähigkeit zum Verzicht und zur Einschränkung werden gefordert. Haben Sie die drei Fragen schon beantwortet? Haben Sie aufgeschrieben, was Ihnen dazu eingefallen ist? Wenn Sie Ihre ganz persönlichen Bedürfnisse in den Vordergrund stellen, wird es Ihnen leichterfallen, sich von Dingen zu trennen, die Ihnen keine Befriedigung schenken. Indem Sie Ihr eigenes Glück anstreben, werden Sie nicht weiter das Opfer der Verlockungen eines Überflusses sein, den Sie im Grunde nicht brauchen und der Ihnen auch keine Freude bereitet.

Wie Sie Ihr Lebensprogramm verwirklichen und mit dem Konsumzwang fertig werden

Ich kenne eine Reihe von Leuten, die gern viele Dinge tun möchten. Sie können sich aber nicht entscheiden und zersplittern ihre Kräfte. Verfallen Sie nicht in diesen Fehler. Wählen Sie das für Sie Richtige und bemühen Sie sich, entschlossen nach dem von Ihnen aufgestellten Programm zu leben. Verfahren Sie dazu wie folgt:

1. Stellen Sie sich den Herausforderungen des Lebens. Nutzen Sie Ihre sieben geheimen Verbündeten, wie ich sie in Kapitel 4 beschrieben habe.
2. Verwirklichen Sie Ihr Programm und erliegen Sie nicht den Verlokkungen Ihrer Umwelt. Sie brauchen keine Ersatzbefriedigungen, weil Sie genügend Erfolgserlebnisse haben, und Sie werden nicht von der Unruhe geplagt, etwas zu versäumen.
3. Leben Sie nach Ihren echten ganz persönlichen Bedürfnissen. So entwickeln Sie die Stärke, auf Dinge zu verzichten, die Ihnen eine konsum- und prestigeorientierte Wohlstandsgesellschaft eingeredet hat.
4. Indem Sie sich mit den in Kapitel 2 angegebenen Techniken von Ihrer Angst befreien, finden Sie immer mehr zu sich selbst. Wer Angst vor einer Niederlage hat, wird immer tausend Ausflüchte finden.
5. Verwirklichen Sie konsequent Ihre eigenen Vorstellungen vom Glück. So verfallen Sie nicht in den Fehler, das Glück dort zu suchen, wo Sie es nicht finden können.

4. Flüchten auch Sie vor Problemen in den Güterkonsum?

Wahrscheinlich hat man auch zu Ihnen gesagt: »Das schaffst du nie!« – »Das darfst du nicht!« – »Sie sind nicht begabt genug!«

Auf dem Boden solcher Verunsicherungen kann sich natürlich kein Selbstvertrauen bilden. Wenn Sie jetzt an sich zweifeln und nichts unternehmen, um Ihre Ziele doch zu verwirklichen, erfahren Sie nie, wozu Sie eigentlich imstande sind. Die meisten Menschen greifen in ihrer Unsicherheit nach jedem Rettungsring, den ihnen die Umwelt zuwirft. Sie kaufen schließlich Waren, die ihr Ansehen bei den Mitmenschen erhöhen sollen.

Der Lebenskünstler jedoch läßt sich durch nichts entmutigen, sein Leben selbst in die Hand zu nehmen. Er unterwirft sich nicht der Meinung der Masse und weiß um die Bedeutung des Konsumzwangs als Ablenkmittel und Ersatz. Der Lebenskünstler verwirklicht eigene Vorstellungen und löst seine Probleme selbst. So entwickelt er echtes Selbstbewußtsein, hat Freude am Leben und kann auf die Anhäufung falscher Werte verzichten.

5. Techniken, mit deren Hilfe man dem Konsumzwang entkommt

Ich habe schon früher darauf hingewiesen: Um zu Ihren eigenen Wünschen vorzudringen, sollten Sie sich die Mühe machen, Ihre Einfälle und Ideen zu diesem Thema aufzuschreiben. Während eines der von mir geleiteten Seminare meldete sich ein etwa fünfzigjähriger Teilnehmer und berichtete: »Der Technik, eigene Wünsche aufzuschreiben, bediene ich mich auch dann, wenn es gilt, die Notwendigkeiten für das tägliche Leben einzukaufen. Ich habe nämlich festgestellt, daß man oft Dinge kauft, die man später nicht braucht, wenn man vorher nicht gründlich genug überlegt hat. Mir ist aufgefallen, daß ich oft durch die leise und einschmeichelnde Musik, die man häufig in Supermärkten hören kann, dazu verleitet werde, unüberlegt zu kaufen. Daher denke ich vor dem Einkaufen zu Hause darüber nach, was ich tatsächlich brauche. Ich schreibe meine Wünsche auf einen Zettel, und da ich nur das kaufe, was auf dem Zettel steht, werde ich nicht zum Opfer der angebotenen Verlockungen. So gelingt es mir, meinen monatlichen Finanzplan einzuhalten und das Geld zu sparen, das ich für meinen Segelurlaub brauche.«

Der Mann arbeitet mit einer simplen Einkaufsliste, um zu vermeiden, daß er mehr als die vorher festgelegte Summe ausgibt – ein einfaches, aber überaus wirksames Rezept.

Manche Menschen geben zum Beispiel zuviel Geld für Geschenke aus, weil sie dem Beschenkten gegenüber aus irgendeinem Grund ein Schuldgefühl haben. Nicht wenige Eltern versuchen, sich vor der Verantwortung ihren Kindern gegenüber mit teuren Geschenken freizukaufen. Mit solchen Verhaltensweisen verliert der Mensch schnell die Kontrolle und lebt über seine Verhältnisse. Das Beste ist in diesem Fall, immer schon vorher festzulegen, wieviel Geld man für ein Geschenk maximal ausgeben will. Obendrein kann ein mit viel Phantasie ausgewähltes billigeres Geschenk viel mehr Freude bereiten als ein teures, das gedankenlos und in Eile gekauft wurde.

Wollen Sie sich bei Ihren Einkäufen nicht von einem Einkaufszettel »bevormunden« lassen, so verwenden Sie eine andere Technik. Denken Sie während des Einkaufes immer über die Notwendigkeit dessen nach, das Sie gerade einkaufen wollen. Fragen Sie sich dreimal innerhalb von fünf, besser innerhalb von zehn Minuten: »Brauche ich das tatsächlich oder bilde ich es mir nur ein?« So geben Sie Ihrem Unterbewußtsein die Möglichkeit, Einwände geltend zu machen, und erhöhen Ihre Chance, das Richtige zu tun. Auf diese Weise lassen Sie sich auch nicht von angeblich noch so vorteilhaften Angeboten überrumpeln und ignorieren die oft animierende Musik.

In Berlin kannte ich eine Hausfrau, die immer nur billige Sonderangebote kaufte. Da mehr das Billige als das wirklich Notwendige gekauft wurde, gab sie insgesamt mehr Geld aus als eine andere, wirklich sparsame Hausfrau, die sich stets die Frage stellte: »Brauche ich das wirklich?«

Zum Abschluß dieses Abschnittes noch ein letzter Hinweis: Kaufen Sie nie mehr ein, als Sie in der nächsten Zeit auch verwenden können. Gelegentlich konnte ich an mir selbst beobachten, daß ich mehr Bücher kaufte, als ich in absehbarer Zeit lesen konnte. Auch Sie werden sich vor unnötigen Ausgaben schützen, wenn Sie Ihr Geld umsichtiger ausgeben. Ich kenne eine Reihe von Familien, deren Einkommen weit über dem Durchschnitt liegt. Dennoch war es ihnen nicht möglich, ihren Wunsch nach einem Eigenheim zu verwirklichen. Andere Familien jedoch, deren Einkommen wesentlich niedriger lag, schafften es. Worin lag ihr Erfolgsgeheimnis? Sie wendeten – oft ohne es zu wissen – alle Hinweise an, die ich Ihnen in diesem Abschnitt zu geben versuchte.

Lernen Sie, nein zu sagen

Vielleicht überfallen auch Ihre Kinder Sie gelegentlich mit Berichten darüber, was andere Eltern ihren Sprößlingen alles gekauft haben. Wenn Sie selbst Vater oder Mutter sind, dann wissen Sie, worauf solche Erzählungen im allgemeinen abzielen. Es sind gezielte Hinweise: Sie sollen auch Ihren Kindern diese Sachen kaufen. Bleiben Sie hart und lassen Sie sich nicht überreden. Weisen Sie Ihre Kinder darauf hin, daß sich viele Eltern eines solchen »großzügigen« Verhaltens nur bedienen, um sich vor ihren eigentlichen Verpflichtungen den Kindern gegenüber zu drücken. Wer seine Kinder ständig verwöhnt, tut für ihre Entwicklung gewiß nichts Gutes.

Vor einigen Wochen schrieb mir eine Dame aus Zürich: »Das Einkommen meines Mannes und mein eigenes ist nicht gerade hoch. Wir haben drei Kinder, die alle sehr begabt sind. Die beiden älteren studieren, das jüngste Kind besucht das Gymnasium. Die Kinder spielen Musikinstrumente und machen uns viel Freude. Leider müssen sie auf viele Dinge verzichten. Wie schaffe ich es, mehr Geld zu verdienen, um mehr für meine Kinder kaufen zu können?«

Die besorgte Frau orientierte sich an den materiellen Werten, die manchen anderen Kindern zur Verfügung stehen. Materielle Dinge waren nach ihrer Meinung wichtig für das Glück der Kinder. Ich teilte der Dame mit, daß ich ihrer Einstellung nicht beipflichte, und nannte auch die Gründe: Die fähigsten und begabtesten Menschen sind oft in bitterer Armut groß geworden. Ein Leben in Überfluß fördert keineswegs die positive Entwicklung eines Menschen. Außerdem wissen Kinder echte Liebe mehr zu schätzen als alle materiellen Gaben sonst gleichgültiger Eltern.

Ständiger Vergleich mit anderen führt nur zu oft dazu, sich mehr anzuschaffen, als man eigentlich will. Das mag zum Beispiel ein großer Wagen sein, mit dem eine Familie ihre Nachbarn übertrumpfen möchte, oder es handelt sich um einen überflüssigen Haushaltsgegenstand, mit der eine Frau ihre Nachbarin beeindrucken will. Bereitet aber ein solches Verhalten, das obendrein zu einer Geldausgabe führt, tatsächlich Befriedigung? Der kurzfristige Triumph, der Wahn, mehr als andere zu sein, ist bald verflogen. Die Befriedigung, den Neid der Mitmenschen zu erregen, ist nur ein kümmerlicher Ersatz für das Erlebnis, sein Leben selbst zu bestimmen. Verzichten Sie darauf, den Neid anderer erregen zu wollen.

Bescheidenheit ist übrigens auch noch aus einem anderen Grund geboten. Ein Mensch, der nämlich fortwährend versucht, andere zu übertrumpfen, wird bald für einen Prahlhans und Wichtigtuer gehalten. Die Meinung entsteht übrigens zu Recht. Prahlen mit Worten wie mit Werten ist ein deutliches Zeichen für mangelndes Selbstvertrauen. Der Lebenskünstler wird sich aber auch deswegen davor hüten, den Neid seiner Mitmenschen zu erregen, weil er weiß, daß Neid schon sehr viel

Unheil gestiftet hat. So mancher hatte bei seiner Zielverwirklichung große Widerstände seitens neidischer Konkurrenten zu bewältigen. Hüten wir uns also davor, absichtlich die Mißgunst Ihrer Mitmenschen zu erregen. Beherzigen wir Senecas Wort: »Dem Neid wirst du entgehen, wenn du es verstehst, dich im stillen zu freuen.«

Einschränkung erzieht nicht zum Geiz

»Der Geizhals tut niemandem etwas Gutes, aber er behandelt sich selbst am schlechtesten.« Da dieses Wort – es stammt von dem römischen Dichter Publilius Syrus – sehr wahr ist, sollten wir uns wirklich vor Geiz sehr hüten. Die Folgen des Geizes weiß ein jüdisches Sprichwort treffend zu kennzeichnen: »Ein geiziger Mensch ist wie ein gemästeter Ochse. Sein Fett wird er erst geben, wenn man ihm das Leben nimmt.«

Sie brauchen keine Angst zu haben. Mit den in diesem Abschnitt dargelegten Techniken werden Sie keineswegs zum Geiz verleitet. Die beschriebenen Verhaltensweisen sollen Sie vielmehr vor einem Leben schützen, das nur auf Konsum ausgerichtet ist und nicht Ihren Bedürfnissen entspricht. Nur wenn Sie es verstehen, sich gegenüber den Verlockungen und manipulativen Angeboten Ihrer Umwelt zu behaupten, schaffen Sie die Voraussetzung, Ihre wahren Bedürfnisse zu befriedigen. Nur dann können Sie das tun, woran Sie die größtmögliche Freude haben, wenn Sie sich nicht zu dem verleiten lassen, was allein anderen Menschen Vorteile schafft.

6. Finden Sie Ihre persönliche Einstellung zum Besitz

Bei meinem letzten Berlinaufenthalt besuchte ich zuerst einen mir bekannten Jesuiten und einen Tag später das schon erwähnte buddhistische Haus in Berlin-Frohnau. In der Bibliothek des Hauses traf ich einen sympathischen älteren Herrn. Die gastfreundlichen Mönche servierten uns echten Ceylontee, und bald entwickelte sich zwischen mir und meinem Gegenüber ein Gespräch.

»Wissen Sie, ich komme gern hierher«, sagte mein Gesprächspartner. »Die Ruhe und die Stille des Hauses und das große, mit Bäumen bewachsene Gartengelände haben mich schon seit Jahren angezogen. Leider kann mich meine Frau nicht mehr begleiten, da sie wegen einer

Krankheit schon seit mehreren Jahren an unsere Wohnung gebunden ist. Ich bin schon fast fünfundsiebzig Jahre alt. Meine beiden Töchter sind verheiratet und wohnen in Kalifornien. Daher sehe ich meine Kinder nur alle drei oder vier Jahre einmal. Ich wohne in Reinickendorf [einem anderen Stadtteil von Berlin]. Frohnau kenne ich seit fast sechzig Jahren. Schon mit meinem Vater habe ich Spaziergänge in diesem Vorort gemacht. Mein Vater interessierte sich damals für Bauland. Der Preis von fünfzig Pfennig für den Quadratmeter war ihm viel zu hoch. ›Ich warte, bis die Preise fallen‹, war sein Standpunkt. Als er das Geld für das Grundstück endlich gespart hatte, befürchtete er, die Kosten des Hauses nicht tragen zu können. So wurde beides immer weiter verschoben. Am Ende wurde nichts daraus. Auch ich selbst wohne in einer Mietwohnung und besitze keinen Garten.«

Wir wollen uns hier nicht darüber unterhalten, was der alte Herr und sein Vater falsch gemacht haben. (Was die Baulandpreise betrifft, sei nur festgehalten: Ein Quadratmeter Bauland in Frohnau kostet heute etwa vierhundert Mark, selbst noch vor fünfzehn Jahren hätte man dafür nur zehn Mark zu bezahlen brauchen.) Mir liegt vielmehr daran zu zeigen, wie es der sympathische Mann dennoch schaffte, Freude in sein Leben zu bringen. Lassen wir ihn selbst weitererzählen:

»Wissen Sie«, sagte er zu mir, »Bäume und Pflanzen haben mich schon immer fasziniert. Da ich selbst keinen Garten besitze, pflanzte ich auf diesem Gelände mit Erlaubnis der Mönche vor einigen Monaten eine herrliche Kiefer, die ich in einer Gärtnerei ausgesucht hatte. Da es mir wegen meiner kranken Frau nicht möglich ist, regelmäßig herzukommen und den Baum zu gießen, tun die Mönche dies für mich, damit sich die Kiefer gut entwickelt.«

Sie hätten sehen sollen, welche Freude der betagte Herr empfand, als er mir den Baum zeigte. Als ich schließlich das Gelände verließ, stand er mit einem Mönch immer noch vor dem Baum und unterhielt sich, wie er am besten zu pflegen sei.

Wer einen Spaziergang im Wald macht, kann sich über Bäume und Blumen freuen, ohne sie zu besitzen. Das ist eine Möglichkeit des Genießens. Die weitaus gängigere Verhaltensweise ist es jedoch, das Objekt seiner Freude völlig in seinen Besitz zu bringen. Da sich im letzten Beispiel der ältere Herr in Berlin keinen Garten kaufen konnte, entschloß er sich zu einem Verhalten, das sich eher der ersten Möglichkeit zuordnen läßt.

Haben Sie schon einmal über Ihr eigenes Verhältnis zum Besitz nachgedacht? Ich habe schon darauf hingewiesen: Es wäre völlig falsch und wohl auch unmöglich, den Besitz aller Dinge anzustreben. Ein altes persisches Sprichwort sagt: »Weißt du, was nie zu sättigen ist? Das Auge der Habsucht. Alle Güter der Welt füllen die Höhle nicht aus.« Bei dieser Art der Besitznahme liegt die Lust nur im Besitzergreifen, nicht aber im Genuß, den die Dinge bereiten. Der ständige Drang, Dinge erraffen und besitzen zu wollen, wird als Habgier bezeichnet.

Nun bedarf es wohl kaum langer Ausführungen zu schildern, wohin Habgier den Menschen treiben kann. Im ständigen Streben nach Besitz wird gewiß niemand sein Glück verwirklichen. Dieses Wissen findet sich in allen Weltreligionen. So werden zum Beispiel die allegorischen Figuren des Begehrens in der Bildwelt der tibetanisch-buddhistischen religiösen Tradition als gespensterhafte Wesen mit spindeldürren Gliedern und aufgeschwollenen Leibern dargestellt. Sie werden von unersättlichem Hunger und Durst geplagt und sind nicht imstande, jemals genügend Nahrung zu sich zu nehmen. Im Mönchtum aller Religionen wird die Aufgabe des Strebens nach jedem materiellen Besitz gefordert.

Wie soll sich nun aber jemand, der das Leben meistern will, verhalten? Welche Stellung soll er beziehen? Vor dem Leben davonzulaufen und alles aufzugeben, wäre gewiß genau so falsch wie sich immer nur von dem Begehren leiten zu lassen, alle Dinge zu besitzen, die einem gefallen. Niemand, auch kein Buch für Lebenshilfe, kann Ihnen vorschreiben, wo Sie die Mitte zwischen beiden Extremen finden. Sie müssen sich selbst die Mühe machen, für sich den richtigen Weg herauszufinden. Horchen Sie in der Meditation in sich hinein. So erkennen Sie Ihre wahren Bedürfnisse und merken, welche man Ihnen nur eingeredet hat. So lösen Sie auch die Frage, wo für Sie persönlich der Überfluß beginnt.

7. Wer sich auf sich selbst besinnt, gewinnt Freiheit und Freude

Wir wollen zum Abschluß des Kapitels die drei Schritte festhalten, die Sie machen müssen, um sich vor Konsumzwang zu schützen und in Ihrem Leben mehr Platz für Freiheit und Glück zu schaffen.

Erster Schritt:

Die Veränderungen, die Sie in Ihrem Leben anstreben, müssen Sie mehr begeistern als die unbefriedigenden Lebensgewohnheiten, denen Sie bisher gefolgt sind. Dazu müssen Sie sich wahrscheinlich von vielen Vorstellungen befreien, die man Ihnen bisher eingeredet hat. Darunter könnten Gedanken wie diese sein: »Die anderen machen sich über mich lustig, wenn ich nicht mehr rauche oder trinke. Niemand nimmt mich ernst, wenn ich immer mit diesem komischen Auto ankomme. Wenn ich mich für Dinge interessiere, die meine Freunde langweilen, werden sie mich für einen Spinner halten ...«

Wenn Sie sich aber einmal Ihrer Ziele und innersten Bedürfnisse bewußt geworden sind, kann die in Ihnen vorhandene Fähigkeit zur Begeisterung zum Durchbruch zu gelangen. Die Aussicht, Ihre eigenen Lebensvorstellungen zu verwirklichen, wird Ihnen auch das Freiheitsgefühl geben, nach dem Sie sich sehnen.

Zweiter Schritt:

Ob es sich nun um Ihren Sieg über den Konsumzwang oder um die Verwirklichung Ihrer Wünsche handelt, beides erfordert, daß Sie bei einem einmal gefaßten Entschluß bleiben und ihn konsequent verwirklichen. Nicht wenige Menschen vermögen sich zwar für schöne Ziele zu begeistern; doch es fehlt ihnen dann die Disziplin, auch jeden Tag das Notwendige zu tun. Mit Ihren in Kapitel 4 genannten sieben geheimen Verbündeten gewinnen Sie die Kraft, das Durchhaltevermögen und die innere Gelassenheit, die zur Verwirklichung eigener Lebensvorstellungen notwendig sind.

Da es vielen Menschen an der Bereitschaft fehlt, eigene Kräfte und Fähigkeiten zu aktivieren, bleibt die erhoffte Wende zum Guten aus. Sie flüchten sich wieder in den Schutz der Masse und fühlen sich weiter im tiefsten Wesen unglücklich. Vermeiden Sie solche Fehler. Nutzen Sie die Hilfe Ihrer sieben geheimen Verbündeten. Fragen Sie sich daher regelmäßig:

1. Baue ich jeden Tag neuen Mut in mir auf?
2. Beachte ich das Programm zur Entfaltung meiner Begeisterungsfähigkeit?
3. Entwickle ich Optimismus?

4. Entfalte ich Selbstbewußtsein durch Selbstbejahung?
5. Nutze ich mit Geduld die Technik der kleinen Schritte?
6. Entwickle ich die Macht meiner Vorstellungen?
7. Nutze ich alle Möglichkeiten, um Gelassenheit und Seelenfrieden zu erlangen?

Dritter Schritt:

Wer sein Leben ändern und meistern möchte, hat sich mit zwei Schwierigkeiten auseinanderzusetzen. Er muß einerseits neue Kräfte aktivieren und darf nicht in alte, gewohnte Verhaltensweisen zurückfallen. Andererseits muß er sich auch mit seinen Mitmenschen auseinandersetzen, die ihn von seinen Zielen abbringen wollen. Beliebte Redewendungen sind: »Das erreichst du doch nicht!« oder »Warum willst du tun, was auch andere nicht schafften?« und so weiter. Sowohl vor sich selbst als auch anderen gegenüber müssen Sie genügend Kräfte aktivieren, um nicht wieder in den alten Schlendrian zurückzufallen. Auf Ihr Versagen warten nämlich die anderen schon, um für ihr eigenes Versagen eine willkommene Ausrede zu haben.

Nutzen Sie daher Ihre sieben geheimen Verbündeten. Nur so erreichen Sie Ihre individuellen Ziele, nur so gewinnen Sie Freiheit und Glück.

Zusammenfassung

1. Materieller Besitz an sich bewirkt kein echtes Glück.
2. Maßloser Konsum ist die Folge von Angst, Unbehagen und Schuldgefühlen.
3. Werden Sie nicht zum Opfer folgender Lebenslügen: Man könne das Glück kaufen. Besitz vermittle Geborgenheit und Selbstwertgefühl. Man löse seine Probleme, indem man teure Sachen kauft.
4. Sie erkennen, ob etwas Neues für Sie überflüssig ist, indem Sie sich die Fragen stellen: »Hindert mich das, was ich kaufe oder tue, daran, so zu leben, wie ich wirklich will?«
5. Sind Sie so frei zu leben, wie Sie möchten?
6. Der Prozeß der Besitzergreifung läuft in folgenden Phasen ab: Gefallen-Wunsch-Besitzergreifung-Lust-Genuß-Desinteresse.
7. Der Prozeß des Genießens wird im allgemeinen sehr bald durch die Lust am Erwerb immer weiterer Objekte ersetzt.
8. Nur wenn Sie Dinge aus eigenem inneren Antrieb kaufen, entwickeln Sie zu ihnen engere Beziehungen und vermeiden, das Opfer von Kaufzwängen zu werden.
9. Ersetzen Sie nicht die Qualität der erhofften Befriedigung durch die Quantität der erworbenen Waren.
10. Mit »Gesten des Überflusses« täuschen viele Menschen ein Glück vor, das sie nicht erreicht haben.
11. Nur Sie wissen, was für Sie das Richtige ist.
12. Nehmen Sie sich die Zeit, in sich hineinzuhorchen, um Ihre wahren Ziele zu entdecken.
13. Fragen Sie sich: »Was gibt mir die Befriedigung, nach der ich mich im tiefsten Herzen sehne? Was kann ich dafür tun? Worauf muß ich dafür verzichten?«
14. Wer ein glückliches Leben führen will, muß auf das verzichten, was ihn nicht glücklich macht. Verzicht und Einschränkungen sind eine wichtige Voraussetzung für ein schöneres Leben.
15. Trennen Sie sich von dem, was Sie nicht glücklich macht. So werden Sie frei, das zu tun, was Sie wollen.
16. Sie erliegen nicht den zweifelhaften Verlockungen Ihrer Umwelt, wenn Sie ein Lebensprogramm aufgestellt haben und sich daran halten. Dann werden Sie auch nicht ständig von Angst geplagt, etwas zu versäumen.
17. Wer nach seinen echten Bedürfnissen lebt, entwickelt innere Stärke.
18. Viele Menschen flüchten in den zwanghaften Konsum, wenn sie ihre persönlichen Probleme nicht lösen können. Das aber kann ein Teufelskreis werden.
19. Sie werden nicht zum Opfer von Kaufzwängen, wenn Sie zu Hause Ihre

Wünsche aufschreiben und sich an diese Liste halten. Sie schützen sich ebenfalls vor Geldausgaben, wenn Sie sich angesichts eines Kaufwunsches innerhalb von fünf bis zehn Minuten dreimal die Frage stellen: »Brauche ich diese Sache tatsächlich?« So erhöhen Sie Ihre Chance, das Richtige zu tun.

20. Sagen Sie nein, wenn Ihre Kinder Wünsche äußern, die Ihre eigenen Vorstellungen und Möglichkeiten überschreiten.
21. Verzicht bedeutet, sich für das Wichtige freizuhalten.
22. Einschränkung darf nicht mit Geiz verwechselt werden.
23. Ein altes jüdisches Sprichwort sagt: »Ein geiziger Mensch ist wie ein gemästeter Ochse. Sein Fett wird er erst geben, wenn man ihm das Leben nimmt.«
24. Ständiges Streben nach Besitz ist Habgier. Entwickeln Sie stattdessen Ihr eigenes persönliches Verhältnis zum Besitz.
25. Wer das Leben meistern will, schafft sich ein besseres Leben, indem er Selbstdisziplin entwickelt und jeden Tag das Notwendige tut.
26. Er bedient sich seiner sieben geheimen Verbündeten, wie sie in Kapitel 4 dieses Buches beschrieben wurden.

Kapitel 12

Es gibt eine Lösung für jedes Problem

1. Schwierigkeiten davonzulaufen, ist keine Problemlösung

Die Qualität Ihres Lebens hängt ganz davon ab, wie gut Sie es verstehen, Ihre Probleme zu meistern. Was aber ist das denn nun: ein Problem? Wir können Probleme vielleicht als eine schwierige Sachlage bezeichnen, mit der wir uns auseinandersetzen müssen. Jeder muß sich den Schwierigkeiten des Lebens stellen, niemand kommt an ihnen vorbei. Die Kunst, das Leben zu meistern, besteht nun zu einem Teil auch darin, mit den Schwierigkeiten des Lebens fertig zu werden.

Fluchtwege, die Probleme nur vergrößern

Probleme werden erfahrungsgemäß um so größer, je mehr Sie versuchen, ihnen davonzulaufen. Da alle Menschen sich ein harmonisches Leben erhoffen, sind viele nur zu sehr geneigt, vor auftretenden Schwierigkeiten die Augen zu verschließen. Diese Verhaltensweise ist zwar weit verbreitet, aber falsch, um nicht zu sagen: gefährlich! Denkbare Versuche einer »negativen Problemlösung« können zum Beispiel so aussehen:

Verdrängung: Nicht wenige Menschen neigen dazu, ihre Probleme zu verdrängen. Sie spüren zwar ein gefühlsmäßiges Unbehagen, doch sie unterdrücken es und übersehen dabei eigene und fremde Fehler. Nur zu leicht neigt der Betroffene dazu, nicht wahrhaben zu wollen, was nicht zum eigenen Wunschdenken paßt. Irgendwann fällt es ihm dann aber wie Schuppen von den Augen, und er fragt sich zum Beispiel: »Warum habe ich das nicht sofort erkannt und die Konsequenzen daraus gezogen? Ich erinnere mich noch sehr genau, daß ich mich aus Bequemlichkeit und Überarbeitung nicht sofort von diesem unfähigen Steuerberater trennte, nachdem ich bemerkte, was mit ihm los war. Hätte ich rechtzeitig auf mein Gefühl gehört und nach meinen Erkenntnissen gehandelt, so hätte ich mir einen Gerichtsprozeß gegen ihn sparen können.«

Ob es sich nun um Eheprobleme, Betriebsprobleme, Probleme zwischen fremden Menschen oder Probleme sonstiger Art handelt, stets spielt sich der gleiche Prozeß ab: Kleine Probleme werden unter den Teppich gekehrt, sie gären, wachsen, wuchern aus, und bald findet man sich in den größten Schwierigkeiten.

Verlagerung: Mit Hilfe der »Verlagerung« versuchen viele Menschen, ihre Probleme von sich zu schieben. Sie geben allen anderen die Schuld an ihrem unbefriedigten Dasein, nur nicht sich selbst. Damit verhindern sie jede konstruktive Problemlösung.

Verärgerung: Verärgerung ist die häufigste Reaktion vieler Menschen, mit der sie Probleme »beantworten«. Da sie mit ihren Schwierigkeiten nicht fertig werden können oder wollen, fressen sie den Ärger darüber in sich hinein. Die Folgen sind dann oft schlimmer als die eigentlichen Probleme, denn jetzt spielt womöglich die Gesundheit nicht mehr mit. Hüten Sie sich vor einer solchen Reaktion! Nehmen Sie vielmehr den auftretenden Ärger zum Anlaß, mit aller Energie an der Lösung Ihrer Probleme zu arbeiten.

Verzweiflung: Wer seine Probleme überhaupt nicht oder nur unbefriedigend löst, weiß bald weder ein noch aus und wird langsam unfähig, sich für eine richtige Lösung zu entscheiden. Verzweiflung und Depressionen sind die Folge.

Sie haben mit Verdrängung, Verlagerung, Verärgerung und Verzweiflung vier Möglichkeiten negativer »Problemlösungen« kennengelernt. Hüten Sie sich also vor solchen Reaktionen! Erst wenn Sie die Schwierigkeiten Ihres Lebens beherzt anpacken, vermögen Sie Ihr Leben zu meistern. Probleme gehören nun einmal dazu! Stellen Sie sich also beherzt immer allen Schwierigkeiten. Sie werden feststellen, daß Sie seelisch an Kraft gewinnen, wenn Sie einmal mit der Aufarbeitung begonnen haben. Konfuzius sagt es so: »Erledige eine Schwierigkeit, und du hältst hundert andere von dir fern.«

2. So analysieren Sie Ihre Probleme

Haben Sie schon einmal beobachtet, wie sich die meisten Menschen verhalten, wenn sie von Problemen gequält werden? Sie ängstigen sich, regen sich auf, sorgen sich und beginnen zu grübeln. Sie beschäftigen sich mit dem, was ihrem Wunschdenken oder ihren vorgefaßten Meinungen entspricht. Ihre Gedanken drehen sich im Kreise. Kann es dann noch verwundern, daß sie so ihre Probleme nicht zu lösen vermögen?

Wer aber seine Schwierigkeiten bewältigen will, muß sie zunächst unparteiisch und objektiv zu betrachten versuchen. Wichtigste Voraussetzung dafür ist, daß Sie sich von allen Gefühlen freimachen, die Ihren Blick trüben könnten. Nur zu oft erschweren sie nämlich eine leidenschaftslose Beurteilung Ihrer eigenen Lebenssituation. Nur eine völlig klare Sicht der Dinge wird es Ihnen aber ermöglichen, die richtige Entscheidung zu fällen und Ihre Probleme zu lösen.

Die Kenntnis aller objektiven Tatsachen eines Problems ist also von unbedingter Wichtigkeit. Aus eigener wie aus der Erfahrung vieler Seminarteilnehmer weiß ich, daß man einen Sachverhalt um so leichter feststellen und den verfälschenden Einfluß von Gefühlen ausschließen kann, wenn man sich die Mühe macht, die Tatsachen schriftlich niederzulegen und zu analysieren.

Voraussetzungen zur Ermittlung von Sachverhalten

Um nicht die im vorangegangenen Abschnitt beschriebenen Fluchtwege vor Problemen zu beschreiten, sollten Sie die folgenden Fragen schriftlich beantworten. Auf diese Weise erkennen Sie Ihre Probleme objektiver.

Fragen, um die Tatsachen eines Problems zu erkennen:

1. Von welcher Schwierigkeit möchte ich mich befreien?
2. Was sind meine Ziele? Was will ich erreichen?
3. Was bereitet mir Unbehagen, und was strebe ich tatsächlich an?
4. Was hindert mich daran, eine Veränderung der Situation vorzunehmen?

Mit der Beantwortung dieser Fragen allein haben Sie Ihre Schwierigkeiten natürlich noch nicht umfassend beschrieben und analysiert. Dazu sind noch weitere Schritte nötig. Machen Sie sich jedoch bitte die Mühe und beantworten Sie die Fragen schriftlich; so werden Sie wesentlich problembewußter, und es wird Ihnen mit den folgenden Techniken leichter gelingen, den Sachverhalt so objektiv und unparteiisch wie möglich festzustellen.

Die Analyse des Hindernisses, das Sie von Ihrem Ziel trennt

Nehmen wir einmal an, Ihr Gewicht ist zu hoch, und Sie möchten diesen Zustand ändern. Ihr Ziel wäre, das für Sie passende Normalgewicht zu erreichen; und übermäßiges und falsches Essen ist das Hindernis, das Ihnen den Weg zum Ziel versperrt. Allgemein läßt sich jedes Problem in ein Ziel und in ein Hindernis zerlegen. Es gilt die Gleichung: Problem = Ziel + Hindernis.

Den Sachverhalt eines Problems werden Sie um so besser beschreiben können, je sorgfältiger Sie sich bemühen, das Hindernis zu beschreiben. Sie beschreiben das störende Hindernis, wenn sie folgende Fragen beantworten:

1. Wie ist es beschaffen?
2. Wo kommt es her?
3. Wie wirkt es sich aus?
4. Wie groß ist es?
5. Wie real ist es?
6. Wie dauerhaft ist es?

Im Falle des Übergewichts könnte die Beantwortung der sechs Fragen wie folgt ausfallen:

1. Vierzig Pfund Übergewicht. 2. Verzehr von zuviel Süßigkeiten, Mangel an Bewegung. 3. Körperliches Unbehagen, Verkürzung der Lebenserwartung, hoher Blutdruck. 4. Das Hindernis besteht in lang eingeübten, falschen Eßgewohnheiten. 5. und 6. Das Übergewicht wird nicht verschwinden, wenn nicht die Eß- und Lebensgewohnheiten grundlegend geändert werden. Die unvermeidliche Folge der falschen Verhaltensweisen ist eine Verkürzung der Lebenserwartung.

Die Ermittlung des Sachverhaltes und seine Analyse

Sie wissen bereits, wie wichtig es ist, den gesamten Sachverhalt Ihrer schwierigen Situationen so objektiv und genau wie möglich zu erkennen. Aber die genaueste Kenntnis der Tatsachen nützt Ihnen nichts, wenn sie diese Tatsachen nicht richtig analysieren.

Vor einigen Monaten war ich bei einem befreundeten Unternehmer zum Abendessen eingeladen. Bald kamen wir in der Unterhaltung darauf zu sprechen, wie man seine Schwierigkeiten am besten löst. »Kommen Sie bitte in mein Arbeitszimmer. Dort zeige ich Ihnen eine

Technik, wie ich meine Probleme zu lösen pflege«, sagte der Gastgeber zu mir. Neugierig begleitete ich ihn. Auf dem Tisch lag eine größere Anzahl von Karteikarten, die mit Stichwörtern beschrieben und in einer bestimmten Weise zueinander angeordnet waren.

»Gott sei Dank habe ich mit meinem Unternehmen keine finanziellen Probleme«, erläuterte mir mein Bekannter. »In der letzten Zeit wurde mir aber bewußt, daß es gelegentlich zwischen meinen Angestellten menschliche Reibereien, Kompetenzstreitigkeiten und andere Auseinandersetzungen gibt, die dem Unternehmen Schaden zufügen. Schauen Sie sich an, wie ich die Situation analysiert habe. Meine Technik ist dabei folgende: Ich zerlege den gesamten Sachverhalt in eine Reihe von Informationen und schreibe stets zusammengehörige auf eine Karteikarte. Jede Teilinformation erläutere ich schriftlich in wenigen Worten. Das ist gewiß ein nicht zu unterschätzender Aufwand. Doch nur wenn ich mich dieser Mühe unterziehe, erhalte ich eine gute Übersicht über die Schwierigkeiten. Dann versuche ich, zwischen den einzelnen Teilen des Problems Beziehungen herzustellen, indem ich die Karteikarten unterschiedlich zueinander anordne. Da ich auf diese Art alle Einzelheiten bildlich vor Augen habe, kann ich die Karteikarten ganz unterschiedlich anordnen. So wird mein Überblick über die Gesamtsituation immer besser. Ohne die Zuhilfenahme der Karteikarten und ihr Verschieben könnte ich mir nie ein so gutes Bild von der Situation machen. Ich mache es wie die alten Chinesen, die wußten, daß man mit Bildern wesentlich besser als mit abstrakten Gedanken arbeiten kann.«

»Sie haben völlig recht«, entgegnete ich. »Selbst große Entdeckungen und Problemlösungen schwierigster Art sind mit bildhaften Vorstellungen bewerkstelligt worden. Das war auch bei den Entdeckungen Edisons und den Erkenntnissen Einsteins so, um nur zwei Beispiele zu nennen.«

»Sehen Sie«, fuhr mein Gastgeber fort, »um das Tatsachenmaterial objektiv zu beschreiben, versetze ich mich auch in die Rolle der Gegenpartei. Das hilft mir, auch solche Tatsachen auf die Karteikarten zu schreiben, die ich am liebsten verdrängen und nicht wahrhaben möchte. Ich wende das Verfahren schon seit vielen Jahren an. Habe ich mein Problem auf diese Art beschrieben und erkannt, so bin ich seiner Lösung oft schon sehr nahe. Ich vermeide mit dieser Technik, daß mich die Sorgen eine schlaflose Nacht kosten.«

Machen Sie es wie dieser erfolgreiche Unternehmer. Je besser es Ihnen gelingt, den problembildenden Sachverhalt festzustellen und zu analysieren, um so weniger wird es Sie beunruhigen. »Erkenntnis macht frei«, sagte Goethe. Um die Situation genau zu erfassen, müssen Sie gründlich und mit großer Achtsamkeit vorgehen. Ihre tägliche Meditationsübung hilft Ihnen, Ihre Beobachtungsgabe zu schärfen. »Nur sorgsam und genau geprüfte Dinge erkennt die Weisheit, nicht aber verworrene«, steht in der alten buddhistischen Schrift Sutta-Nipata.

So analysieren Sie Ihre Probleme:

1. Zergliedern Sie die Situation in einzelne Teile.
2. Machen Sie sich jeden einzelnen Bestandteil klar. Beschreiben Sie ihn objektiv und halten Sie Ihr Wissen auf einer Karteikarte fest.
3. Es gelingt Ihnen besser, wirklich objektiv zu sein, wenn Sie versuchen, sich auch in den Standpunkt der Gegenpartei oder eines Außenstehenden hineinzuversetzen und die Dinge von diesem Blickpunkt her zu betrachten.
4. Machen Sie eine Meditationsübung. Das Problem wird sich Ihnen weit klarer darstellen. Die innere Ruhe und die gesteigerte Aufnahmefähigkeit werden Ihnen helfen, das vorliegende Problem von Vorurteilen und Emotionen zu isolieren. In diesem »reinen Beobachten« sprechen die Dinge selbst zu Ihnen. Sie können die charakteristischen Merkmale Ihres Problems intensiver, klarer und in ihrer ganzen Beziehungsvielfalt erkennen.
5. Stellen Sie nun Beziehungen zwischen den einzelnen Teilen des Problems her. Verschieben Sie dazu die einzelnen Karteikarten zueinander. So ergibt sich ein guter Überblick über die Wechselbeziehungen der einzelnen Strukturteile und über ihre Auswirkung auf die Gesamtsituation.
6. Beschreiben Sie die Gesamtsituation nach Möglichkeit noch ausführlicher.

Verfahren Sie wie der erfolgreiche Unternehmer, von dem ich berichtete. So entwickeln Sie eine klare Erkenntnis Ihres Problems. Nach der Analyse werden unterschwellig vorhandene Ängste verblassen, und Sie haben nun alle Voraussetzungen für die Lösung des Problems geschaffen.

3. Suchen Sie nach Lösungsmöglichkeiten

Sie haben nun den Sachverhalt Ihres Problems genau beschrieben. Sie haben das Problem analysiert. Nun können Sie den nächsten Schritt tun und nach Lösungsmöglichkeiten suchen. Wie findet man Ideen, um die Lösung in Angriff zu nehmen?

Quellen für gute Ideen

Es gibt drei verschiedene Arten von Quellen, die Ihnen gute Ideen vermitteln können:

1. Bücher und Aufzeichnungen,
2. Experten, andere Menschen,
3. Sie selbst.

Punkt eins – Bücher und Aufzeichnungen:

Mit den meisten Problemen, mit denen wir uns auseinanderzusetzen haben, mußten sich auch schon viele Menschen vor uns befassen. Einige von ihnen konnten diese Probleme mit Erfolg lösen. Soweit Denker und Schriftsteller unter ihnen waren, haben sie uns oft ihre Erfahrungen in schriftlicher Form hinterlassen. Wenn Sie eine Buchhandlung oder eine Bibliothek aufsuchen, gewinnen Sie einen kleinen Eindruck, über welche Fülle von Themen Bücher geschrieben wurden. Das Beste ist es, sich eine Sammlung von Büchern zu beschaffen, die jene Probleme behandeln, mit denen Sie sich im allgemeinen auseinanderzusetzen haben. In vielen Fällen ist es daher gar nicht nötig, noch zusätzlich bei Experten um Rat zu fragen. Sie brauchen die notwendigen Informationen dann nur in Ihrer »Privatbibliothek« nachzuschlagen.

Punkt zwei – Experten, andere Menschen:

Schon an verschiedenen Stellen dieses Buches ist darauf hingewiesen worden, daß Sie abhängig werden, wenn Sie stets die Meinung anderer einholen. Überdies besteht die große Gefahr, daß Sie von anderen Menschen zum eigenen Nachteil manipuliert werden. Aus meiner eigenen Erfahrung weiß ich nur zu gut, wo ich heute stünde, wenn ich mich nach den Ansichten so mancher Zeitgenossen gerichtet hätte. Andererseits wäre es wiederum völlig falsch, davon abzuraten, auf Experten zu hören. Ich selbst habe zum Beispiel schon vielen Menschen helfen können, ihre Probleme zu lösen. Fragen Sie Experten um Rat, aber suchen Sie sich nur solche Ihres Vertrauens aus.

Punkt drei – Sie selbst:

Ohne Zweifel sind Sie selbst in den meisten Fällen der wichtigste Ideenlieferant für die Lösung Ihrer persönlichen Schwierigkeiten. Haben Sie einmal den objektiven Sachverhalt eines Problems festgestellt und es analysiert, so sind die besten Voraussetzungen dafür geschaffen, daß Ihr »innerer Helfer« für die Problemlösung tätig werden kann.

4. Techniken zur Produktion von Ideen

Schweigen und Stille sind – wie Sie wissen – Ihre geheimen Verbündeten. Vielleicht haben Sie schon einmal an sich selbst erfahren, daß zum Beispiel während eines Waldspaziergangs aus der Tiefe Ihres Unterbewußtseins plötzlich ein rettender Gedanke kam, wie Sie an ein drückendes Problem herangehen sollten. In der Stille finden Sie oft die Lösung von Problemen, die Sie mit angestrengtem logischem Denken zuvor nicht finden konnten.

Wer innerlich unruhig ist, wird nie die Lösungen finden, nach denen er sucht. Ihre geheimen Verbündeten Gelassenheit und Seelenfrieden schaffen die besten Voraussetzungen dafür, daß sich Ihre innere Stimme aus der Tiefe Ihres Unter- und Überbewußtseins melden kann. In den buddhistischen Schriften steht: »Der gesammelte Geist erkennt das Wesen der Dinge, ihren Anfang und ihre Auflösung.« Und bei Jesaia (30, 15) lesen wir: »Wenn ihr stille bleibt, so wird euch geholfen; durch Stillesein und Hoffnung werdet ihr stark.«

Wollen Sie die Lösung eines Problems finden, so führen Sie zunächst eine Entspannungsübung aus. Hat sich dann Ihre Unruhe gelegt, unterziehen Sie sich einer Meditationsübung, wie ich sie in meinem Buch *Die universellen Kräfte Ihrer Psyche* beschrieben habe. In der Verinnerlichung und im Einswerden mit dem in Ihnen ruhenden Allbewußtsein können Sie am ehesten die Lösung Ihres Problems entdecken. Hören Sie also auf Ihren inneren Helfer oder – wenn Sie wollen – auf die Stimme Gottes in Ihnen. In einem Psalm (46, 2) heißt es: »Gott ist unsere Zuversicht und Stärke, eine Hilfe in den großen Nöten, die uns getroffen haben.« Bereits die großen griechischen Philosophen Sokrates und Platon bedienten sich, wie viele Menschen vor und nach ihnen, ihres inneren Helfers, der jedem von uns innewohnenden universellen Kraft.

Ihr innerer Helfer und die göttlichen Möglichkeiten in Ihnen lassen Sie die Lösung Ihrer Probleme finden, damit Sie das Leben führen können, nach dem Sie sich im tiefsten Wesen sehnen.

Der freie Lauf der Phantasie

Sehr oft ermöglichen gerade solche Gedanken die Lösung eines Problems, die man auf den ersten Anschein hin als völlig absurd abtut. Schieben Sie also keine auch noch so vage Idee voreilig beiseite. Jede Idee hat die Tendenz, andere nach sich zu ziehen. Voraussetzung dafür ist nur, daß Sie der Phantasie freien Lauf lassen. Das setzt wiederum Ihre Bereitschaft voraus, auch solche Gedanken zuzulassen, die Ihnen zunächst als völlig lächerlich erscheinen mögen.

Eine Technik, um hilfreiche Ideen zu produzieren:

1. Schreiben Sie alle Gedanken auf, die Ihnen zur Lösung eines Problems einfallen.
2. Halten Sie sich während Ihrer Ideenproduktion mit Kritik zurück, um nicht den freien Lauf der Phantasie zu bremsen.
3. Nehmen Sie zu den Gedanken erst dann Stellung, wenn der Fluß Ihrer Ideen zu dem fraglichen Thema versiegt ist.

Die Fragetechnik

Der englische Schriftsteller Rudyard Kipling wußte, wie wertvoll Fragen sind, um aus dem Schatz der eigenen Erfahrungen jene Informationen abzurufen, die zur Lösung von Problemen notwendig sind. Kipling bringt dies in einem kleinen Gedicht zum Ausdruck:

»Ich kenne sechs hilfreiche Männer.
Sie lehrten mich alles, was ich weiß.
Ihre Namen sind Was, Warum und Wann
Und Wie und Wo und Wer.«

Im Folgenden finden Sie eine Reihe von Fragetechniken, die Ihnen helfen sollen, Probleme zu lösen. Stets ist es notwendig, die Frage nach dem Zweck, nach der optimalen Zeit und nach den notwendigen Mitteln zu stellen:

Zweck:
Was wollen Sie tun?
Weshalb sollte es getan werden?
Was könnte noch getan werden?
Zeit:
Wann wird es getan?
Warum wird es zu diesem Zeitpunkt getan?
Wann könnte es noch getan werden?
Mittel:
Wie sollte es getan werden?
Warum sollte es in dieser Art getan werden?
Wie könnte es noch getan werden?

Diese Fragen lenken den Fluß Ihrer Gedanken in die gewünschte Richtung. Sie können aber andererseits nicht uneingeschränkt empfohlen werden. Da sie die Richtung des Gedankenflusses einengen, können sie manchmal auch den freien Lauf der Phantasie hemmen. Es empfiehlt sich, diese Technik erst dann anzuwenden, wenn die freie Produktion eigener Ideen zu keinen befriedigenden Ergebnissen geführt hat.

Die Ideenliste

Tragen Sie Ihre Gedanken zur Lösung eines Problems in eine Ideenliste oder in ein Notizbuch ein. Oft wird eine Idee allein noch nicht zur Lösung Ihres Problems führen. Stehen jedoch einmal mehrere Ideen auf Ihrer Liste, so ergibt sich häufig aus der Kombination von zwei oder mehr schriftlich festgehaltenen Gedanken eine Lösung. Voraussetzung dafür ist aber, daß eben wirklich mehrere Ideen auf Ihrer Liste stehen. Nur so haben Sie die Übersicht über alle Ihnen zur Verfügung stehenden Gedanken und können eine optimale Kombination vornehmen.

Daß die Kombination von verschiedenen Gedanken zur Lösung eines Problems führen kann, erfuhr im Altertum zum Beispiel der griechische Naturwissenschaftler Archimedes an sich selbst. Einst erhielt er von Hieron, dem Tyrannen von Syrakus, den Auftrag, zu überprüfen, ob der Goldschmied des Hofes alles Gold für eine Krone verarbeitet hatte oder ob ein Teil des Goldes durch minderwertigeres Metall ersetzt worden war. Der griechische Weise kannte nun zwar das spezifische Gewicht des reinen Goldes. Es war für ihn auch keine Schwierigkeit, das Gewicht der Krone zu bestimmen. Doch um festzustellen, ob die Krone wirklich aus reinem Gold bestand, hätte er auch ihr Volumen, ihren Rauminhalt, ermitteln müssen. Hierin lag nun das eigentliche Problem. Wie sollte er den Rauminhalt der Krone bestimmen, ohne sie auf einen leicht berechenbaren Goldbarren umzuschmelzen und so zu zerstören? Das Problem schien unlösbar!

Als Archimedes jedoch einige Tage später in sein Bad stieg, stellte er fest, daß sein eintauchender Körper ein Ansteigen des Wasserspiegels bewirkte. »Heureka!« rief Archimedes (»Ich hab's gefunden!«). Er hatte erkannt, daß er die Krone nur in Wasser zu tauchen und das überlaufende Wasser zu messen brauchte, um ihren Rauminhalt zu bestimmen.

Die Kombination zweier Gedanken – nämlich die Gewichtsbestimmung und die Messung des von der Krone verdrängten Wasservolumens – hatte zur Lösung des Problems geführt.

Nochmals zusammenfassend: Halten Sie Ihre Gedanken, die Ihnen zur Lösung eines Problems kommen, schriftlich fest, ohne sofort dazu Stellung zu nehmen. Versuchen Sie dann, die verschiedenen Ideen zu kombinieren. Sehr oft werden Sie mit dieser Technik die Lösung Ihres Problems finden.

So vermeiden Sie Fehlverhalten und Abwehrreaktionen bei der Lösung Ihrer Probleme

Stellen Sie sich dazu ehrlich folgende Fragen:

1. Führe ich immer Gründe an, warum etwas nicht möglich ist, anstatt Wege zu einer Lösung zu suchen?
2. Kann ich mich nicht mit neuen Ideen anfreunden und neige ich dazu, alles immer so zu tun wie bisher?
3. Versuche ich für alles erst hundertprozentige Sicherheitsgarantien zu erhalten, bevor ich etwas unternehme?
4. Neige ich dazu, Hindernisse zu überschätzen, und messe ich helfenden Möglichkeiten nicht die richtige Bedeutung bei?
5. Denke ich immer nur an die Nachteile einer Idee, anstatt auch ihre Vorteile zu erkennen?
6. Verfolge ich eine Idee nur deshalb nicht, weil sie mir aus irgendwelchen Gründen nicht ins Konzept paßt?

Meditation befreit Ihr Denken von Scheuklappen

Eine große Schwierigkeit selbst bei der Lösung kleiner Probleme besteht darin, daß wir oft »den Wald vor lauter Bäumen nicht sehen«. Häufig bewegt sich das Denken im Kreise und läuft sich tot, ohne eine Lösung des Problems zu finden.

In der Meditation jedoch findet eine Veränderung des Bewußtseins statt. Mit Meditation wird es Ihnen leichter fallen, ausgefahrene Geleise des Denkens zu verlassen und neue Wege zu beschreiten.

5. Die Technik der Entscheidung

Ein wichtiger Grund dafür, daß viele Menschen in ihren Problemen ersticken, liegt darin, daß sie nicht fähig sind, eine richtige Entscheidung zu fällen. Lernen Sie daher, wie dieser Entscheidungsprozeß am besten abläuft.

Ein Programm, um richtige Entscheidungen zu treffen:

1. Hüten Sie sich vor unklaren Zielen, vor Selbstgefälligkeit, vor Vorurteilen und vor dem Weg des geringsten Widerstandes. Machen Sie sich vor allem ganz klar Ihre Ziele bewußt. Auf diesen Punkt wurde schon wiederholt hingewiesen. Er ist von ausschlaggebender Bedeutung.
2. Die Entscheidungsfindung wird Ihnen um so leichter und schneller gelingen, wenn Sie sich dafür genügend Zeit nehmen. Schon eine alte chinesische Weisheit sagt: »Unter allem, was die Dinge endet und die Dinge anfängt, gibt es nichts Herrlicheres als das Stillehalten.«
3. Sind Sie unentschlossen, wie Sie sich entscheiden sollen? Folgende Ursachen könnten dafür verantwortlich sein: Das Problem wurde nicht klar genug formuliert; Sie sind bei der Analyse Ihres Problems unsystematisch vorgegangen; die verschiedenen Lösungsmöglichkeiten wurden nicht richtig beurteilt; Nachteile und Gefahren wurden nicht genau erkannt.
4. Stellen Sie sich daher die Frage: Habe ich systematisch gearbeitet? Sind alle Möglichkeiten erkannt worden?
5. Vergleichen Sie alle Lösungswege, die Ihnen eingefallen sind. Entscheiden Sie sich für den, der für Sie am günstigsten ist und der am ehesten Ihren Ziel- und Ihren Wertvorstellungen entspricht.

6. Hüten Sie sich davor, Ihre Entscheidungen durch Furcht beeinflussen zu lassen.
7. Versuchen Sie nicht für jede Unternehmung Erfolgsgarantien zu erhalten, bevor Sie sich entscheiden. Natürlich darf es nicht das Ziel des Lebenskünstlers sein, leichtsinnig zu werden. Es gibt aber kein Leben ohne Risiko, bedenken Sie also auch das Sprichwort: »Wer nicht wagt, gewinnt nicht!«

Beispiele für die üblen Folgen nichtgetroffener Entscheidungen

Wenden wir uns nun einigen Beispielen zu, die zeigen, wohin mangelnde Entscheidungsfähigkeit führt.

Für Frau Müller ist eine Situation eingetreten, vor der irgendwann einmal jede Mutter steht: die Kinder sind erwachsen. Sie brauchen die Eltern nicht mehr, und die Mutter empfindet ihr Leben plötzlich als leer. Sie erwägt, wieder in ihrem früheren Beruf zu arbeiten. Gleichzeitig beschleicht sie aber auch die Sorge, sie könnte dadurch ihren Mann vernachlässigen. Zweifel befallen sie auch, ob sie nach wie vor fähig sein wird, den Anforderungen des Berufes gerecht zu werden. Schließlich war sie ja viele Jahre nicht mehr berufstätig. Wenn sie am Morgen ihr Mann und die Kinder verlassen, um ihren Beschäftigungen nachzugehen, empfindet sie Unbehagen, allein im Haus zu sein. Sie denkt daran, wie schön es wäre, ebenfalls Karriere im Beruf zu machen. Bei diesen Gedanken findet sie den häuslichen Alltag immer eintöniger. Sie verleidet sich den Tag, ohne ihrem geheimen Wunsch auch nur einen Schritt näherzukommen. Mit der Zeit wird die Situation kritischer, ihre Angst und Unlust nehmen zu. Die Frau wird übellaunig, ja manchmal geradezu hysterisch und beginnt an Migräne zu leiden. Sie ist unfähig, eine klare Entscheidung zu treffen, und so ist sie in eine tiefe Krise geraten.

Nun zu einem anderen Beispiel: Ein Geschäftsmann hat einen großen finanziellen Verlust erlitten. Er hat keine Hoffnung, das verlorene Vermögen je wiederzuerlangen. Da er nicht bereit ist, sich ein für allemal dafür zu entscheiden, den Verlust zu akzeptieren, quält er sich mit Ärger und Racheplänen und verbaut sich so jegliche Chance, ein freudenvolleres Leben aufzubauen.

Wenden wir uns einem dritten Beispiel zu: Ein Student flüchtet sich vor dem Streß des Studiums in häufige Kino- oder Diskothekenbesuche.

Am nächsten Morgen ist jedoch die Angst wieder da, weil er sich nicht entscheiden kann, die notwendige Arbeit aufzuwenden, um endlich seine Prüfung abzulegen.

Beschließen wir die Beispiele mit einem letzten Fall: Einer meiner ehemaligen Lehrer schwankte in seinen Gefühlen zwischen zwei Frauen – zwischen der eigenen und seiner Freundin. Von keiner der beiden vermochte er sich zu trennen. Aber nicht nur für die beiden Frauen war die Lage kritisch. Er selbst litt unter der Situation derart, daß er von nervösen Herzstörungen geplagt wurde und zuletzt an einem Herzinfarkt erlag.

Worum es sich auch immer handeln mag: Sie können ein Problem erst dann lösen, wenn Sie genau wissen, was Sie wollen. Sie müssen aber auch bereit sein, auf das zu verzichten, was damit nicht zu vereinbaren ist. Entscheiden Sie sich also! Erst wenn Sie eine Entscheidung fällen, befreien Sie sich von Ihrem Unbehagen und von dem inneren Druck, der Sie so sehr belastet.

6. Die Durchführung der Entscheidung

Sie haben nun eine Entscheidung gefällt und wollen diese Entscheidung jetzt auch durchführen. Stellen Sie dazu, wie in Kapitel 8 unter dem Titel »Mit Hilfe dieser Techniken gewinnen Sie Zeit« angegeben, Tagespläne und Aktionsprogramme auf. Verfallen Sie nicht in den Fehler, alles auf einmal erledigen zu wollen. Bedienen Sie sich der Taktik der kleinen Schritte. Die meisten Menschen scheitern daran, daß sie sich nicht dieses ungeheuer wirkungsvollen Hilfsmittels zu bedienen verstehen. Denken Sie aber auch immer daran, sich der Mithilfe anderer Menschen zu versichern.

So gewinnen und erhalten Sie sich die Mitarbeit Ihrer Mitmenschen:

1. Verdeutlichen Sie dem anderen, welcher Vorteil für ihn dabei herausspringt, wenn er Ihnen hilft.
2. Bleiben Sie stets höflich. Strahlen Sie Ruhe aus. Vermeiden Sie Überraschungen und bedienen Sie sich der Übereinstimmungstaktik.
3. Schenken Sie Ihren Mitmenschen stets persönliche Anteilnahme und Freundlichkeit, und man wird Ihnen gerne helfen.
4. Hören Sie sich die Meinungen und die Einwände des anderen an und vermeiden Sie unter allen Umständen, heftig zu werden.

Hinsichtlich weiterer Einzelheiten der persönlichen Beeinflussung verweise ich den interessierten Leser auf mein schon erwähntes Buch *Die Kunst zu überzeugen.* Nur wenn Sie Ihre Entscheidungen auch in die Tat umsetzen, werden Sie Ihre Probleme lösen. Bedienen Sie sich auch der in den Kapiteln 7 und 8 angegebenen Techniken. So gelingt es Ihnen mit Sicherheit, auch die hartnäckigsten Probleme zu lösen.

Zusammenfassung

1. Probleme sind schwierige Situationen, mit denen Sie sich auseinandersetzen müssen. Sie sind ein grundsätzlicher Bestandteil des menschlichen Lebens.
2. Fluchtmechanismen vergrößern Ihre Probleme.
3. Hüten Sie sich vor der Verdrängung oder Verlagerung eines Problems.
4. Erste Voraussetzung für jegliche Problemlösung ist, den problematischen Kern zu erkennen.
5. Halten Sie den Sachverhalt, der Ihr Problem verursacht, schriftlich fest. So gelingt es Ihnen besser, objektiv zu sein.
6. Sie erkennen den Sachverhalt am besten, wenn Sie sich folgende Fragen stellen: Was bereitet mir Unbehagen, und von welcher Schwierigkeit möchte ich mich befreien? Was strebe ich an? Was hindert mich daran, eine Veränderung der Situation vorzunehmen?
7. Sie können Ihr Problem genau erfassen, wenn Sie die Formel beachten: Problem = Ziel + Hindernis. Beschreiben Sie das Hindernis genau, das zwischen Ihnen und Ihrem Ziel steht.
8. Mit folgender Technik analysieren Sie Ihre Probleme: Zerlegen Sie die Situation in einzelne Teile. Halten Sie jeden Teil mit Erläuterungen auf einer Karteikarte fest. Versuchen Sie sorgfältig, sich auch in den Standpunkt einer denkbaren Gegenpartei hineinzuversetzen. Wenn Sie die einzelnen Karteikarten zueinander verschieben, so erhalten Sie eine genaue Übersicht über die Beziehungen der Einzelfaktoren. Ihre Analyse des Problems wird Ihnen jetzt sehr viel leichterfallen.
9. Führen Sie eine Meditationsübung durch. Es gelingt Ihnen dann ungleich besser, eine genaue Analyse der Situation vorzunehmen.
10. Sie lösen Ihre Probleme, wenn Sie sich dreier bewährter Ideenquellen bedienen: Bücher, Experten und Ihrer selbst.
11. Stille, Gelassenheit und Seelenfrieden sind Voraussetzungen dafür, daß Ihnen Ihre innere Stimme bei der Lösung von Problemen helfen kann.
12. Meditation erweitert die schöpferischen Möglichkeiten Ihres Geistes.
13. Bedienen Sie sich des freien Flusses Ihrer Phantasie, um Problemlösungen zu finden.
14. Mit den Fragen nach dem Zweck, der richtigen Zeit und den optimalen Mitteln haben Sie eine bewährte Methode, um nach Lösungen für Ihre Probleme zu suchen.
15. Ihre Ideenliste wird zu einer guten Ideenquelle, wenn Sie versuchen, mehrere Ideen zu kombinieren.
16. Vermeiden Sie die in Abschnitt 4 dieses Kapitels beschriebenen falschen Verhaltensweisen bei der Lösung von Problemen.
17. Meditation befreit Ihr Denken von Scheuklappen.

18. Wenden Sie die Technik der richtigen Entscheidung an. Bedienen Sie sich dazu des in Abschnitt 5 angegebenen Programms.
19. Stellen Sie zur Durchführung Ihrer Entscheidung Tagespläne und Aktionsprogramme auf. Wenden Sie die Taktik der kleinen Schritte an.
20. Bedienen Sie sich der Hilfe anderer Menschen. Sie werden Ihre Ziele dann leichter verwirklichen.

Kapitel 13

So bewältigen Sie Lebenskrisen

1. Krisen sind Bestandteil eines jeden Lebens

Selbst mit noch so positivem Denken und bei aller Gelassenheit wird es der Mensch nicht vermeiden können, gelegentlich einmal in eine Krise zu geraten. Was ist eine Krise? Während einer Krise befindet sich der Mensch in einer für ihn fast unerträglichen Situation, seine innere Ruhe ist tiefgreifend erschüttert. Das Wort selbst leitet sich von dem altgriechischen Wort krinein (= entscheiden) ab. Die Krise stellt eine Situation dar, in der sich etwas zum Positiven oder zum Negativen entscheiden kann. Charakteristisch für alle Krisen ist, daß sie unser Leben einschneidend beeinflussen oder verändern. Jede Krise wird als Einschnitt in unser Leben und als Unterdrückung unserer persönlichen Entfaltungsmöglichkeiten empfunden.

In eine Krise kann jemand geraten, wenn er einen geliebten Menschen durch den Tod verliert, wenn er eine Scheidung erlebt, den Verlust des Arbeitsplatzes erleidet oder einen anderen Schlag erlebt. Spätestens dann wird es den meisten Menschen schwerfallen, sich ihr positives Denken zu bewahren. Sie können sich nicht vorstellen, daß eine Krise auch etwas Positives nachziehen kann. Zu tief sitzen die Gefühle der Trauer, der Angst, der Enttäuschung und der Verlassenheit. Dennoch sind solche Krisen notwendig, da der Mensch unter ihrem Einfluß gezwungen wird, neue Kräfte zu aktivieren und eine gereifte Persönlichkeit zu werden.

Selbst wenn Sie nach allen Empfehlungen dieses Buches leben, sind Sie nicht gegen Krisen gefeit. Jeder Mensch muß sich in seinem Leben mit einer Reihe von Krisen auseinandersetzen. Ohne sie wäre keine Entwicklung denkbar. Sie müssen daher lernen, mit Krisen zu leben. Sie müssen den Mut aufbringen, einen Abschnitt Ihres Lebens zu verlassen, um in einen neuen einzutreten. Es ist ein Wechsel von etwas Altem zu etwas Neuem.

In Kapitel 4, Abschnitt 1, haben Sie den Mut als einen Ihrer geheimen Verbündeten kennengelernt. Bauen Sie mit den dort angegebenen Techniken systematisch Ihren Mut auf. Der neu gewonnene Mut wird Ihnen helfen, den Sprung in eine neue Lebenssituation zu wagen – und sie zu meistern. Selbstbewußter und voll neuer Pläne werden Sie aus der Krise hervorgehen.

2. Die Arten der Krisen

Es gibt viele Möglichkeiten, in Krisen zu geraten. Jede Krise markiert einen ganz bestimmten Sinn auf Ihrem Lebensweg. Die wichtigsten Krisen sind:

- Entwicklungskrisen,
- Verlustkrisen,
- Beziehungskrisen,
- Sinnkrisen.

Entwicklungskrisen

Entwicklungskrisen ergeben sich immer dann, wenn der Mensch eine neue Phase der Entwicklung erreicht. Die erste Krise im menschlichen Leben ist die sogenannte Geburtskrise. Der Säugling verläßt den sicheren Ort des Mutterleibes und muß sich mit einer ihm unbekannten Welt auseinandersetzen. Später folgt die sogenannte Trotzphase, in der das Kind beginnt, einen eigenen Willen zu entfalten. Darauf folgt die Entwicklungsstufe der Pubertät, in der sich der junge Mensch von der festen Verbundenheit mit seinen Eltern abzulösen beginnt und sich bemüht, seine eigene Identität zu finden. Es folgen Entwicklungskrisen unterschiedlicher Art, die von Person zu Person andere Formen annehmen können. Eine weitere Phase in der menschlichen Entwicklung ist das Erreichen der beruflichen Selbständigkeit und die Gründung einer Familie. Mann und Frau lösen sich aus der unbeschwerten Jugendphase und müssen plötzlich lernen, Verantwortung für andere zu tragen. Große Bedeutung mißt man heute der Krise um die Mitte des Lebens zu, die bei einem Lebensalter von etwa vierzig Jahren eintritt. Das Erreichen des Ruhestandes ist für viele Menschen ebenfalls mit einer Krise verbunden. Da die gewohnte Arbeit aufgegeben wird, ergibt sich für den Menschen die Notwendigkeit, im Alter eine entscheidende Neuorientierung vorzunehmen.

Verlustkrisen

Verlustkrisen können ausgelöst werden durch den Tod eines nahestehenden Menschen, durch das Auseinanderbrechen einer menschlichen Beziehung oder den Verlust von Sachwerten, die dem Menschen viel bedeutet haben. Während ein Mißerfolg durch neue Anstrengungen in einen Erfolg umgewandelt werden kann, ist der Verlust eines Menschen endgültig und unwiderruflich. Verständlicherweise wehrt sich der Betroffene und will es nicht hinnehmen, daß gerade ihn der Verlust eines geliebten Menschen treffen muß. Er meint, einen Anspruch auf den anderen zu haben, und stemmt sich mit aller Kraft gegen eine solche Sachlage.

In eine solche Krise gerät wohl fast jeder beim Tode seiner Mutter oder seines Vaters, ganz gleich, in welchem Alter er sie verliert. Es gibt aber keinen anderen Weg. Es bleibt nichts übrig, als die Trauer zu bewältigen, dankbar vom geliebten Menschen Abschied zu nehmen und sich einer neuen Phase des Lebens zuzuwenden.

Beziehungskrisen

Beziehungskrisen stellen zum Beispiel Auseinandersetzungen in der Ehe dar, die viele Paare miteinander austragen. Solche Beziehungskrisen gibt es aber auch im nichtehelichen Bereich, sei es in einer Freundschaft, am Arbeitsplatz und überall dort, wo Menschen aufeinandertreffen. Jeder Mensch schwankt zwischen Selbsthingabe- und Selbstbehauptungstendenzen. Selbstverwirklichung ohne Selbstbehauptung ist nicht möglich. Nächstenliebe ist daneben aber ebenso ein ganz wichtiger Bestandteil des menschlichen Lebens, ohne den der Mensch nie sein Glück finden kann. Selbstbehauptung und Nächstenliebe sind die beiden Pole unseres Lebens, zwischen denen wir uns ständig bewegen müssen. Ich habe auf diese Problematik und auf das Finden der Mitte zwischen beiden ausführlich in meinem Buch *Die universellen Kräfte Ihrer Psyche* hingewiesen.

Beziehungskrisen entstehen meistens dann, wenn ein Mensch die Persönlichkeitsentwicklung eines anderen zu verhindern sucht und Machtansprüche stellt. Sie meistern solche Beziehungskrisen, wenn Sie sich der Techniken der Konfliktlösung bedienen, auf die ich in dem vorgenannten Buch hingewiesen habe. So wird es Ihnen gelingen, die

Mitte zwischen Selbstbehauptung und Selbstverwirklichung zu finden. Sich Mitmenschen aus Angst irrigerweise unterzuordnen und ein solches Verhalten »Menschenfreundlichkeit« und »Nächstenliebe« zu bezeichnen, ist genauso falsch, wie immer nur an die eigenen Interessen zu denken und den Nächsten auszunutzen. »Liebe deinen Nächsten wie dich selbst!« Zu Recht hat der verstorbene Psychiater Erich Fromm darauf hingewiesen, daß nur derjenige zur echten Nächstenliebe fähig ist, der auch sich selbst zu lieben vermag.

3. Die Anzeichen einer Krise und falsche Verhaltensweisen

Manche Krisen treten ganz plötzlich auf. Menschen können gelegentlich von einem Tag zum anderen ihren Besitz oder einen nahestehenden Menschen verlieren. Die meisten Krisen kündigen sich jedoch vorher an. Der Partner ist vielleicht nicht mehr so liebevoll wie früher. Man stellt fest, daß er uninteressiert wird und einem immer öfter sogar auf die Nerven geht. Vielleicht geht es im Beruf nicht mehr voran, und Sie erkennen, in eine Sackgasse geraten zu sein. Kurz gesagt: Wir fühlen ein inneres Unbehagen, sind unzufrieden und mögen uns selbst nicht mehr. Doch nur zu oft neigen wir dazu, diese Warnzeichen zu ignorieren und hoffen, daß sich alles wieder von selbst einrenkt.

Viele reagieren auf die Herausforderung durch eine Krise mit Regression (so nennt man den Rückfall in frühkindliche Verhaltensweisen). Sie bekommen Wutanfälle, schreien, toben, beginnen zuviel zu essen, zu rauchen und zu trinken. Auf diese Phase folgt dann im allgemeinen die Stufe der Aggression. Man greift den anderen an, versucht ihn zu kränken oder auf irgendeine Art zu quälen. Ist der Aggressionstrieb abreagiert oder unterdrückt worden, tritt als nächste Stufe die Depression ein. Der Mensch ist passiv, mutlos, pessimistisch. In vielen Fällen folgt darauf die Stufe der Resignation. Der Mensch hat jede Hoffnung und jeden Lebensmut verloren. Er erstarrt zu einer Marionette und empfindet sich nur noch als hilflosen Spielball eines Schicksals, das völlig die Macht über ihn hat.

Andere Menschen wiederum versuchen die Krise zu leugnen. Sie stürzen sich mit vermehrter Energie in die Arbeit, suchen eine neue Liebe oder noch mehr Freizeitaktivitäten. All diese Hektik dient jedoch nur dazu, die eigentliche Krise zu verdrängen und vor ihr davonzulaufen. Auf Dauer muß der einzelne schließlich mehr Kraft zur Verdrängung der Krise aufbringen, als zu ihrer Bewältigung notwendig wäre. So wird die Krise nicht überwunden; sie wird vielmehr immer größer und bedrohlicher.

Nicht wenige Menschen haben sich an mich gewandt und mir geschrieben, sie seien »Pechvögel des Lebens«. Bei oberflächlicher Betrachtung all ihrer Probleme schien das auch zuzutreffen. Was aber wie eine Häufung von Unglück aussah, erwies sich bei genauerer Betrachtung stets als ein und dieselbe Krise, aus der sie nicht herausgefunden hatten.

Zugegeben, die verschiedenen falschen Versuche der Bewältigung von Krisen sind verständlich, weil sie so ungeheuer menschlich sind. Dennoch können Sie nicht dabei stehenbleiben. Sie müssen vielmehr lernen, eine Krise zu erkennen, zu analysieren und auch zu bewältigen.

4. Techniken zur Bewältigung von Krisen

Die Techniken zur Lösung von Krisen gleichen der Technik, mit der Sie Ihre Probleme lösen können. Wie bei der Problemlösung besteht der erste Schritt darin, die Krise ehrlich einzugestehen und zu beschreiben. Dazu ist es aber notwendig, sich seinen Gefühlen zu stellen, sie zuzulassen und sie zu verarbeiten. Erst wenn Sie das in der Psychologie »Leidensdruck« genannte Mißbehagen empfinden, begreifen Sie die Notwendigkeit, Ihr Leben zu verändern. Bekennen Sie sich daher ehrlich zu Ihren Gefühlen. Gestehen Sie sich ein, was Sie empfinden.

Eine große Hilfe zur Bewußtmachung besteht darin, die Gefühle laut zu beschreiben. In der täglichen Meditationsübung, in der Sie sich Ihren Gedanken stellen, werden Sie Ihre Gefühle bewußter wahrnehmen. Da registriert zum Beispiel jemand, daß er Angst um seinen Arbeitsplatz hat. Stellt er sich seiner Angst, dann wird ihm vielleicht bewußt, daß er sich seinen Mitmenschen gegenüber nicht genügend durchzusetzen vermag.

Eine Ehefrau neigt vielleicht zu Nervosität. Geht sie dem Gefühl auf den Grund, dann stellt sie zum Beispiel fest, daß dies immer dann der Fall ist, wenn ihr Mann auf Reisen ist. Auch hier ist durch die genaue Beschreibung der Krisenumstände der Ansatz zu einer Lösung möglich.

Eine fünfundvierzigjährige Frau verliert ihren Mann durch einen

Unfall. Da er neben ihr immer eine Freundin hatte, ist sie von der Ehe enttäuscht und nimmt sich vor, nie wieder zu heiraten. Dennoch sehnt sie sich unbewußt nach einem treuen Mann. In diesem Konflikt reibt sie sich immer mehr auf und beginnt sich elend zu fühlen. Sie macht Kuren, unternimmt Reisen ... Dennoch tritt in ihrem Zustand keine Besserung ein. Erst als sie sich ihrer Situation und ihres tiefsten Wunsches bewußt wird und die Entscheidung fällt, nach einem neuen Partner zu suchen, merkt sie, daß sich der Druck von ihr hebt. Das Ende der Krise ist in Sicht.

Die Suche nach Lösungsmöglichkeiten

Eine Frau ist in eine Krise geraten, weil sie aufgrund einer Enttäuschung ihre große Liebe verloren hat. Sie fühlt sich nicht nur gekränkt, sondern hat auch Angst davor, ein »leeres« Leben führen zu müssen. Die Analyse der Situation ergibt, daß sie bisher immer nur das tat, was ihr Freund wollte, und nie das, wozu sie selbst Lust hatte. Nur mit ihrem Freund beschäftigt, hatte sie ganz sich selbst vergessen. Ihr neues Ziel lag also auf der Hand: Sie mußte wieder lernen, eigene Interessen zu entdecken und fähig zu werden, allein zu genießen.

Wer nach Lösungen für seine Probleme sucht, sollte sich der im vorangegangenen Kapitel beschriebenen Hilfsmittel (wie des freien Flusses der Phantasie, der Fragetechnik und der Ideenliste) bedienen. Auch hier gilt ebenso wie bei der Lösung von Problemen: Sie verhindern, in eine Sackgasse zu geraten und sich im Kreise zu drehen, wenn Sie für eine bestimmte Zeit Ihr bewußtes Denken einstellen und eine Meditationsübung machen. Wenn Sie die vielen Möglichkeiten zur Lösung Ihrer Probleme erkennen und sich erst einmal bewußt werden, wie viele Möglichkeiten Sie haben, Ihr eigenes Leben zu planen und zu verändern, werden Sie sich mit Mut und Begeisterung daranmachen, Ihr Leben erfolgreich zu bewältigen.

Die Entscheidung

Wer eine Krise überwinden will, muß bald eine Entscheidung fällen. »Eine überwundene Schwierigkeit vermeidet hundert andere«, sagte Konfuzius. Für die Technik der Entscheidung gilt das, was ich in Kapitel 12 (»Es gibt eine Lösung für jedes Problem«) ausführte.

Die Wende in der Krise beginnt mit der Entscheidung. Mit ihr machen Sie einen neuen Anfang, überwinden Sie Zaudern, Angst, Enttäuschung, Bitterkeit und nehmen die Glücksmöglichkeiten in Ihrem Leben wahr.

Der Schritt zur Tat

Ebenso wie bei der Problemlösung, so erfolgt nun die Durchführung der Entscheidung: der Schritt zur Tat. Und wenn nicht alles sofort glatt verläuft, sollte das für Sie ein vermehrter Ansporn sein, die eigenen Schwierigkeiten zu überwinden. Auch hier gilt das bereits Gesagte: Sie müssen sich der Technik der kleinen Schritte bedienen. Es kann nicht oft genug darauf hingewiesen werden, wie wichtig dies ist. Stellen Sie dazu, wie in Kapitel 8 angegeben, Tagespläne und Aktionsprogramme auf.

Der Weg zur Tat wird Ihnen leichterfallen, wenn Sie bestimmte fixe Regeln beachten.

Ein Programm, um Ihre Entscheidung zu verwirklichen:

1. Verstärken Sie mit den in Kapitel 4, Abschnitt 1, beschriebenen Techniken Ihren Lebensmut. Mit diesen Techniken brauchen Sie sich nicht länger davor zu fürchten, die Entscheidung in die Tat umzusetzen.
2. Schauen Sie in die Zukunft, nicht in die Vergangenheit.
3. Mit den in Kapitel 4 angegebenen Techniken verstärken Sie Ihren Optimismus.
4. Indem Sie sich der Macht Ihrer Vorstellungskraft bedienen, finden Sie den Mut, den Anfang zu machen und die Technik der kleinen Schritte durchzuhalten.
5. Da Sie Ihre Tagespläne erfolgreich durchführen, wächst Ihr Selbstvertrauen.
6. Je tatkräftiger Sie an der Lösung Ihrer Krise arbeiten, desto mehr wachsen Ihr Lebensmut und Ihr Optimismus.
7. Bereits Anfangserfolge in der Meisterung Ihrer Krise erhöhen Ihre Selbstsicherheit.
8. In der Meditation kommen Sie mit dem universellen Bewußtsein oder mit der Allmacht Gottes in Ihnen in Berührung. Dieses Erlebnis gibt Ihnen Kraft und Gelassenheit, die Sie für die Bewältigung der Krise benötigen.

9. Sie freuen sich auf den nächsten Tag und sind wieder fähig, das Leben zu genießen.
10. Haben Sie die Krise überwunden, so können Sie mit neuem Selbstbewußtsein und frischem Lebensmut zu neuen Ufern streben. Sie haben sich positiv verändert.

5. So lösen Sie die Sinnkrise Ihres Lebens

Wer in tiefer Verzweiflung steckt, vermag mit Hilfe der in diesem Buch dargelegten Techniken wieder Vertrauen in die Zukunft aufzubauen. Er kann mit der Technik der Selbstbejahung die in ihm verborgene Kraft nutzen, um sich sogar aus Niederlagen und Verzweiflung zu erheben und seine Ziele mit neuer Kraft anzustreben.

Menschen begnügen sich aber nicht allein damit, ihre Ziele anzustreben. Irgendwann stellen sie sich auch die Frage nach dem Sinn ihres Lebens. Woher komme ich? Wozu lebe ich? Wohin gehe ich? Das sind die Fragen, die irgendwann jeden Menschen bewegen.

Solange er sich den Notwendigkeiten des Alltags stellt, werden solche Fragen in den Hintergrund gedrängt. Das Leben fordert nun einmal Selbstbehauptung und Aktivitäten.

Völlig anders ist die Situation jedoch, wenn der Mensch in Phasen der Einsamkeit gerät oder krank wird. Aber auch große Erfolge und Glück können paradoxerweise die gleiche Sinnkrise im menschlichen Leben auslösen wie Mißerfolg und Unglück.

Falsche religiöse Vorstellungen lösen die Sinnkrise nicht

Nicht wenige Menschen versuchen den Sinn ihres Lebens dadurch zu finden, daß sie sich völlig kritiklos den Forderungen bestimmter Religionen unterwerfen. Doch allein mit dem bloßen Bekenntnis zu einer Religion kann der Mensch die Frage nach dem Lebenssinn nicht lösen. Wenn sich Menschen nur in äußerlichen Ritualen und Zeremonien einer höheren Macht unterwerfen und sich dabei ihrer persönlichen Entscheidung darüber, was sie für gut oder schlecht halten, entäußern, werden sie innerlich immer leerer und berauben sich ihrer größten Kraft. Wer seine eigene Verantwortung an eine höhere Macht abschiebt, handelt aber verantwortungslos gegen sich selbst.

Im Urchristentum gab es diese Verhaltensweise nicht. Die Bibelstelle »Das Himmelreich Gottes ist in euch« charakterisiert eindrucksvoll die Erfahrung vieler Menschen, für die Gott ein echtes, inneres Erlebnis darstellte.

Heute sieht die Situation ganz anders aus. Schon allein beim Erwähnen der Wörter »Gott« oder »Religion« nehmen viele Menschen sofort eine ablehnende Haltung ein. Sie glauben in falscher Aufgeklärtheit, ihr Heil allein in psychologischen Techniken und Programmen zu finden, um am Ende festzustellen, daß sie an der Frage nach dem Sinn ihres Lebens nicht vorbeikommen – die Frage nach dem Sinn des Lebens aber ist eine ureigentlich menschliche Problematik.

Hören Sie auf die Stimme Ihres Gewissens

Schon der berühmte Psychoanalytiker Siegmund Freud erklärte: »Die Menschen haben niemals die ihnen innewohnenden Kräfte vollauf benutzt, um das Gute im Leben zu fördern, weil sie auf eine Macht außerhalb ihrer und außerhalb der Natur warteten, um sie die Arbeit tun zu lassen, die zu leisten ihre Verantwortung wäre.« Trotz dieser allgemeinen Verhaltensweise steckt in jedem Menschen eine tiefe Sehnsucht nach Geborgenheit, Wahrheit, Liebe und Gerechtigkeit. Er möchte ein Lebensziel anstreben, das all seine Sehnsüchte befriedigt. Wie findet er aber ein Ziel, dem er sich mit all seiner Hingabe, zu der er fähig ist, widmen kann?

Hören Sie auf die Stimme Ihres Gewissens? Horchen Sie nur in sich hinein. Sie werden eine unendliche Sehnsucht nach dem Einssein mit dem Kosmos in sich entdecken, eine Sehnsucht nach Selbstverwirklichung und nach einem Glauben, der sich aus der Erfahrung des eigenen Denkens und Fühlens entwickelt. Dann ist, um mit dem Psychoanalytiker Erich Fromm zu sprechen, »Gott das Symbol für die Eigenschaften des Menschen, die er in seinem Leben zu verwirklichen sucht«. Nicht Furcht und Unterwerfung, sondern Bejahung der eigenen Kraft und Liebe signalisiert die Stimme Ihres Gewissens. Der Mensch bleibt zwar immer abhängig von Krankheit, Alter und Tod, und in dem unermeßlichen Weltall ist er nur ein winziger Punkt. Er kennt seine Grenzen, ist sich aber auch seiner Kraft bewußt. So ist er demütig, verfällt aber nicht in den Fehler, sich mit Selbstdemütigungen zu quälen.

Wer die Kunst, das Leben zu meistern, beherrschen will, muß immer bereit sein, auf die Stimme des eigenen Gewissens zu hören und ihr zu folgen. Während der Meditation werden Sie diese innere Stimme mit Sicherheit vernehmen. Sie werden nicht nur eins mit sich selbst, sondern auch mit dem gesamten Universum. In solchen Erlebnissen wird Ihre Individualität jedoch nicht geschwächt. Die Erfahrung des Einsseins mit einer höheren Wirklichkeit gibt Ihnen vielmehr die Kraft, sich mit den Schwierigkeiten des Lebens auseinanderzusetzen und sich weiterzuentwickeln. Es werden Ihnen Antworten auf die Fragen, die Sie bewegen, zuteil. Das setzt aber immer Ihre Bereitschaft voraus, in sich hineinzuhorchen, selbst wenn Ihnen dies am Anfang nicht angenehm erscheinen mag.

Was ist Ihr Lebensziel?

Die Erfahrung, die hinter den Lehren von Religionsstiftern und großen Weisheitslehrern der Menschheit wie Buddha, Christus, Mohammed oder Sokrates steht, ist stets die gleiche: Das Streben nach Liebe, Wahrheit und Gerechtigkeit ist der Inhalt ihrer Lehren. Wie soll man nun aber die Frage nach dem Sinn des Lebens beantworten? Die Antwort scheint mir ganz einfach: Der Sinn des Lebens liegt in der Entwicklung des eigenen Lebens. Dazu gehört nicht nur die optimale Entfaltung der eigenen Fähigkeiten, sondern auch das Erkennen von Wahrheit, das Streben nach Unabhängigkeit und Freiheit und die Entfaltung der Liebesfähigkeit. Zur Entfaltung des Lebens gehört es, nicht zum Instrument anderer zu werden, sondern der Stimme des eigenen Gewissens zu lauschen. Psychiater haben festgestellt, daß die Wurzeln des Übels seelisch gestörter Patienten stets in der Unfähigkeit liegen, für Mitmenschen echte Liebe zu empfinden.

Entwickeln Sie sich also nicht nur nach Kriterien der Selbstbehauptung, sondern entfalten Sie vor allem auch Ihre Liebesfähigkeit. Wie Sie diese grundlegende Problematik in den Griff bekommen und Ihre Liebesfähigkeit entwickeln können, habe ich in meinem Buch *Die universellen Kräfte Ihrer Psyche* dargelegt, worauf ich interessierte Leser verweisen möchte.

Geduldiges Heranreifen und die Realität des Lebens

Würden Sie eine Frucht wegwerfen, weil sie noch nicht reif ist? Wohl kaum. Jeder würde der Frucht die Zeit der Reife geben. Auch mit Ihrem Leben müssen Sie Geduld haben. Wer in der Selbsterkenntnis und in der Erfahrung der höheren Wirklichkeit den Sinn seines Lebens erkennt, ist wohl mit Recht ein glücklicher Mensch zu nennen. Natürlich kann niemand ständig in einem solchen Glückszustand verharren. Das Leben besteht zu einem großen Teil auch darin, sich mit Schwierigkeiten und Problemen auseinanderzusetzen. Wir brauchen unsere innere Kraft, um unser Leben zu meistern.

Dieses Erfordernis wird in den Worten des indischen Denkers Rabindranath Tagore so schön zum Ausdruck gebracht: »Laß mich nicht bitten um Schutz vor Gefahren, sondern um den Mut, ihnen die Stirn zu bieten. Laß mich nicht bitten um Stillung meines Schmerzes, sondern um die Herzenskraft, ihn zu bezwingen. Laß mich nicht ausschauen nach Verbündeten auf dem Schlachtfeld des Lebens, sondern nach meiner eigenen Stärke. Laß mich nicht in zitternder Furcht nach Erlösung lechzen, sondern hoffen, durch Geduld meine Freiheit zu finden.«

In diesem Buch sind Ihnen sieben »geheime Verbündete« genannt worden. Mit ihrer Hilfe bewältigen Sie alle Schwierigkeiten und entwickeln sich weiter. »Die Erde schenkt uns mehr Selbsterkenntnis als alle Bilder, weil sie uns Widerstand leistet«, sagte der Flieger und Schriftsteller Antoine de Saint-Exupéry. Auch Ihnen schenken die Widerstände in Ihrem Leben Selbsterkenntnis, wenn Sie sich bemühen, die Schwierigkeiten Ihres Lebens zu meistern. Heinrich Harrer faßt seine Erfahrungen als Bergsteiger wie folgt zusammen: »Wer nur und nichts als ein Bergsteiger bleibt, der hat sich nicht weiterentwickelt. Die Bergvölker, die Landschaft, ihre Menschen, die Blumen geben uns längst mehr als das viel beredete, ganz sicher sehr relative Gipfelglück.« Auch für die Selbstverwirklichung gilt: Der Weg mit seinen vielfältigen Erlebnissen ist genauso wichtig wie das Erreichen des Ziels.

Indem Sie sich immer allen Schwierigkeiten und Problemen stellen, erreichen Sie das höchste Ziel Ihres Lebens. Sie verwirklichen die Ihnen innewohnenden Möglichkeiten. Sie entfalten Ihre Fähigkeiten und die Kraft der Liebe. So gelingt es Ihnen, Ihre innere Freiheit zu verwirklichen. Ihr Selbstbewußtsein wächst, denn Sie wissen, daß Sie sich auf sich selbst verlassen können. Sie gewinnen an Erkenntnis und werden unabhängiger, befreien sich aus Hilflosigkeit und Unterwerfung und verlieren so jede übertriebene Angst vor dem Leben und dem Tode. Sie werden nicht nur eins mit sich selbst, sondern auch mit der in Ihnen vorhandenen universellen Kraft.

Sie lassen sich vor allem durch eigene Erlebnisse leiten, denn nichts kann das innere Erlebnis des Göttlichen ersetzen. Räumen Sie daher Ihren eigenen Erlebnissen die Bedeutung ein, die ihnen zukommt. Dann erfahren Sie die Antwort auf die Frage nach dem Sinn des Lebens in sich selbst. Es ist Ihre eigene Erfahrung, die Ihnen mehr bedeuten wird als jedes Bücherwissen. Und sie wird der Glanzpunkt Ihrer Entwicklung sein im Bestreben, Ihr Leben zu meistern.

Zusammenfassung

1. Jede Krise ist ein Einschnitt in Ihrem Leben und wird von Ihnen zunächst als Unterdrückung Ihrer persönlichen Entfaltungsmöglichkeiten empfunden.
2. Krisen sind notwendig, um die eigenen Kräfte zu aktivieren und zur Persönlichkeit zu reifen.
3. Es gibt Entwicklungskrisen, Verlustkrisen, Beziehungskrisen und Sinnkrisen.
4. Anzeichen einer Krise sind inneres Unbehagen und Unzufriedenheit.
5. Eine Krise wird nicht durch regressive Verhaltensweisen wie Wut, Tobsucht, Schreien, viel Rauchen, Essen oder Trinken bewältigt. Es ist falsch, die Krise zu verdrängen oder vor ihr davon zu laufen.
6. Voraussetzung für das Erkennen von Krisen ist, sich dem eigenen »Leidensdruck« zu stellen. Nehmen Sie daher Ihre Gefühle wahr und verdrängen Sie sie nicht.
7. Der erste Schritt zur Lösung der Krise besteht darin, sie sich ehrlich einzugestehen und zu beschreiben.
8. Suchen Sie nach Lösungsmöglichkeiten zur Bewältigung der Krise, indem Sie sich des freien Flusses der Phantasie, der Fragetechnik oder einer Ideentechnik bedienen.
9. Erkennen Sie, welche Möglichkeiten Sie haben, um eine Krise zu meistern. Ihr Mut und Ihre Begeisterung, die Schwierigkeiten anzupacken, werden wachsen.
10. Um eine Krise zu bewältigen, müssen Sie eine Entscheidung fällen.
11. Setzen Sie Ihre Entscheidung in die Tat um. Bedienen Sie sich dazu der Technik der kleinen Schritte.
12. Sie verwirklichen Ihre Entscheidung besser, wenn Sie Ihren Lebensmut und Ihren Optimismus stärken und mit Tagesplänen und Aktionsprogrammen arbeiten.
13. Die Sinnkrise Ihres Lebens lösen sie nicht, wenn Sie sich nur den Forderungen einer Religion oder Konfession unterwerfen.
14. Innere Erfahrungen sind wichtiger als das bloße Festhalten an Glaubenssätzen.
15. Hören Sie auf die Stimme Ihres Gewissens; sie beantwortet die Frage nach dem Sinn Ihres Lebens.
16. Nicht Furcht und Unterwerfung unter eine höhere Macht, sondern Bejahung der eigenen Kraft, der Entfaltung der Vernunft und der Liebesfähigkeit ist das Ziel des Lebens.
17. Der Sinn Ihres Lebens ist Ihre optimale Entfaltung.
18. Wer nicht zur Liebe fähig ist, findet keinen Sinn in seinem Leben.

Schlußwort und Leserdienst

Sie haben das vorliegende Buch gelesen und wollen nun Ihre Chance nutzen, mehr aus Ihrem Leben zu machen. Dazu sollten Sie die in diesem Buch dargelegten Grundsätze nicht nur kennen, sondern sie vor allem auch Tag für Tag in die Praxis umsetzen.

Nun weiß ich aus Erfahrung, daß so mancher auch daran interessiert sein wird, die in diesem Buch empfohlenen Techniken praktisch zu erlernen und zu üben. Diese Möglichkeit bieten die Wochenendseminare, die unter meiner Mitwirkung im »Institut für angewandte Psychologie« in Gummersbach im kleinen Kreise durchgeführt werden. Solche Wochenendseminare sind schon von vielen Menschen aus allen Bevölkerungsschichten Deutschlands, Österreichs und der Schweiz besucht worden (übrigens werden Seminare auch in der Schweiz durchgeführt). Da die Teilnehmerrunde bewußt klein gehalten wird, baut sich zwischen den Teilnehmern schnell eine sehr positive Atmosphäre auf, und auf jeden Teilnehmer kann individuell eingegangen werden.

In den Seminarpausen besteht die Möglichkeit zu einem unentgeltlichen, persönlichen Gespräch. Der Wunsch danach ist sehr verständlich, denn nicht jeder Teilnehmer wird, selbst im kleinen Kreis, all das sagen wollen, was ihn vielleicht besonders bewegt oder an ganz persönlichen Problemen bedrückt. In solchen Gesprächen habe ich aufgrund meiner Erfahrungen schon vielen Menschen helfen können, ein Problem zu erkennen und den richtigen Lösungsweg einzuschlagen.

Ziel der Seminare ist es, Ihnen zu helfen, Ihren Lebensweg ganz nach Ihren Wünschen zu gestalten. Es handelt sich sozusagen um eine Art ergänzender Praxis zu vorliegendem Buch. Unterlagen über die Seminare werden Ihnen auf Wunsch gern kostenlos und unverbindlich zugestellt. Interessenten wollen sich bitte wenden an: Institut für Angewandte Psychologie, Postfach 210229, D-5270 Gummersbach, Tel. 02261/51549.

Heinz Ryborz

Literaturverzeichnis

Bonnafont, Claude: Die Botschaft der Körpersprache. Ariston Verlag, Genf, 5. Auflage 1981.

Cooper, Joseph: So schafft man mehr in weniger Zeit. Verlag moderne Industrie, München, 1980.

Emerson, Ralph Waldo: Spann deinen Wagen an die Sterne. Herderbücherei, Freiburg, 1980.

Fromm, Erich: Haben oder Sein. Deutsche Verlagsanstalt, Suttgart, 1976.

–: Die Seele des Menschen. Deutsche Verlagsanstalt, Stuttgart, 1979.

Hill, Napoleon, und Stone, W. Clement: Erfolg durch positives Denken. Ariston Verlag, Genf, 8. Auflage 1981.

Köhnlechner, Manfred: Gesund mit Köhnlechner. Wilhelm Heyne Verlag, München, 1978.

Kurth, Hanns: Lexikon der Traumsymbole. Wilhelm Goldmann Verlag, München, 2. Auflage 1984.

–: Menschenkenntnis auf den ersten Blick, Ariston Verlag, Genf, 7. Auflage 1981.

Leitner, Sebastian: So lernt man leben. Droemersche Verlagsanstalt Th. Knaur Nachf., München, 1977.

LeCron, Leslie M.: Selbsthypnose. Wilhelm Goldmann Verlag, München, 4. Auflage 1982.

Mulford, Prentice: Die Möglichkeit des Unmöglichen. Verlag Schikowski, Berlin, 1972.

–: Unfug des Lebens und des Sterbens. S. Fischer-Verlag, Frankfurt/Main, 4. Auflage 1979.

Murphy, Joseph: Die Macht Ihres Unterbewußtseins. Ariston Verlag, Genf, 24. Auflage 1982.

–: Die unendliche Quelle Ihrer Kraft. Wilhelm Goldmann Verlag, München, 3. Auflage 1983.

–: Die Gesetze des Denkens und Glaubens. Wilhelm Goldmann Verlag, München, 3. Auflage 1983.

–: Die kosmische Dimension Ihrer Kraft. Ariston Verlag, Genf, 1. Auflage 1982.

Quint, Josef: Meister Eckehart, Deutsche Predigten und Traktate. Carl Hanser Verlag, München, 4. Auflage 1977.

Rýzl, Milan: Parapsychologie. Ariston Verlag, Genf, 6. Auflage 1982.

RÝZL, Milan: ASW-Training. Wilhelm Goldmann Verlag, München 1984.

RYBORZ, Heinz: Die geheime Kraft Ihrer Wünsche. Schweizer Verlagshaus, Zürich, 2. Auflage 1977.

–: Die universellen Kräfte Ihrer Psyche. Wilhelm Goldmann Verlag, München 1984.

–: Die Kunst, Partner, Freunde, Kunden, Gegner zu überzeugen. Ariston Verlag, Genf, 2. Auflage 1981.

STANIETZ, Walter: Hinführung zum Schweigen. Verlag der Helfenden, Krün, 2. Auflage 1978.

ZIELKE, Wolfgang: Mach dich effektiver. Verlag moderne Industrie, München, 1980.

German Hafner
Prominente der Antike
Kulturgeschichte in Porträts

Goldmann Sachbuch
ALEXANDER
LOWEN
LIEBE UND ORGASMUS
Persönlichkeits-erfahrung durch sexuelle Erfüllung

Goldmann Sachbuch
Friedrich Hacker
DROGEN
Verhüten statt behandeln, behandeln statt strafen

Goldmann Sachbuch
Andrej Dimitrijewitsch
SACHAROW
FURCHT UND HOFFNUNG
Kampf für Freiheit und Menschen-rechte

Goldmann Sachbuch
ALVIN TOFFLER
DER ZUKUNFTS SCHOCK
STRATEGIEN FÜR DIE WELT VON MORGEN

Goldmann Sachbuch
Robert Jungk
Norbert R. Müllert
Zukunfts werk stätten
Wege zur Wiederbelebung der Demokratie

Peter Farb
Das ist der Mensch
Sein Ursprung Sein Werden Seine Zukunft

Goldmann Sachbuch
Peter Gosztony
DIE ROTE ARMEE
Machtfaktor der Weltpolitik

Goldmann Sachbuch
Hans J. Eysenck
Erkenntnisgrenzen der Psychologie
Vom Sinn und Unsinn psychologischer Praktiken

Robert Jungk
Die große Maschine
Auf dem Weg ins 21. Jahrhundert